Beck'scheReihe

Denker
BsR 542

W0048583

René Descartes gilt als „Vater der modernen Philosophie". Als Begründer des modernen Rationalismus hat er den Status eines allseits anerkannten Klassikers der Philosophiegeschichte. Die vorliegende Einführung betrachtet Descartes in der ganzen Breite seines umfangreichen Werkes: nicht nur Erkenntnistheorie und Metaphysik, sondern auch Naturphilosophie, Wissenschaftstheorie und philosophische Anthropologie. Dabei wird sowohl der historische Kontext wie auch die Wirkungsgeschichte bis in die Gegenwart skizziert. Auf Fachterminologie wird verzichtet, oder sie wird erklärt, so daß auch allgemein interessierte Leserinnen und Leser mit dieser Einführung einen Zugang zu Descartes finden.

Dominik Perler, geb. 1965, ist seit 1997 Ordinarius für Philosophie an der Universität Basel. Er studierte in Fribourg (Schweiz) und Göttingen, war Visiting Scholar an der Cornell University (1991–92), Visiting Assistant Professor an der University of California in Los Angeles (1992–93) und Fellow of All Souls an der Universität Oxford (1996–97). Habilitation 1996 in Göttingen.
Buchveröffentlichungen u. a.: Satztheorien. Texte zur Sprachphilosophie und Wissenschaftstheorie im 14. Jahrhundert (1990); Der propositionale Wahrheitsbegriff im 14. Jahrhundert (1992); Repräsentation bei Descartes (1996).

Die Reihe „Denker" wird herausgegeben von Otfried Höffe, Professor für Philosophie an der Universität Tübingen. Über die weiteren Bände der Reihe siehe S. 285.

DOMINIK PERLER

René Descartes

VERLAG C.H.BECK

Mit 5 Abbildungen

Die Deutsche Bibliothek – CIP Einheitsaufnahme

Perler, Dominik:
René Descartes/Dominik Perler. – Orig.-Ausg. –
München : Beck, 1998
    (Beck'sche Reihe ; 542 : Denker)
    ISBN 3 406 41942 9

Originalausgabe
ISBN 3 406 41942 9

Umschlagentwurf: Uwe Göbel, München
Umschlagabbildung: René Descartes nach einem Gemälde von
Frans Hals. Photo: AKG
©C. H. Beck'sche Verlagsbuchhandlung (Oscar Beck), München 1998
Gesamtherstellung: C. H. Beck'sche Buchdruckerei, Nördlingen
Gedruckt auf säurefreiem, alterungsbeständigem Papier
(hergestellt aus chlorfrei gebleichtem Zellstoff)
Printed in Germany

Inhalt

Abkürzungen und Zitierweise

Descartes' Werke werden nach der Ausgabe *Oeuvres de Descartes*, hrsg. von Ch. Adam & P. Tannery (= AT), „nouvelle présentation", Paris 1981 ff., zitiert. Die römische Zahl verweist auf die Bandnummer, die arabische auf die Seitenzahl. Für das *Gespräch mit Burman* wird zusätzlich auf die Edition von H. W. Arndt, Hamburg 1982, verwiesen. Sämtliche Übersetzungen aus dem Lateinischen, Französischen und – für weitere Literatur – aus dem Englischen stammen vom Verfasser. In der Bibliographie wird jedoch auch auf bestehende Übersetzungen verwiesen. Besonders hilfreich ist die dreibändige englische Übersetzung *The Philosophical Writings of Descartes*, hrsg. von J. Cottingham u. a., Cambridge 1984–1991, die ein ausführliches Register aufweist.

Auf Werke anderer klassischer Autoren wird mit Kurztitel, Namen des Herausgebers, Erscheinungsjahr der Edition und Stellenangabe verwiesen (z. B. Hume, *Treatise* I, iv, 6; ed. Selby-Bigge 1978, 252).

Sekundärliteratur wird mit Verweis auf den Autorennamen, das Erscheinungsjahr und gegebenenfalls die Seitenzahl (z. B. Gilson 1984, 50 ff.) zitiert. Vollständige Angaben finden sich am Ende des Bandes in der Bibliographie.

Vorwort

Descartes ist kein vergessener oder vernachlässigter Denker, den es wiederzuentdecken gilt. Seit dem 17. Jahrhundert ist er rege rezipiert und als „Vater der Moderne" gewürdigt worden. Gerade diese Würdigung und der damit verbundene Klassikerstatus, der ihm immer wieder zugesprochen wird, haben aber ihre Tükken. Denn ein Klassiker wird so oft kommentiert und kopiert, daß das Original hinter den Kopien zu verschwinden droht. Es verhält sich wie mit einem berühmten Bild: Leonardo da Vincis „Mona Lisa" ist auf so vielen Reproduktionen zu sehen, daß jeder sie zu kennen glaubt und sich sogleich eine Vorstellung von ihr macht, wenn er nur schon ihren Namen hört. Kaum jemand macht sich die Mühe, im Louvre das Original in aller Ruhe zu betrachten und dabei auch die Details zu studieren. Ähnlich steht es mit Descartes: Er wird in so vielen Philosophiegeschichten abgehandelt, daß jeder ihn zu kennen glaubt und mit seinem bloßen Namen verschiedene Schlagwörter („Cogito", „böser Dämon", „radikaler Zweifel") assoziiert. Dabei werden die einzelnen Facetten seiner Philosophie allerdings häufig übersehen oder gar nicht erst in den Blick genommen.

Die vorliegende Einführung versucht, den Blick auf das Original zu richten und es von verschiedenen Seiten zu betrachten. Descartes soll nicht nur als Erkenntnistheoretiker und Metaphysiker vorgestellt werden, wie dies in Einführungen üblich ist, sondern auch als Naturphilosoph, Wissenschaftstheoretiker und philosophischer Anthropologe. Es soll gezeigt werden, daß er zahlreiche miteinander verflochtene Projekte verfolgt hat. Einige dieser Projekte sind uns auch heute noch vertraut und regen unmittelbar zum systematischen Philosophieren an. Andere erscheinen uns ziemlich fremd und lassen sich nur im besonderen historischen Kontext verstehen. Was die Auseinandersetzung mit Descartes so spannend macht, ist nicht zuletzt diese komplexe Verbindung von Vertrautem und Fremdem.

Wie jeder Blick auf das Original ist auch mein Blick nicht vollständig neutral und vorurteilsfrei, vielleicht auch nicht frei von perspektivischen Täuschungen – kein „view from nowhere". Ich habe mich in meiner Auseinandersetzung mit Descartes vornehmlich von zwei Forschungsrichtungen anregen lassen: einerseits von der analytischen Philosophiegeschichtsschreibung, die stets eine Diskussion von Argumenten und Argumentationsstrukturen in den Vordergrund stellt; andererseits von der Wissenschaftsgeschichte, die den Zusammenhang zwischen philosophischen und naturwissenschaftlichen Theorieentwicklungen im historischen Kontext untersucht. Im Rahmen einer Einführung ist eine gründliche Auseinandersetzung mit den bisherigen Ergebnissen dieser beiden Forschungsrichtungen freilich unmöglich. Die in den Text eingestreuten Verweise auf weiterführende Literatur (teilweise auch auf alternative Interpretationen) wecken aber hoffentlich die Neugier auf exegetische und philosophische Kontroversen. Sie sollen einen Einstieg in ein eigenständiges Descartes-Studium ermöglichen.

Den größten Teil dieses Buches habe ich während meiner Oxforder Zeit geschrieben. Ich danke dem All Souls College und der Sub-faculty of Philosophy der Universität Oxford für die gewährte Muße (ein seltenes Gut im akademischen Alltag), die es mir erlaubte, mich Descartes zu widmen. Otfried Höffe und Andreas Kemmerling danke ich für wertvolle Kommentare und Verbesserungsvorschläge zu einer früheren Fassung des Manuskripts. Andreas Kemmerling hat mir zudem laufende Arbeiten zugeschickt, von denen ich – wie immer – viel gelernt habe. Hans-Peter Schütt hat mir freundlicherweise bereits vor der Drucklegung Teile seiner rezeptionsgeschichtlichen Studie zukommen lassen; ich verdanke ihr wichtige Anregungen. Lukas Wiget und Roland Wittwer danke ich für die tatkräftige Unterstützung bei der Druckvorbereitung. Schließlich danke ich meinen Basler Kolleginnen und Kollegen für den freundlichen Empfang in der neuen akademischen Umgebung. Sie trugen dazu bei, daß ich den Band zügig abschließen konnte.

I. Descartes im Kontext

1. Leben und Schriften

Descartes' Lebenszeit (1596–1650) fällt in eine Epoche des politischen, religiösen, naturwissenschaftlichen und philosophischen Umbruchs. Von den politischen und religiösen Wirrnissen seiner Zeit – während mehr als der Hälfte seines Lebens tobte der Dreißigjährige Krieg – hielt er sich weitgehend fern. Er folgte Ovids Devise (*Tristia* III, iv, 25), daß derjenige gut gelebt hat, der ein zurückgezogenes, abgeschirmtes Leben geführt hat („bene vixit, bene qui latuit": AT I, 286). An den naturwissenschaftlichen und philosophischen Umwälzungen seiner Zeit war Descartes jedoch maßgeblich beteiligt. Er gehörte zu jenen Denkern der frühen Neuzeit, die eine „wissenschaftliche Revolution" einleiteten: die Überwindung des alten aristotelisch-scholastischen Weltbildes zugunsten eines neuen, das sich an der mechanistischen Physik und an der dualistischen Metaphysik orientiert. Fast sein ganzes zurückgezogenes, abgeschirmtes Leben galt diesem Projekt einer wissenschaftlichen Erneuerung.

René Descartes wurde am 31. März 1596 in La Haye (heute: Descartes), einem kleinen Ort in der Nähe von Tours, geboren und wuchs dort zusammen mit zwei Geschwistern auf. Bereits vierzehn Monate nach seiner Geburt starb die Mutter, Jeanne Brochard. Der Halbwaise wurde daher der Großmutter mütterlicherseits, Jeanne Sein, zur Erziehung anvertraut. Sein Vater, Joachim Descartes, war als Berater im Parlament von Rennes tätig. Über die frühe Kindheit ist nichts überliefert. Aus späteren Berichten Descartes' wissen wir nur, daß er ein kränkliches Kind war, von dem die Ärzte sagten, es werde wohl kaum das Erwachsenenalter erreichen. Auch über die familiären Beziehungen gibt es nur spärliche Informationen.

Der mit Tagespolitik beschäftigte Vater scheint den Sohn jedoch nicht besonders gefördert zu haben, und in späteren Jahren vermochte er dessen Erfolge nicht zu würdigen. Nach der Veröffentlichung des *Discours de la méthode* – des ersten Buches, das Descartes internationale Anerkennung eintrug – soll der Vater lediglich bemerkt haben: „Von allen meinen Kindern bin ich nur mit einem unzufrieden. Mußte ich denn einen Sohn in die Welt setzen, der sich so lächerlich macht, daß er sich in Kalbsleder binden läßt?" (Adam 1910, 433 f.)

1606 wurde Descartes zur Ausbildung in das Jesuitenkollegium von La Flèche (Anjou) geschickt, das erst 1604 von König Heinrich IV. gegründet worden war. Dort blieb er bis 1614. Während dieser acht prägenden Jahre, die er in späteren Briefen immer wieder erwähnt, erhielt er eine gründliche scholastisch-humanistische Ausbildung. Die ersten fünf Jahre waren ausschließlich dem Studium der lateinischen Grammatik und Rhetorik sowie der Lektüre antiker Klassiker gewidmet. Erst in den letzten drei Jahren wurde Philosophie im engeren Sinn studiert: Dialektik im sechsten Jahr, Naturphilosophie im siebten, Metaphysik und Ethik im achten. Der Philosophieunterricht förderte freilich nicht ein freies Argumentieren und Diskutieren von Thesen. Er bestand vielmehr in einer akribischen Interpretation autoritativer Texte, wie dies gemäß der scholastischen Methode üblich war. Als Grundlage diente das Textcorpus des Aristoteles, das jedoch nur in Auszügen und meistens zusammen mit ausführlichen Kommentaren gelesen wurde. Im jesuitischen Milieu wurden besonders die Kommentare von Suárez, Toletus und Fonseca für den Unterricht verwendet.

Seit den Pionierarbeiten von E. Gilson ist zu Recht immer wieder darauf hingewiesen worden, daß diese frühe scholastische Ausbildung Descartes nachhaltig prägte (Gilson 1984, neuerdings Ariew 1992 und Biard 1997). Seine späteren revolutionären Theorien waren keine „ex nihilo"-Schöpfungen. Sie entstanden häufig aus einer kritischen Auseinandersetzung mit dem scholastischen Erbe. Es ist allerdings Vorsicht geboten, wenn man ausgehend von Descartes' Darstellung scholastischer Thesen und Argumente Rückschlüsse auf jene Theorien zieht, die in La Flèche tatsächlich gelehrt wurden. Denn häufig faßte Descartes diese Theorien derart polemisch und verzerrt zusammen, daß sie wie eine Ansammlung von aberwitzigen Irrlehren erscheinen. So behauptete er, gemäß der scholastischen Lehre setze sich ein materieller Gegenstand aus Form und Materie zusammen, und die Form sei so etwas wie eine verborgene Kraft, die den Gegenstand lenke und auf bestimmte Ziele hinführe (AT VIII-1, 322). Diese Darstellung wird der aristotelisch-scholastischen Theorie von Form und Materie – dem Hylemorphismus – sicherlich nicht gerecht (Des Chene 1996, 168 ff.). Denn erstens ist die Form eher ein Einheits- und Identitätsprinzip als eine verborgene Kraft; und zweitens gibt es nichts, was einen Gegenstand auf mysteriöse Weise im Inneren lenkt, sondern höchstens eine teleologische Bestimmung für einen Gegenstand. Dieses Beispiel zeigt, daß Descartes sich nicht um eine genaue Rekonstruktion und schrittweise Widerlegung der scholastischen Tradition bemühte. Er griff einzelne Elemente dieser Tradition auf, häufig ohne Berücksichtigung des jeweiligen Kontextes.

Die polemischen und kritischen Bemerkungen zur Scholastik, die sich in Descartes' Schriften finden, sollten allerdings nicht darüber hinwegtäuschen, daß er sich in späteren Jahren voller Wertschätzung und Wohlwollen über La Flèche äußerte. Er würdigte das Jesuitenkollegium als „eine der berühmtesten Schulen Europas" (AT VI, 5) und empfahl es einem Briefpartner sogar als Ausbildungsstätte für dessen Sohn (AT II, 377 f.). Im ersten Teil des *Discours de la méthode* lobte er den gründlichen Unterricht in Grammatik und Rhetorik, den er in La Flèche genossen hatte. Wenn er sich von diesem traditionellen, an der scholastischen Methode orientierten Unterricht abwandte, so geschah dies nicht etwa, weil er ihn verachtet hätte. Er verwarf ihn vielmehr, weil er ihm einseitig und ungenügend erschien. Denn die scholastischen Philosophen, die sich stets mit alten Texten beschäftigen, sind seiner Meinung nach wie Menschen, die ununterbrochen in fremden Ländern herumreisen. „Doch wenn man zu viel Zeit auf das Reisen verwendet, wird man ein Fremdling im eigenen Land. Und wenn man zu neugierig ist auf die Dinge, die sich in vergangenen Jahrhunderten zugetragen haben, bleibt man gewöhnlich ganz unwissend in bezug auf die Dinge, die sich im eigenen zutragen." (AT VI, 6) In ihrem Bemühen, Aristoteles und vergangene Aristoteliker zu verstehen, vernachlässigen die Scholastiker die Beschäftigung mit aktuellen Problemen. Sie verharren in der Vergangenheit. Und selbst wenn sie aktuelle Probleme – etwa jene der Physik oder der Physiologie – gelegentlich aufgreifen, versuchen sie diese mit vergangenen aristotelischen Modellen zu lösen, die inhaltsleer geworden sind. Daher ist von ihnen kein Fortschritt in den Naturwissenschaften und in der Philosophie zu erwarten.

1614 verließ Descartes La Flèche. Kurz danach immatrikulierte er sich an der Universität Poitiers, wo er 1616 einen Abschluß (eine „licence") in Jurisprudenz erwarb. Danach strebte er aber keine juristische oder politische Laufbahn an. Er entschied sich, wie er in einem autobiographischen Abschnitt des *Discours* berichtet, „kein anderes Wissen zu suchen als jenes, das sich in mir selbst oder im großen Buch der Welt finden könnte. Ich verbrachte den Rest meiner Jugend damit, zu reisen, Höfe und Armeen zu besichtigen, mich unter Menschen von unterschiedlichem Temperament und Rang zu mischen, unterschiedliche Erfahrungen zu sammeln, mich in den Begegnungen zu testen, die das Schicksal für mich bereit hielt, und vor allem: derart über die Dinge nachzudenken, die sich mir darboten, daß ich Nutzen daraus ziehen könnte." (AT VI, 9)

Im November 1618, während eines Aufenthaltes im niederländischen Breda, lernte Descartes den Mediziner und Naturforscher Isaac Beeckman kennen, mit dem er über wissenschaftliche Probleme zu diskutieren begann. Beeckman weckte vor allem sein Interesse an den mathematischen Grundlagen der Naturwissenschaften und an methodologischen Problemen. 1619 überreichte Descartes Beeckman sein erstes Werk, das kurze *Compendium Musicae* (zu Lebzeiten nicht veröffentlicht), als Geschenk zum Neujahrstag. In dieser Schrift versuchte er, mit Hilfe einer mathematischen Proportionentheorie musikalische Harmonien und Intervalle zu erklären.

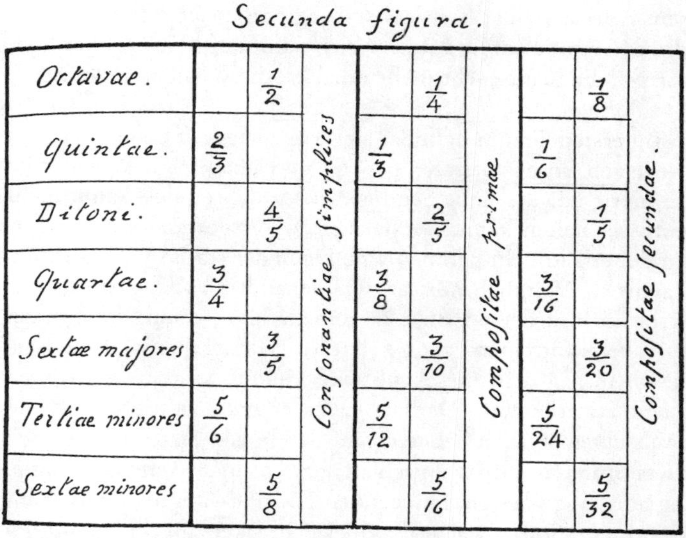

$$\text{Secunda figura.}$$

	Consonantiae Simplices		Compositae primae		Compositae secundae
Octavae.	$\frac{1}{2}$		$\frac{1}{4}$		$\frac{1}{8}$
Quintae.	$\frac{2}{3}$		$\frac{1}{3}$		$\frac{1}{6}$
Ditoni.	$\frac{4}{5}$		$\frac{2}{5}$		$\frac{1}{5}$
Quartae.	$\frac{3}{4}$		$\frac{3}{8}$		$\frac{3}{16}$
Sextae majores	$\frac{3}{5}$		$\frac{3}{10}$		$\frac{3}{20}$
Tertiae minores	$\frac{5}{6}$		$\frac{5}{12}$		$\frac{5}{24}$
Sextae minores	$\frac{5}{8}$		$\frac{5}{16}$		$\frac{5}{32}$

Abb. 1: Illustration der mathematischen Musiktheorie aus *Compendium Musicae,* „secunda figura" (AT X, S. 101).

Während er sich in den Niederlanden aufhielt, trat Descartes in die Armee des Prinzen Moritz von Nassau ein. Bereits 1619 quittierte er aber den Dienst und faßte den Entschluß, sich den Streitkräften Maximilians von Bayern anzuschließen. Er reiste zunächst nach Frankfurt, um die Krönung Ferdinands II. mitzuerleben. Auf der Weiterfahrt nach Bayern wurde er vom einbrechenden Winter überrascht und machte in Ulm Halt. Dieser mehrmonatige Aufenthalt, den er im zweiten Teil des *Discours* ausführlich schildert, sollte zu einem Wendepunkt in seinem Leben werden. Denn in Ulm, wo er frei von allen Verpflichtungen war, hatte er Zeit und Muße, sich in einem warm geheizten Zimmer (einem sogenannten „poêle") philosophischen Gedanken hinzugeben. Nach einem Tag intensiven Nachdenkens schlief er in einem Zustand geistiger Erregtheit ein und hatte in der Nacht vom 10. auf den 11. November drei Träume, die ihm – wie er selber betonte – den Lebensweg wiesen. Adrien Baillet, sein erster Biograph, zeichnete den Inhalt dieser Träume auf und stützte sich dafür auf Notizbücher Descartes', die heute nicht mehr erhalten sind (Baillet 1691, Bd. 1, 81 ff.).

Im ersten Traum befindet sich Descartes auf einem Weg. Er wird von bösen Geistern geplagt und von einem Wirbelwind so heftig auf die linke Seite gedrückt, daß er sich kaum mehr aufrecht halten kann. Da sieht er am Wegesrand eine Kirche, zu der er Zuflucht nehmen will. Doch der starke Wind hält ihn davon ab. Plötzlich hört er, wie jemand ihn anspricht, und er sieht im Hof der Kirche eine unbekannte Person, die ihm ein Geschenk für einen gewissen Herrn N. mitgeben will. Descartes meint, in dem Geschenk eine Melone aus einem fremden Land zu erkennen. Darauf wacht er ganz bestürzt auf und fühlt einen starken Schmerz auf der linken Seite. Als er nach zwei Stunden wieder einschläft, hat er einen weiteren Traum. Er hört einen lauten, krachenden Lärm, den er als Donner interpretiert. Sofort wacht er voller Schrecken auf und meint, im ganzen Raum sprühende Funken zu sehen. Schließlich schläft er wieder ein und hat einen dritten Traum, der im Gegensatz zu den beiden ersten angenehm ist. Er sieht zwei Bücher auf einem Tisch, ein Wörterbuch und eine Gedichtsammlung. Als er die Gedichtsammlung aufschlägt, stößt er auf Ausonius' Ode „Quod vitae sectabor iter?" („Welchen Lebensweg werde ich einschlagen?"). Da taucht ein unbekannter Mann auf, der ihm ein Gedicht überreicht, das mit den Worten „Est et non" („Es ist, und es ist nicht") beginnt. Descartes meint, es stamme ebenfalls von Ausonius, und will es im Buch nachschlagen, kann es aber nicht finden. Da verschwindet der Mann, und Descartes beginnt noch im Traumzustand über die Bedeutung all dieser Ereignisse nachzudenken.

Wie sind diese drei Träume zu deuten? Sie enthalten mehrere klassische Elemente der biblischen und säkularen Traumliteratur und sind daher kaum als unmittelbare Erlebnisprotokolle, sondern eher als literarisch verarbeitete Berichte zu verstehen. Vergleicht man sie mit der Traumliteratur der frühen Neuzeit, fallen Ähnlichkeiten mit den Visionen auf, die

Rodophilus Staurophorus in seinem *Raptus philosophus* (1619 publiziert) – der Geschichte einer „Bekehrung" zur Philosophie – schildert. Es läßt sich allerdings keine direkte Abhängigkeit von diesem Werk nachweisen. Descartes' Träume haben natürlich die Phantasie zahlreicher Biographen beflügelt und zu spekulativen Deutungen Anlaß gegeben (vgl. eine Auswertung in Cole 1992). Welche Bedeutung auch immer man ihnen von einem modernen, z.B. psychoanalytischen, Standpunkt aus beimessen will, entscheidend ist, daß Descartes sie selbst interpretierte (Baillet 1691, Bd. 1, 83 ff). Die beiden ersten Träume deutete er als Warnungen vor seinem bisherigen Lebenswandel. Daß er im ersten Traum daran gehindert wurde, die Kirche zu erreichen, bedeutete für ihn, daß er von seiner wahren Lebensaufgabe abgehalten wurde. Den Wind deutete er als einen bösen Geist, der ihn mit Gewalt an einen Ort zu treiben versuchte, den er freiwillig aufsuchen sollte. In der unerreichten Melone sah er „die Verlockungen der Einsamkeit". Das Donnergrollen im zweiten Traum und die sprühenden Funken standen als Zeichen für den „Geist der Wahrheit", der ihn erfaßte. Das Wörterbuch im dritten Traum deutete er als Symbol für die Gesamtheit der Wissenschaften, die Gedichtsammlung als Symbol für Philosophie und Weisheit. Die Ode des Ausonius stellte die entscheidende Frage für sein künftiges Leben, und der Versanfang „Es ist, und es ist nicht" – das Grundprinzip des Pythagoras – symbolisierte Wahrheit und Falschheit in den Wissenschaften. Alle diese Deutungen zeigen, daß Descartes den Träumen einen zentralen Stellenwert beimaß und sie als ein Zeichen der Bekehrung verstand.

Nach diesem prägenden Erlebnis in Ulm entschied er sich, einen neuen Lebensweg zu wählen und sich von nun an ganz der Frage nach der Wahrheit und Falschheit in den Wissenschaften zu widmen, wie es der dritte Traum verlangte. Er gab den Plan einer militärischen Laufbahn auf, reiste zunächst durch Deutschland, Holland und Italien und nahm dann 1625 Wohnsitz in Paris, wo er sich eingehend mit wissenschaftlichen Einzelproblemen und mit einer umfassenden Methodenlehre zu beschäftigen begann. In Paris pflegte er enge Kontakte zu Marin Mersenne (wie Descartes ein ehemaliger Zögling aus La Flèche), der ihn mit anderen Wissenschaftlern und Philosophen bekannt machte und ihm in späteren Jahren bei der Publikation von Schriften half.

1626–28 beschäftigte sich Descartes intensiv mit Fragen der Optik, Algebra und Wahrnehmungstheorie. Wahrscheinlich fällt die Entdeckung des Refraktionsgesetzes (d.h. des Gesetzes, das eine geometrische Beschreibung für die Brechung von Lichtstrahlen gibt) in diese Zeit. Er nahm die Arbeit an den *Regulae ad directionem ingenii* („Regeln zur Leitung des Verstandes") wieder auf, mit der er bereits 1619–20 begonnen hatte. Dieses methodologische Werk, in dem die Grundregeln zum Erwerb von zweifelsfreiem und evidentem Wissen erläutert werden, blieb jedoch unvollendet und zu Descartes' Lebzeiten unveröffentlicht. In einem Brief an Mersenne erklärte Descartes, warum er die Arbeit an den *Regulae* nicht zu Ende führte. Er hatte so viele Entdeckungen in den verschiedensten Disziplinen – vor allem in der Geometrie, Algebra und Physik – gemacht, daß er sie nicht mehr in ein einziges, in der Gesamtkonzeption beschränktes Werk integrieren konnte: „Ich war gezwungen, ein neues Projekt zu entwerfen, ein viel größeres als das erste – wie jemand, der an einem Wohnhaus zu bauen begonnen hat, während der Arbeit unerwartete Reichtümer gewinnt und daraufhin den Plan derart ändert, daß das begonnene Haus zu klein für ihn wird. Man würde einem solchen Mann keine Vorwürfe machen, wenn man sähe, daß er ein anderes Haus zu bauen beginnt, das seinem Vermögen angemessener ist." (AT I, 138)

Das neue Haus, an dem Descartes im Geist zu bauen begann, war *Le Monde* („Die Welt") – ein Werk, das eine umfassende Erklärung der Naturphänomene auf der Grundlage der mechanistischen Physik geben sollte. Noch während er sich in Paris aufhielt, begann er mit den Vorarbeiten an diesem ehrgeizigen Projekt. Am Ende des Jahres 1628 emigrierte er jedoch aus Frankreich und nahm Wohnsitz in den Niederlanden, wo er für die nächsten zwanzig Jahre blieb. Aus welchen Gründen er sein Heimatland verließ, ist nicht vollständig klar.

Vielleicht nahm er an, ein liberales protestantisches Land werde günstigere Arbeitsbedingungen bieten als das katholische Frankreich. Allerdings beabsichtigte er nicht zu konvertieren, und er beteiligte sich auch nicht an den konfessionellen Auseinandersetzungen. Er wollte, wie er Mersenne gegenüber bemerkte, unbeeinträchtigt von religiösen und ideologischen Kämpfen ein ruhiges Leben führen (AT I, 285 f.). Vielleicht dachte Descartes auch, er werde in den Niederlanden bessere Publikationsmöglichkeiten haben, weil dort eine freizügigere Publikationspolitik betrieben wurde als in Frankreich. Oder vielleicht wollte er sich aus der Großstadt Paris in eine ruhigere, ländliche Gegend zurückziehen, um sich ungestört seinen Forschungen widmen zu können (AT VI, 31). Auf jeden Fall zog er zunächst in das Städtchen Franeker, wo er sich an der Universität als Student einschrieb. Dann wechselte er immer wieder den Wohnsitz; er lebte in Amsterdam, Leiden, Haderwick, Haarlem und Egmond. Der Biograph Baillet bemerkt, Descartes' Wohnsitz sei nicht beständiger gewesen als derjenige der Israeliten, die durch die Wüste zogen (Baillet 1691, Bd. 1, 175).

Daß Descartes von nun an als Privatgelehrter mit wechselndem Wohnsitz seine Forschungen betrieb, wirft ein interessantes Licht auf die äußeren Bedingungen der Wissenschaft im 17. Jahrhundert (vgl. zum Kontext Schobinger 1993, Kap. 1 und 7). Während des Spätmittelalters hatten sich die Universitäten als Zentren der Forschung und der Lehre etabliert. Wer forschte und publizierte, war meistens Universitätsprofessor und dadurch Mitglied einer privilegierten sozialen Schicht. Dies änderte sich bereits im 16. und noch stärker im 17. Jahrhundert. Immer mehr innovative Forscher wandten den Universitäten den Rücken zu. Sie distanzierten sich von den akademischen Lehrstätten, in denen ein traditioneller scholastischer Geist wehte, und betrieben ihre Forschungen zu Hause oder in privaten Zirkeln. Einige, z.B. Pierre Gassendi, wurden von einem Mäzen unterstützt; andere, unter ihnen Descartes, mußten selber für ihren Unterhalt sorgen und führten daher ein finanziell unsicheres Leben. Sie suchten ihre Gesprächspartner meistens außerhalb der etablierten Universitäten und publizierten ihre Forschungsergebnisse auch nicht mehr in Form von scholastisch-universitären Texten (etwa in „Summen" oder Kommentaren), sondern in kleinen Spezialabhandlungen oder in Schriften, die eine freie Form aufwiesen. Es entwickelte sich auch eine rege Briefkultur. Denn die einzelnen Forscher, die verstreut in Europa lebten, konnten ihre Kollegen nicht auf den traditionellen universitären Kanälen über ihre laufenden Projekte informieren. Sie pflegten daher auf dem Korrespondenzweg wissenschaftliche Kontakte. Dies zeigt sich in Descartes' Werk besonders deutlich: Von den elf Bänden der Adam-Tannery Gesamtausgabe enthalten die ersten fünf ausschließlich wissenschaftliche Briefe. Verschiedene zentrale Themen (z.B. der Status ewiger Wahrheiten oder die Klassifikation metaphysischer Grundbegriffe) werden ausschließlich in den Briefen erörtert. Es wäre daher unangebracht, in einer Auseinandersetzung mit Descartes' Denken nur auf die zu seinen Lebzeiten oder nach seinem Tod publizierten Schriften zurückzugreifen.

Nach seiner Ankunft in den Niederlanden beschäftigte sich Descartes weiterhin mit Geometrie, Algebra und Optik, mehr und mehr aber auch mit Physiologie und Anatomie. Als er vorübergehend in Amsterdam wohnte, konnte er sich in der Kalverstraat bei Schlachtern Tierkadaver für anatomische Studien besorgen. Er beschränkte sich aber nicht auf naturwissenschaftliche und mathematische Projekte. Bereits um 1630 begann er sich mit metaphysischen Fragen zu beschäftigen. In einem Brief an Mersenne bekundete er die Absicht, eine „kleine Abhandlung über Metaphysik" zu schreiben, in der er die Existenz Gottes und die Unsterblichkeit der menschlichen Seele beweisen wollte (AT I, 182). Genau diese beiden Probleme wurden von Philosophen und Theologen im frühen 17. Jahrhundert am intensivsten diskutiert; Jean de Silhon (1596–1667) hatte sie als Kernprobleme der Metaphysik bezeichnet. Und genau diese beiden Probleme stellte Descartes später in seinem Brief an die Doktoren der Theologischen Fakultät der Sorbonne als die zentralen philosophischen Probleme der *Meditationes* heraus (AT VII, 1). Dies verdeutlicht, daß kaum von einer frühen naturwissenschaftlichen Phase und einer späten metaphysischen Phase in seinem Leben gesprochen werden kann. Bereits zu der Zeit, als er sich hauptsächlich naturwissenschaftlichen Studien widmete, beschäftigte er sich auch mit grundlegenden metaphysischen Problemen.

In den Jahren 1630 bis 1633 arbeitete Descartes intensiv an *Le Monde*. Er verfaßte einen ersten Teil über die Struktur der Materie und die Grundlagen der Mechanik sowie einen zweiten Teil über Kosmologie und Optik. Gleichzeitig schrieb er, angeregt durch seine anatomischen Studien, auch am *Traité de l'homme* („Abhandlung über den Menschen"), einem Werk über die Anatomie und Physiologie des Menschen, das später *Le Monde* hinzugefügt wurde. Dabei räumte er Problemen der Wahrnehmungstheorie einen besonderen Platz ein. Descartes bereitete beide Werke zur Veröffentlichung vor, doch im letzten Moment schreckte er vor einer Publikation zurück. Der Grund dafür war sehr wahrscheinlich die Verurteilung Galileo Galileis im Jahre 1633. Als Descartes von dieser Verurteilung vernahm, die sich gegen den Heliozentrismus richtete, schrieb er Mersenne, er könne *Le Monde* unmöglich zur Publikation freigeben. Denn wenn die Ansicht, daß sich die Erde um die Sonne dreht, falsch sei, „dann sind auch die ganzen Grundlagen meiner Philosophie falsch, denn diese Ansicht läßt sich auf evidente Weise mit ihnen beweisen." (AT I, 271) Er wolle sich auf keinen Fall mit der Kirche anlegen und lieber auf die Publikation verzichten als einen verstümmelten Text veröffentlichen.

Ob Descartes' Angst vor einer Verurteilung durch die katholische Kirche berechtigt war, ist eine umstrittene Frage. Denn wenn er sich in *Le Monde* auch auf Annahmen stützte, die zum Heliozentrismus führten, hatte er diese neue Theorie doch an keiner Stelle offen vertreten. Er hatte ausdrücklich betont, seine kosmologischen Ausführungen seien rein hypothetisch, und er hatte die traditionelle aristotelisch-ptolemäische Ansicht in keiner Weise angegriffen. „Mein Ziel", so hielt er fest, „ist es nicht, die Dinge zu erklären, die sich in der wirklichen Welt vorfinden, sondern nur eine Welt nach meinem Belieben zu entwerfen, in der es nichts gibt, was nicht auch die einfachsten Gemüter begreifen könnten – eine Welt, die genau so erschaffen sein könnte, wie ich sie entworfen habe." (AT XI, 36) Diese vorsichtige Formulierung hätte es ihm durchaus erlaubt, sich gegen mögliche Angriffe zu verteidigen. Trotzdem entschied er sich dafür, auf eine Publikation zu verzichten und mögliche Querelen mit der Zensurbehörde von vornherein zu vermeiden. Wahrscheinlich befürchtete er, selbst aufgrund einer Hypothese könnte er bei den kirchlichen Autoritäten in Ungnade fallen. Im Edikt der Inquisition, die Galileo verurteilt hatte, hieß es nämlich, Galileos Ansicht sei falsch und häretisch, auch wenn er behaupte, sie nur als eine Hypothese formuliert zu haben. Descartes kannte dieses Edikt, wie ein Brief an Mersenne belegt (AT I, 306).

Die Verurteilung Galileos veranlaßte Descartes zwar zu einem vorsichtigen Verhalten und taktischen Manövrieren, sie beeinträchtigte aber nicht sein Interesse an kosmologischen und naturphilosophischen Problemen. Sie hielt ihn auch nicht davon ab, Schriften zu diesen Problemen zu verfassen. 1637 publizierte er drei Abhandlungen, in denen er teilweise Elemente aus *Le Monde* wieder aufnahm: *La Dioptrique* („Die Optik"), die sich mit Fragen der Optik, aber auch mit Problemen der Wahrnehmungstheorie beschäftigt; *Les Météors* („Die Himmelskörper"), die einzelne Naturphänomene (z.B. Wolken, Stürme und Regenbogen) analysiert; *La Géométrie* („Die Geometrie"), die die Grundlagen der analytischen Geometrie enthält und eine Lösung für das berühmte Pappus-Problem bietet. In der zweiten Abhandlung verarbeitete Descartes Material aus *Le Monde*, ließ dabei aber alles weg, was den Argwohn der kirchlichen Behörden hätte wecken können.

Die ausgiebige Korrespondenz der darauf folgenden Jahre zeigt, daß diese drei Abhandlungen internationales Echo fanden und von Fachkollegen rege rezipiert wurden. Besonders die mathematischen Modelle weckten das Interesse der Fachwelt. Der berühmte französische Mathematiker Pierre Fermat formulierte eine Reihe von detaillierten Einwänden gegen die in *La Dioptrique* vertretenen Thesen und verfaßte eine ganze Abhandlung, die sich kritisch mit der *Géométrie* befaßte. Descartes setzte sich mit dieser Kritik jedoch nicht auseinander. Er schickte Fermats Schrift ungelesen zurück, weil er annahm, sie könne ohnehin nur das wiederholen, was er in seiner *Géométrie* bereits geschrieben hatte (AT II, 495). Auch die Einwände anderer Mathematiker ließ er unberücksichtigt. So überging er einfach die Kommentare Gilles de Robervals, eines Mathematikprofessors am Collège de France, den er als einen Ignoranten abkanzelte. Er wundere sich, so schrieb er Mersenne, „daß dieser Mensch als ein vernunftbegabtes Lebewesen gelten könne" (AT II, 190). Ähnlich herablassend und ungehalten ging er mit anderen Kritikern um. Pierre Petit verglich er mit „einem kleinen Hund, der auf der Straße nach mir kläfft" (AT II, 267), und Jean de Beaugrands Briefe sah er als so wertlos an, daß er behauptete, man könne sie „nur für den letzten Gebrauch" (d.h. als Toilettenpapier) verwenden (AT III, 437). Diese Reaktionen zeigen, daß Descartes wenig Geduld im Umgang mit Kritikern besaß und sich auch dann nicht mit ihren Einwänden auseinandersetzte, wenn sie – wie im Falle Fermats – fundiert und berechtigt waren. Sein ungebrochenes, ja übersteigertes Selbstwertgefühl ließ keinen Platz für Kritiker. Mersenne gegenüber gestand er: „Ich behaupte, daß man nicht nur glauben soll, ich hätte Bedeutenderes als meine Vorgänger geleistet. Man soll sich auch davon überzeugen, daß unsere Nachfahren niemals etwas in dieser Thematik finden werden, was ich nicht ebensogut wie sie hätte finden können, wenn ich mir die Mühe gemacht hätte, danach zu suchen." (AT I, 480) Descartes war sich freilich bewußt, daß er mit dieser Einstellung kaum Freunde in der Fachwelt gewinnen konnte. Er bat daher Mersenne, den Inhalt seines Briefes nicht publik zu machen.

Descartes versah *La Dioptrique*, *Les Météors* und *La Géométrie* mit einer langen Einleitung, der er folgenden ausführlichen Titel gab: *Discours de la méthode pour bien conduire sa raison et chercher la vérité dans les sciences* („Erörterungen über die Methode, die dazu dient, den Verstand richtig zu lenken und die Wahrheit in den Wissenschaften zu suchen"). Diese Einleitung in sechs Teilen, die zusammen mit den drei Abhandlungen („Essais" genannt) 1637 erschien, erwies sich als äußerst einflußreich und machte Descartes schnell berühmt. Sie fand nicht zuletzt wegen ihres freien, literarischen Stils und wegen der ausführlichen autobiographischen Passagen eine große Leserschaft. Im ersten Teil des *Discours* schilderte Descartes ausführlich, wie er nach anfänglichen Verirrungen den Weg zur richtigen Methode gefunden hatte. Er betonte, daß er die ungezwungene Form eines Diskurses und nicht etwa die strengere Form einer Abhandlung gewählt hatte, weil er seine neue Methode nicht dozieren, sondern nur über sie reden wollte (AT I, 349). Die autobiographischen Berichte über seine „Bekehrung" zur neuen Methode sollten eine Einladung an die Leser sein, sich diese Methode ebenfalls zueigen zu machen. Dabei richtete er sich nicht nur an ein Fachpublikum, sondern an jede Person mit gesundem Menschenverstand – eine Eigenschaft, die „bei allen Menschen natürlicherweise gleich ist" (AT VI, 2). Immer wieder betonte Descartes, daß sich alle Menschen und nicht nur eine kleine Elite von Gelehrten die neue Methode aneignen können. Denn in allen Menschen sind die „Keime der Wahrheit" (AT VI, 64) von Natur aus angelegt. Descartes präsentierte im *Discours* aber nicht nur seine Methode, sondern er führte auch in die Grundthesen seiner Metaphysik ein, die sich in den späteren Werken nicht mehr verändern sollten: die Existenz Gottes und die Immaterialität des Geistes. Zudem skizzierte er sein Programm einer „provisorischen Moral". Da er für ein breites Publikum schrieb, verzichtete er auf jede Fachterminologie und bediente sich einer klaren, anschaulichen Sprache. So findet sich im vierten Teil des *Discours*, nicht etwa in den inhaltlich komplexeren *Meditationes*, die berühmte Aussage „Ich denke, also bin ich" (AT VI, 32).

In den Jahren 1637–1640 beschäftigte sich Descartes immer mehr mit metaphysischen und erkenntnistheoretischen Fragen und führte den Plan aus, den er schon um 1630 gefaßt hatte: die Abfassung einer „kleinen Abhandlung über Metaphysik",

RENATI
DES-CARTES,
MEDITATIONES
DE PRIMA
PHILOSOPHIA
IN QVA DEI EXISTENTIA
ET ANIMÆ IMMORTALITAS
DEMONSTRATVR.

PARISIIS,
Apud MICHAELEM SOLY, viâ Iacobeâ, sub
signo Phœnicis.

M. DC. XLI.
Cum Priuilegio, & Approbatione Doctorum.

Abb. 2: Titelblatt der *Meditationes*, Erstauflage von 1641
(AT VII, S. XIX).

in der die Existenz Gottes und die Unsterblichkeit der Seele bewiesen werden sollten. So entstanden die *Meditationes de prima philosophia* („Meditationen über die erste Philosophie"), die im August 1641 in einer ersten Auflage in Paris erschienen. Wie der Titel verdeutlicht, wählte Descartes anstelle der strengen Form der Abhandlung jene der Meditation. Diese Form erlaubte es ihm, einen philosophischen Gedankengang ganz in der ersten Person zu entwickeln. Er forderte seine Leser auf, ihm Schritt für Schritt auf diesem Gedankengang zu folgen: „Nur jene möchte ich zum Lesen veranlassen, die ernsthaft mit mir meditieren und ihren Geist von den Sinnen sowie von allen Vorurteilen wegführen können und wollen." (AT VII, 9) Dieser warnenden Aufforderung sollten sich auch heutige Leserinnen und Leser stets bewußt sein. Die *Meditationes* sind trotz ihrer eleganten, gut verständlichen Sprache und trotz ihres bescheidenen Umfangs keine leichte Lektüre – keine Kurzfassung eines Lehrbuches. Sie müssen vielmehr als ein komplexes, streng systematisch aufgebautes Werk gelesen werden, das konsequent einen Gedankengang (einen „ordre des raisons"; vgl. Gueroult 1968) verfolgt.

Descartes war mit der ersten Auflage der *Meditationes* beim Verleger Michel Soly in Paris unzufrieden und bereitete eine zweite Auflage vor, die bei Elzevier in Amsterdam erscheinen sollte. Bereits vor der ersten Auflage ließ er das Manuskript namhaften Philosophen und Theologen zukommen und bat sie um Kommentare. Er erhielt insgesamt sieben Antworten mit Einwänden, auf die er in sieben Erwiderungen ausführlich einging. Die Einwände und Erwiderungen wurden zusammen mit dem Text der *Meditationes* gedruckt, wobei der siebte Einwand erst in der zweiten Auflage erschien. Die Autoren der Einwände waren angesehene Gelehrte von unterschiedlichem Temperament: der scholastische Theologe Caterus, der sich vornehmlich für die Gottesbeweise interessierte und eher Nachfragen stellte als Einwände formulierte (erster Einwand); eine Gruppe von ungenannten Philosophen und Theologen, deren Einwände von Mersenne zusammengetragen wurden (zweiter und sechster Einwand); der englische Philosoph Thomas Hobbes, der mit seiner materialistischen Theorie des Geistes in einem scharfen Gegensatz zu Descartes' dualistischer Theorie stand (dritter Einwand); der französische Philosoph Antoine Arnauld, der sich vor allem auf Probleme der Ideentheorie sowie auf theologische Konsequenzen der neuen Metaphysik konzentrierte (vierter Einwand); der Naturforscher und Philosoph Pierre Gassendi, der den Text Zeile um Zeile kommentierte und von einem empiristischen Standpunkt aus gegen die Theorie der angeborenen Ideen argumentierte (fünfter Einwand); der Jesuit Pierre Bourdin, der für das ganze philosophische Programm Descartes' Unverständnis zeigte und es in sarkastischem Ton kritisierte (siebter Einwand). Descartes' Erwiderungen fielen unterschiedlich aus. Auf einige Einwände, etwa die moderaten Nachfragen des Caterus, ging er wohlwollend und geduldig ein. Andere, etwa die unverständigen Kommentare Bourdins, wies er schroff und ungehalten zurück (vgl. zu den Einwänden Beyssade & Marion 1994; Ariew & Grene 1995).

Mit der wachsenden Berühmtheit Descartes' nahm auch die Kritik an seinem naturphilosophischen und metaphysischen Programm zu. Die ersten Attacken gingen aber nicht von der katholischen Kirche aus, sondern von calvinistischen Theologen und Philosophen. Eine besonders polemische Kritik formulierte der Utrechter Professor Gisbert Voetius. Er bezichtigte Descartes des Atheismus und verglich seine Ansichten mit jenen eines Ketzers, der lebendig verbrannt worden war. Als Voetius der Universität Utrecht als Rektor vorstand, veranlaßte er eine offizielle Verurteilung Descartes' und des Cartesianismus. 1643 setzte sich Descartes in einem langen offenen Brief (*Epistola ad Voetium*) gegen diese Attacken zur Wehr. Darin betonte er, seine mechanistische Physik und sein metaphysischer Dualismus würden in keiner Weise gegen theologische Dogmen verstoßen.

Die anticartesische Stimmung war nicht zuletzt durch Henricus Regius, einen ehemaligen Schüler Descartes', angeheizt worden. Dieser hatte an der Universität Utrecht voller Enthusiasmus die neue Naturphilosophie gelehrt. 1647 publizierte er sogar eine Programmschrift, in der er angeblich die wichtigsten Prinzipien der Cartesischen Lehre zusammenfaßte. Dabei ließ er aber zahlreiche wichtige Subtilitäten weg und ging nicht auf das metaphysische Fundament der Naturphilosophie ein, auf das Descartes großen Wert legte. Dadurch entstand der Eindruck, der Cartesianismus kümmere sich tatsächlich nicht um die Existenz Gottes oder um die Unsterblichkeit der Seele. Um diesen Eindruck zu widerlegen, distanzierte sich Descartes 1648 in ausführlichen Bemerkungen zur Programmschrift (*Notae in Programma*) von Regius. In scharfem Tonfall wies er dessen undifferenzierte Thesen zurück und betonte, sie entsprächen keineswegs seiner eigenen Auffassung von einer metaphysisch fundierten Naturphilosophie.

Bereits vor dieser Richtigstellung von Fehlinterpretationen bemühte sich Descartes, die Grundlagen seiner Philosophie in klarer und übersichtlicher Form zu vermitteln. 1644 veröffentlichte er die *Principia philosophiae* („Prinzipien der Philosophie"), in denen er prägnant und lehrbuchartig sein neues System erklärte. Bereits 1647 erschien eine französische Übersetzung, der Descartes eine Vorrede voranstellte. Darin skizzierte er seine methodologischen Grundlagen. Die *Principia* waren ursprünglich auf sechs Teile angelegt, in denen nicht nur die Grundlagen der Metaphysik, Erkenntnistheorie und Naturphilosophie, sondern auch naturwissenschaftliche Kenntnisse vermittelt werden sollten. Das Werk blieb aber unvollendet. Ebenfalls unvollendet blieb eine weitaus kürzere Schrift, die *Recherche de la vérité par la lumière naturelle* („Suche nach der Wahrheit mittels des natürlichen Lichts"), die als Dialog konzipiert war. Das Manuskript dieser Schrift wurde erst nach Descartes' Tod gefunden und erschien 1701 in lateinischer Übersetzung.

Nach der Veröffentlichung seiner Hauptwerke korrespondierte Descartes nicht nur mit den führenden Gelehrten seiner Zeit. 1643 trat er auch in einen Briefkontakt zu der Prinzessin Elisabeth von Böhmen, der sich über mehrere Jahre erstreckte. Die damals erst 24 Jahre alte Prinzessin, die sich in den Niederlanden im Exil befand, zeigte ein starkes Interesse für Descartes' Theorie der Seele. Sie veranlaßte ihn dazu, auf einige Probleme dieser Theorie – vor allem auf das Verhältnis von Körper und Seele – genauer einzugehen. Sie regte ihn auch dazu an, sich näher mit der Frage nach der Entstehung und Funktion von Emotionen zu befassen. Zahlreiche Gedanken, die Descartes in seiner Korrespondenz mit Elisabeth entwickelte, integrierte er in die psychologisch-physiologische Schrift *Les passions de l'âme* („Die Affekte der Seele"), die 1649 erschien. In dieser Schrift setzte er sich zum Ziel, die verschiedenen Arten von Affekten zu klassifizieren und mittels einer dualistischen Leib-Seele-Theorie zu erklären. Descartes widmete Elisabeth auch die französische Fassung der *Principia*.

Im April 1648 bekam Descartes Besuch von einem jungen holländischen Studenten namens Frans Burman, der detaillierte Fragen zu verschiedenen Passagen aus den Hauptwerken vorbereitet hatte. In einem langen Gespräch gab Descartes bereitwillig und häufig sehr präzise Antwort auf diese Fragen. Burmans Aufzeichnungen dieser Unterhaltung sind heute unter dem Titel *Gespräch mit Burman* bekannt. Sie sind eine wertvolle Quelle, weil sie Licht auf eher dunkle, unklare Textstellen werfen und Aufschluß über Descartes' Intentionen geben. Sie zeigen auch, daß Descartes zum Zeitpunkt des Gesprächs – also im Alter von 52 Jahren – keineswegs die Beschäftigung mit naturwissenschaftlichen Fragen aufgegeben hatte, auch wenn er sich in den Jahren zuvor vornehmlich der Ausarbeitung seines metaphysischen und naturphilosophischen Systems gewidmet hatte. Er erwähnt Burman gegenüber, daß er an einer Abhandlung über Physiologie arbeite (erst nach seinem Tod erschien 1664 das Fragment einer solchen Abhandlung mit dem Titel *Description du corps humain*), und er betont, daß er sich „mit größter Genugtuung" an seine Arbeiten über die Prinzipien der Himmelsbewegung erinnere (AT V, 171). Diese Aussagen verdeutlichen, daß es ebenso verfehlt wäre, Descartes in seinen reifen Jahren als reinen Metaphysiker oder Erkenntnistheoretiker darzustellen, wie es unangebracht wäre, den frühen Descartes als reinen Naturwissenschaftler zu sehen. Stets verfolgte er philosophische *und* naturwissenschaftliche Projekte, auch wenn er sich den einzelnen Projekten zu unterschiedlichen Zeitpunkten mit unterschiedlicher Intensität widmete.

Zwanzig Jahre lang hielt sich Descartes mit wechselndem Wohnsitz in den Niederlanden auf, meistens in ländlicher Umgebung, wo er ein zurückgezogenes Leben führte und ungestört seinen Forschungen sowie seiner intensiven Korrespondenztätigkeit nachgehen konnte. Dies sollte sich 1649 ändern. Im Februar dieses Jahres erhielt er eine Einladung von Königin Christina von Schweden, an den Hof nach Stockholm zu kommen. Die Königin stand mit Descartes schon seit längerer Zeit in Briefkontakt und war mit den *Principia* vertraut. Sie wollte sich von ihm persönlich in Philosophie unterrichten lassen. Nach längerem Zögern nahm er die Einladung an und begab sich im Spätsommer nach Stockholm. Dieser Umzug und die damit verbundene Veränderung des gesamten Lebenskontextes hatten fatale Folgen. Bereits im Herbst 1649 erkrankte Descartes schwer. Im Januar 1650 begann er zwar noch mit dem Unterricht der Königin. Doch kurz danach, am 11. Februar 1650, starb er infolge einer Lungenentzündung.

Über die Ursachen für den raschen Tod können nur Vermutungen angestellt werden. Vielleicht vertrug Descartes das kalte, rauhe Klima in Schweden nicht, das er als „ein Land der Bären, zwischen Felsen und Eisflächen" bezeichnete (AT V, 349). Vielleicht wirkte sich die plötzliche Umstellung der Lebensgewohnheiten negativ auf seine Gesundheit aus. Er, der seit seiner Jugend ein notorischer Langschläfer war, mußte nun vor dem Morgengrauen aufstehen und sich bereits um 4.30 Uhr in den Palast der Königin begeben. Vielleicht konnte er es nicht verkraften, aus seinem zurückgezogenen Leben und aus seinen Forschungen herausgerissen zu werden. Denn entgegen seiner ursprünglichen Erwartung durfte er sich am königlichen Hof zunächst nicht den Wissenschaften und der Philosophie widmen, sondern mußte Verse zum Geburtstag der Königin schreiben. Auf jeden Fall wirkte sich der Verlust der gewohnten Umgebung verheerend aus. Wenige Wochen vor seinem Tod schrieb er aus Stockholm, hier seien „die Gedanken der

Menschen im Winter so gefroren wie das Wasser... Ich bin hier nicht in meinem Element, und ich sehne mich nur nach Ruhe und Erholung – Güter, die auch die mächtigsten Könige dieser Erde jenen nicht geben können, die es nicht verstehen, sie sich selber zu nehmen." (AT V, 467)

War Descartes immer nur auf der Suche nach einem ruhigen, zurückgezogenen Leben, das ihm ungestörtes Arbeiten ermöglichte? Mied er, auf der „Suche nach der Wahrheit mittels des natürlichen Lichts", menschliche Gesellschaft und freundschaftliche Beziehungen? Ein solcher Eindruck wäre verfehlt. Die zahlreichen Briefe belegen, daß er nicht nur wissenschaftliche Interessen verfolgte, sondern auch Anteil am persönlichen Schicksal seiner Briefpartner nahm. So beteuerte er gegenüber Beeckman in einem der ersten Briefe: „Glaube nicht, daß ich mich nur um die Wissenschaft sorge. Um dich sorge ich mich, um dich als ganzen Menschen, nicht nur um deinen Geist, auch wenn dies der erhabenste Teil von dir ist." (AT X, 151) Eine ähnliche freundschaftliche Zuneigung bekundete er auch in Briefen an Mersenne und an die Prinzessin Elisabeth. Und in einem Fall ging seine Zuneigung über eine rein geistige Freundschaft hinaus. Als er in Amsterdam lebte, begann er ein Verhältnis mit einer Hausangestellten (nur ihr Vorname „Hélène" ist überliefert), die 1635 eine Tochter zur Welt brachte; beide wohnten vorübergehend bei ihm in Santpoort. Er beabsichtigte, die Tochter Francine zur Erziehung nach Frankreich zu schicken. Aber das Mädchen starb bereits 1640 an einem Fieber. Dem Biographen Baillet zufolge war dieser Tod der größte Kummer, den Descartes in seinem ganzen Leben erfahren hatte (Baillet 1691, Bd. 2, 90). Ob sich diese Beurteilung auf eine Aussage Descartes' oder auf eine Interpretation Baillets stützt, läßt sich heute nicht mehr ermitteln. Anhand der Briefe läßt sich aber belegen, daß Descartes mit Einfühlungsvermögen seine Freunde tröstete, die Schicksalsschläge erlitten (AT III, 278f.). Er war nicht einfach der kühle Rationalist, der sich nur theoretischen Problemen widmete. Und selbst in seinen theoretischen Untersuchungen, etwa in jenen zu den Emotionen, setzte er sich zum Ziel, praktische Lebenshilfe zu bieten. Die *Passions de l'âme* enden mit der Bemerkung: „Aber die Weisheit dient vor allem zu folgendem: Sie lehrt, wie man [der Emotionen] Herr werden kann und wie man so geschickt mit ihnen umgehen kann, daß die Übel, die sie verursachen, erträglich sind und man aus ihnen allen sogar Freude gewinnen kann." (AT XI, 488)

2. Naturforscher, Erkenntnistheoretiker oder Metaphysiker?

Bereits ein kurzer Blick auf Descartes' intellektuelle Biographie zeigt, daß er nicht ein einziges philosophisches Projekt verfolgte, das sich auf einige Grundthesen reduzieren ließe. Er ging in unterschiedlichen Lebensabschnitten unterschiedlichen Interessen nach (innerhalb und außerhalb der Philosophie) und arbeitete stets an mehreren Projekten. Diese Vielfalt wirft ein methodisches Problem auf: Wie sollte man sich Descartes von einem heutigen Standpunkt aus nähern, um ihn einerseits in seinem historischen Kontext zu verstehen, andererseits aber auch philosophisch von ihm zu lernen?

Zahlreiche deutschsprachige Interpreten erachteten es lange Zeit als selbstverständlich, Descartes ausschließlich als einen Philosophen zu sehen, im besonderen als einen Erkenntnistheoretiker und Bewußtseinsphilosophen. Wenn Descartes für die moderne Philosophie von Bedeutung ist, so lautete der Grundtenor dieses methodischen Ansatzes, dann vor allem weil er mit seinem Cogito-Argument und mit seinem radikal neuen Begriff des Geistes eine Grundlage für moderne Theorien des Selbstbewußtseins geschaffen hat. Dieser Ansatz geht vorwiegend auf Hegel zurück, der enthusiastisch feststellte: „Hier, können wir sagen, sind wir zu Hause und können wie der Schiffer nach langer Umherfahrt auf der ungestümen See ‚Land' rufen." (Hegel 1971, 120) Das Land, das Descartes angeblich erreicht hatte, war die unhintergehbare Selbstgewißheit des Subjekts. Ob er dieses sichere Land tatsächlich erreicht hatte und ob sich darauf ein philosophisches System errichten ließ, war unter den Nachfolgern Hegels zwar äußerst umstritten. Doch wie auch immer ihr Urteil ausfiel, bis weit in das 20. Jahrhundert hinein waren sich viele Interpreten – auch jene, die Hegel gegenüber kritisch eingestellt waren – darin einig, daß in der „apodiktischen Evidenz des ‚Ich bin'" (Husserl 1977, 23) der Kern des Cartesischen Programms besteht. Denn mit dem „Cogito" werde der Ausgangspunkt für den Erwerb absolut sicherer Erkenntnis geschaffen. Dieser Punkt wurde auch von den Neukantianern (z. B. Natorp) immer wieder hervorgehoben, die mit Nachdruck die Bedeutung der Cartesischen Erkenntnistheorie als Grundlage der modernen Philosophie betonten.

Die analytische Descartes-Forschung setzte sich zwar klar von der hegelianischen und der neukantianischen Tradition ab, aber sie erachtete es lange Zeit ebenfalls als selbstverständlich, Descartes als einen Philosophen zu sehen, der sich primär mit Problemen der Erkenntnistheorie und der Philosophie des Geistes beschäftigte. Im Cartesischen Projekt, so lautete die Grundannahme dieser Forschungsrichtung, zeige sich zum ersten Mal die epistemologische Grundlagentheorie („foundationalism"), die einen nachhaltigen Einfluß auf die gesamte moderne Debatte ausgeübt habe (Van Cleve 1979, Schmitt 1986). Denn Descartes sei von der These ausgegangen, daß man ein System von absolut gewissem und objektivem Wissen errichten könne, indem man zunächst eine zweifelsfreie Grundlage („foundation") schaffe und dann Stück für Stück auf dieser aufbaue. Wenn man diesen erkenntnistheoretischen Ansatz verstehen und gegebenenfalls kritisieren wolle, müsse man ihn zunächst sorgfältig rekonstruieren und die einzelnen Argumentationsschritte beurteilen. Genau dies beabsichtigten die analytischen Interpreten, indem sie die einzelnen Argumente in den *Meditationes* (das Traum-Argument, das „genius malignus"-Argument, das Cogito-Argument usw.) untersuchten und auf ihre Gültigkeit hin prüften. Selbst jene Kommentatoren, die dem Cartesischen Projekt sehr skeptisch oder gar feindselig gegenüberstanden, gingen stets davon aus, daß sich dieses Projekt durch einen genuin erkenntnistheoretischen

Ansatz auszeichne. So behauptete etwa R. Rorty, Descartes habe die Erkenntnistheorie als neue „erste Philosophie" etabliert und ihr die Aufgabe zugewiesen, eine unbezweifelbare Wissensgrundlage zu schaffen. Dabei habe er zahlreiche Annahmen gemacht (z.B. daß der Geist einen privilegierten, unbezweifelbaren Zugang zu sich selber hat), die der modernen Philosophie zum Verhängnis wurden. Wenn man einen Ausweg aus dem Irrgarten der epistemologisch orientierten modernen Philosophie finden wolle, müsse man zu allererst vom Cartesischen Projekt Abschied nehmen (Rorty 1980, Kap. 1). Rortys Interpretation stieß in dieser pointierten, negativen Form zwar auf Widerstand (Yolton 1990), aber auch seine Kritiker waren sich weitgehend darin einig, daß Descartes' Erkenntnistheorie den Kern seines philosophischen Programms darstellt. Will man sein Programm verstehen, muß man vor allem seine erkenntnistheoretische Position und deren Konsequenzen verstehen.

Dieser erkenntnistheoretische Ansatz, der disparate philosophische Lager in der kontinentalen und in der angelsächsisch-analytischen Tradition miteinander verband, ist in der neueren Forschung allerdings unter Beschuß geraten. Wissenschaftshistorikerinnen und -historiker haben mit Nachdruck darauf hingewiesen, daß auch die mathematischen, physikalischen, physiologischen und kosmologischen Schriften Descartes' berücksichtigt werden müssen und daß genau diese Schriften das Cartesische Programm bestimmten. Das erkenntnistheoretische Projekt stehe – wenn es denn überhaupt existiere – hinter dem naturwissenschaftlichen zurück. Besonders prägnant und provokativ brachte dies D. Clarke zum Ausdruck. Descartes, so behauptete er, sei „ein praktizierender Naturwissenschaftler, der leider auch einige kurze und ziemlich uninteressante philosophische Abhandlungen schrieb" (Clarke 1982, 2; ähnlich Denissoff 1970, 78 f.). Diese Aussage ist natürlich eine Übertreibung. Aber es ist unbestreitbar, daß sich Descartes intensiv mit naturwissenschaftlichen Problemen beschäftigte. Quantitativ gesehen überwiegen die naturwissenschaftlichen Schriften bei weitem die erkenntnistheoretischen

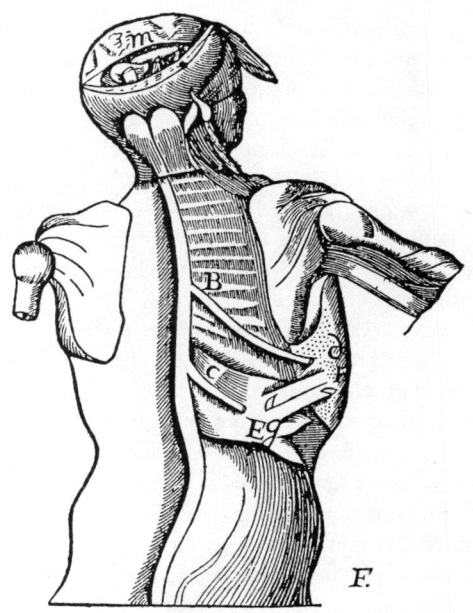

Abb. 3: Descartes als Naturforscher. Fig. 6 aus *Traité de l'Homme* (AT XI, Anhang).

und metaphysischen. Ebenso unbestreitbar ist es, daß Descartes seinen naturwissenschaftlichen (und auch mathematischen) Arbeiten einen zentralen Platz zuwies und ihnen manchmal sogar einen Vorrang gegenüber den philosophischen einräumte. Gegenüber Burman betonte er:

„Es ist zu beachten, daß man sich nicht so sehr den Meditationen und den metaphysischen Dingen widmen sollte. Man sollte sie auch nicht in Kommentaren und in ähnlichen Schriften ausarbeiten. Noch viel weniger sollte man, wie dies einige versuchen, sie mit größerer Gründlichkeit angehen, als es der Autor getan hat; denn er hat sie schon gründlich genug behandelt. Es genügt vielmehr, sie einmal allgemein zu erfassen und sich dann an die Schlußfolgerung zu erinnern. Andernfalls lenken sie den Geist zu sehr von den Gegenständen der Physik und von den wahrnehmbaren Dingen ab, und sie machen ihn zu deren Untersuchung untauglich. Es ist aber höchst wünschenswert, daß die Menschen sich gerade dieser Untersuchung widmen, denn daraus entsteht Nutzen für das Leben." (AT V, 165; Arndt 70)

35

Es scheint aufgrund dieser Aussage, als würde Descartes eine Beschäftigung mit „metaphysischen Dingen" als untergeordnet und in gewisser Hinsicht sogar als hinderlich einschätzen. Wenn eine solche Beschäftigung zweitrangig ist, so noch viel mehr eine Auseinandersetzung mit erkenntnistheoretischen Problemen. Denn die erkenntnistheoretische Frage „Ist eine sichere und unbezweifelbare Erkenntnis von der Außenwelt möglich?" kann kaum eine zentrale Frage sein, die ein eingehendes und gründliches Studium verdient, wenn die metaphysische Frage nach der Existenz und der Struktur der Außenwelt bereits eine untergeordnete Frage ist.

Heißt dies, daß Descartes als Naturforscher verstanden werden muß, der sich gleichsam „en passant" auch mit einigen erkenntnistheoretischen und metaphysischen Fragen beschäftigte, diese aber nicht als sonderlich wichtig einschätzte? Ein solcher Schluß wäre verfehlt. Zunächst ist zu beachten, daß er im Gespräch mit Burman nicht pauschal die Beschäftigung mit metaphysischen Fragen abwertete. Er wies nur darauf hin, daß es aus praktischen Gründen ratsam ist, sich nicht dauernd mit solchen Fragen zu beschäftigen, weil sie zu sehr von jenen Dingen ablenken, die im Alltag nützlich und wichtig sind. Denn wer sich ununterbrochen die Frage stellt, ob die Außenwelt existiert und wie sie erkannt werden kann, kommt nie dazu, einzelne Naturphänomene näher zu betrachten. Es empfiehlt sich daher, im Rahmen einer naturwissenschaftlichen Untersuchung gewisse metaphysische Thesen und Schlußfolgerungen als Arbeitshypothesen vorauszusetzen. Nur so kann man sich aus der Situation des radikalen Zweifels befreien und zu anderen Themen übergehen. Und nur so kann man Fortschritte in der Physik, in der Physiologie und in anderen Disziplinen erreichen.

Aber wenn wir uns aus pragmatischen Gründen auch nicht dauernd metaphysische und erkenntnistheoretische Grundfragen stellen können, heißt dies noch lange nicht, daß wir solche Fragen nicht stellen sollen. Wir *müssen* sie sogar stellen, wenn wir uns Klarheit über die Voraussetzungen verschaffen wollen, mit denen wir im Rahmen wissenschaftlicher Einzeluntersuchungen operieren. Genau deshalb ist es von zentraler Bedeutung, daß wir uns wenigstens „einmal im Leben" in die Situation des radikalen Zweifels begeben, wie Descartes am Anfang der Ersten Meditation bemerkt (AT VII, 17). Seine Aussagen darüber, wie wichtig eine Untersuchung naturwissenschaftlicher Probleme ist, sind also nicht so zu verstehen, als würde er eine Beschäftigung mit metaphysischen und erkenntnistheoretischen Problemen als unwichtig erachten. Diese Aussagen weisen nur darauf hin, daß das, was in *pragmatischer* Hinsicht wichtig und nützlich ist, nicht immer auch das ist, was in rein *theoretischer* Hinsicht wichtig ist. In vielen Kontexten müssen wir uns für das entscheiden, was pragmatisch geboten ist.

Wer Descartes nur als Naturforscher betrachtet, übersieht auch, daß er sich selber als Philosoph verstand. Bereits als er sich kurz nach seiner Ankunft in den Niederlanden 1629 an der Universität von Franeker als Student einschrieb (also lange vor der Publikation der philosophischen Hauptschriften), wählte er für sich die Bezeichnung „Renatus de Cartes Gallus, Philosophus" (Adam 1910, 123 f.). Im frühen 17. Jahrhundert war die Bezeichnung „Philosophus" freilich viel weiter gefaßt als heute, denn das damalige Philosophieverständnis war noch weitgehend von der spätmittelalterlichen Klassifizierung der Wissenschaften geprägt. Gemäß diesem Verständnis befaßte sich ein Philosophiestudent mit all dem, was im Rahmen der sieben freien Künste („artes liberales") gelehrt wurde, also mit Grammatik, Logik, Rhetorik (Trivium), Musik, Geometrie, Arithmetik und Astronomie (Quadrivium). Dazu kamen in den höheren Semestern noch Metaphysik und Ethik. Es war also selbstverständlich, einige Disziplinen, die heute an einer naturwissenschaftlichen Fakultät unterrichtet werden, in den Philosophieunterricht zu integrieren. Trotzdem darf nicht übersehen werden, daß auch gemäß diesem Philosophieverständnis einige Kernbereiche der Philosophie – vor allem Logik und Metaphysik – Bestandteil des Unterrichts waren. Und in Fächern wie Geometrie und Astronomie wurden immer auch die Grundlagen der Naturphilosophie vermittelt. Wer das traditionelle „curriculum" absolviert hatte und sich als Philosoph bezeichnete, mußte zumindest Grundkenntnisse in allen diesen Bereichen haben.

Descartes verfügte nicht nur über Grundkenntnisse. Bereits am Ende seiner Pariser Zeit und zu Beginn des langjährigen Aufenthaltes in den Niederlanden begann er sich intensiv mit philosophischen Fragen im engeren Sinne zu befassen. Wie in der Kurzbiographie deutlich geworden ist, faßte er schon um 1629 den Plan, eine „kleine Abhandlung über Metaphysik" zu schreiben, in der er sich mit zwei Kernproblemen der Metaphysik beschäftigen wollte: der Existenz Gottes und der Unsterblichkeit der menschlichen Seele. Auch in den unvollendeten *Regulae* widmete er sich eingehend philosophischen Problemen. So erörterte er die Frage, was denn die einfachen Naturen sind, bei denen jede wissenschaftliche Untersuchung ansetzen muß. Und er ging auch der Frage nach, ob mit Hilfe der aristotelischen Syllogistik ein Wissen von diesen Grundbausteinen erworben werden kann. Diese Fragen verdeutlichen, daß er sich nicht nur für die Lösung einzelner Probleme in der Mathematik und in den Naturwissenschaften interessierte. Schon sehr früh arbeitete er am Projekt einer umfassenden Metaphysik und Methodologie – ein Projekt, das er in den späteren Werken teilweise transformierte, teilweise aber auch weiterentwickelte.

Nun könnte man den Schluß ziehen, daß es offensichtlich zwei Cartesische Projekte gibt und daß man folglich auch zwei Zugänge zu Descartes unterscheiden muß: Einerseits gibt es den Naturwissenschaftler und Mathematiker Descartes, der an einem rein (natur)wissenschaftlichen Projekt arbeitete und sich wissenschaftlichen Einzelproblemen widmete. Will man diesen Descartes im historischen Kontext verstehen, muß man seine Lösungen der Einzelprobleme betrachten und sie mit alternativen Lösungen seiner Zeitgenossen vergleichen. Andererseits gibt es den Philosophen Descartes, der sich mit einem umfassenden erkenntnistheoretischen und metaphysischen Projekt beschäftigte. Will man diesen zweiten Descartes verstehen, muß man ausschließlich seine philosophischen Argumente betrachten und sie auf ihre Gültigkeit hin prüfen.

Im Hinblick auf eine zweckmäßige Arbeitsteilung ist es sicherlich sinnvoll, zwischen zwei unterschiedlichen Projekten und entsprechend unterschiedlichen methodischen Zugängen zu Descartes zu unterscheiden. Denn in einer wissenschaftshistorischen Untersuchung können nicht alle metaphysischen Facetten analysiert werden, und umgekehrt lassen sich in einer philosophischen Untersuchung kaum alle Details der Cartesischen Optik oder Physiologie darstellen. Allerdings wäre es gefährlich, die beiden Zugänge vollständig voneinander zu trennen und von zwei vollständig distinkten Cartesischen Projekten zu sprechen. Eine Besonderheit der naturwissenschaftlichen Schriften Descartes' besteht nämlich darin, daß sie immer auch naturphilosophische und metaphysische Betrachtungen einschließen. Und umgekehrt zeichnen sich seine philosophischen Schriften dadurch aus, daß sie auf naturwissenschaftlichen Untersuchungen aufbauen und für diese teilweise ein metaphysisches Fundament liefern. Naturwissenschaft und Philosophie gehen stets einher. Es gibt den reinen Naturforscher Descartes ebensowenig wie den reinen Erkenntnistheoretiker oder Metaphysiker.

Besonders deutlich zeigt sich die enge Verflechtung von Naturwissenschaft und Philosophie in Descartes' Wissenschaftsmodell, das er in der Vorrede zur französischen Auflage der *Principia* skizziert (AT IX-2, 14). Er behauptet, die Gesamtheit der Wissenschaften könne mit einem Baum verglichen werden. Die Wurzeln dieses Baumes seien die Metaphysik, der Stamm die Physik und die Äste alle übrigen Disziplinen, die sich in drei Hauptgruppen einteilen lassen, nämlich in Medizin, Mechanik und Ethik. An diesem Vergleich sind mehrere Punkte von Bedeutung.

Erstens geht Descartes davon aus, daß die Wissenschaften eine Einheit bilden. Er stellt nicht einfach die naturwissenschaftlichen Disziplinen den humanistischen (oder philosophischen) gegenüber. Ebensowenig kontrastiert er die empirischen Disziplinen mit den nicht-empirischen. Es ist für ihn entscheidend, daß alle Disziplinen miteinander verknüpft sind und aufeinander aufbauen, weil auch die jeweiligen Objekte dieser

Disziplinen in enger Relation zueinander stehen: Es gibt nur *eine* Welt und *einen* Baum der Erkenntnis. Die Wissenschaft verfällt genau dann in einen schwerwiegenden Irrtum, wenn sie versucht, die Wissensgebiete zu fragmentieren. Dieser Grundgedanke der Einheit zieht sich von Descartes' Frühwerk bis in die späten Schriften. Bereits am Anfang der *Regulae* stellte er fest: „... alle [Wissenschaften] sind weniger an sich zu würdigen als im Hinblick darauf, was sie zur allgemeinen Weisheit beitragen. Daher stellen wir diese Regel mit gutem Recht als die erste von allen auf. Denn nichts führt uns eher vom richtigen Weg der Suche nach der Wahrheit ab, als wenn wir unsere Studien nicht auf dieses allgemeine Ziel, sondern auf partikuläre Ziele ausrichten." (AT X, 360)

Zweitens verdeutlicht der Vergleich der Wissenschaften mit einem Baum, daß Descartes die Metaphysik als die Wurzeln des Baumes und somit als die Grundlage sämtlicher Wissenschaften auffaßt. Er bricht nicht mit der Tradition, wie ihm gelegentlich unterstellt wird, indem er die Erkenntnistheorie anstelle der Metaphysik als „erste Philosophie" und als Fundament sämtlicher Wissenschaften etabliert. Im Gegenteil: Er festigt die traditionelle Auffassung, indem er betont, daß alle Wissenschaften, auch die Naturwissenschaften, auf der Metaphysik aufbauen. Freilich heißt dies nicht, daß er damit auch sämtliche Thesen der traditionellen Metaphysik akzeptiert. In zahlreichen Punkten distanziert er sich ganz entschieden von der aristotelisch-scholastischen Tradition, und er bestimmt teilweise auch das Verhältnis zwischen der Metaphysik und den Einzeldisziplinen neu. Aber trotzdem hält er an der Grundthese fest, daß keine wissenschaftliche Disziplin ohne die Metaphysik als Fundament möglich ist. Deshalb müssen seine einzelwissenschaftlichen Untersuchungen immer auch im Hinblick auf die metaphysischen Grundlagen verstanden werden.

Drittens schließlich ist bemerkenswert, daß Descartes behauptet, die Physik baue unmittelbar auf der Metaphysik auf, wie ein Stamm unmittelbar aus den Wurzeln wächst. Die Physik und die übrigen Naturwissenschaften können also keineswegs als autonome Disziplinen aufgefaßt werden. Sie müssen immer in engem Zusammenhang mit der metaphysischen Grundlage gesehen werden. In einem Brief an Mersenne hält Descartes sogar fest, daß die sechs Meditationen sämtliche Grundlagen seiner Physik enthalten (AT III, 297f.). Selbst wenn man nur die Physik studieren wollte, müßte man die Metaphysik berücksichtigen. Denn man kann beispielsweise nicht verstehen, was die Eigenschaften eines materiellen Gegenstandes sind, wenn man nicht weiß, daß ein solcher Gegenstand nichts anderes als eine ausgedehnte Substanz ist. Und um zu verstehen, was eine ausgedehnte Substanz ist, muß man einsehen, daß es zwei unterschiedliche Arten von Substanzen mit unterschiedlichen Attributen gibt: ausgedehnte und nicht-ausgedehnte. Erst diese Einsicht ermöglicht eine adäquate physikalische Untersuchung derjenigen Eigenschaften, die nur eine ausgedehnte Substanz haben kann. Descartes weist immer wieder darauf hin, daß zahlreiche Fehler in der Physik dadurch entstehen, daß die metaphysischen Grundlagen der Physik nicht korrekt erfaßt werden. So schreiben etwa die scholastischen Autoren den materiellen Gegenständen irrtümlicherweise die Schwere als eine Eigenschaft zu; sie meinen, die Schwere sei so etwas wie eine „kleine Seele", die den Gegenstand nach unten zieht (AT VII, 441f.). Diese Auffassung ist Descartes zufolge grundsätzlich falsch, und zwar nicht weil sie sich auf falsche experimentelle Daten stützt, sondern weil sie auf einer falschen metaphysischen Grundlage beruht. Die scholastischen Autoren erkennen nicht, daß eine ausgedehnte Substanz *prinzipiell* keine teleologische Eigenschaft haben kann, die sie wie eine innere, kleine Seele lenkt. Was ausgedehnt ist, kann nur geometrische und kinematische Eigenschaften haben.

Dieses Beispiel zeigt, daß Descartes zur Erklärung physikalischer Probleme immer wieder auf die metaphysische Grundlage verweist. Es wäre daher irreführend, sein naturwissenschaftliches Projekt vollständig vom philosophischen zu trennen. Die beiden Projekte sind so eng miteinander verknüpft, daß man zu Recht vom umfassenden Projekt einer

„metaphysischen Physik" sprechen kann (Garber 1992). Daraus ergeben sich natürlich Konsequenzen im Hinblick auf die Frage, welcher methodische Zugang der angemessene Zugang ist. Soll man Descartes als einen Naturforscher oder als einen Philosophen verstehen? Die einfachste Antwort lautet: als Naturforscher *und* als Philosophen. Im vorliegenden Buch wird zwar ein Schwergewicht auf den Philosophen gelegt. Es werden aber immer wieder Probleme der Cartesischen Physik und Physiologie zur Sprache kommen. Denn häufig lassen sich bestimmte philosophische Thesen erst dann verstehen, wenn man den spezifischen naturwissenschaftlichen Hintergrund berücksichtigt. Auch Descartes' Motivationen werden häufig erst vor diesem Hintergrund deutlich. Oft stellt sich nicht nur die Frage, *welche* Probleme er in seinen philosophischen Schriften in den Mittelpunkt gestellt hat, sondern auch die weitere Frage, *warum* er ihnen einen zentralen Stellenwert beigemessen hat und warum er bestimmte Lösungen für sie gewählt hat.

Und wie verhält es sich mit der Erkenntnistheorie, die in der Descartes-Forschung lange Zeit als Kernbereich des Cartesischen Programms galt? Ist Descartes ganz zu Unrecht als Erkenntnistheoretiker verstanden worden? Ist er im Zuge einer „exzessiven Kantianisierung" (Des Chene 1995, 344) oder Hegelianisierung als Erkenntnistheoretiker und Bewußtseinsphilosoph „domestiziert" worden (Gaukroger 1995, 5f.)? Nun, genauso einseitig wie es wäre, in Descartes' Programm nichts anderes als Erkenntnistheorie zu sehen, wäre es auch einseitig, darin keine Erkenntnistheorie zu sehen. Bereits in den frühen *Regulae* widmete sich Descartes explizit epistemologischen Problemen. So stellte er als zweite Regel auf, daß man sich nur mit jenen Objekten beschäftigen soll, von denen unser Geist eine „klare und zweifelsfreie Erkenntnis" gewinnen kann (AT X, 362). Diese Regel wirft natürlich sogleich die Frage auf, was denn unter einer klaren Erkenntnis im Gegensatz zu einer unklaren zu verstehen ist und was die angemessenen Objekte einer solchen Erkenntnis sind.

Ähnlich verhält es sich mit den späteren *Meditationes*. Schon ein flüchtiger Blick auf die erste Meditation zeigt, daß Descar-

1. *Med.*

42

tes grundlegende erkenntnistheoretische Fragen stellt: Können wir eine zweifelsfreie Erkenntnis von der Außenwelt haben? Mit welchen skeptischen Strategien können wir unser bisheriges Wissen in Zweifel ziehen? Und was bleibt nach diesem Zweifel übrig? All diese Fragen werden nach und nach aufgerollt und bilden die Exposition zu einer umfassenden Untersuchung. In dieser Untersuchung werden nicht nur erkenntnistheoretische, sondern auch metaphysische und methodologische Probleme behandelt. Denn sobald feststeht, daß nur das „Ich denke" nicht in Zweifel gezogen werden kann, stellt sich sogleich die weitere Frage, wer oder was dieses Ich denn ist und was methodisch aus der Unbezweifelbarkeit des „Ich denke" zu gewinnen ist. Descartes berücksichtigt also durchaus erkenntnistheoretische Fragen und mißt ihnen sogar einen wichtigen Stellenwert bei. Aber er integriert sie in einen umfassenderen Kontext, der auch andere Fragestellungen berücksichtigt.

Angesichts der zentralen Stellung, die erkenntnistheoretische Fragen in Descartes' Texten einnehmen, wäre es unangebracht, den epistemologischen Zugang einfach als eine historiographische „Domestizierung" abzutun. Wie auch immer eine lange Tradition von Kant über Hegel bis Husserl und Rorty die Cartesische Erkenntnistheorie bewertet haben mag, es ist unbezweifelbar, daß sie sich in den Texten nachweisen läßt. Die entscheidende Frage ist freilich, welche Form diese Theorie aufweist und mit welchen anderen Theorien – insbesondere in der Metaphysik und in der Methodologie – sie verknüpft ist. Genau auf diese Frage soll im folgenden besonderes Gewicht gelegt werden. Es soll untersucht werden, welche Funktionen das erkenntnistheoretische Projekt im Rahmen anderer Projekte hat und welche spezifischen Problemstellungen sich aus dieser Verknüpfung mit anderen Projekten ergeben. Da Descartes im Rahmen einer umfassenden Wissenschaftskonzeption eine Pluralität von Projekten entwickelt hat, geht es darum, den Platz jedes einzelnen Projekts in diesem Rahmen zu verdeutlichen und nicht etwa ein einzelnes Projekt herauszugreifen und als isoliertes Projekt zu präsentieren.

II. Methodologie

1. Eine neue Grundlage für die Wissenschaften

„Jetzt sind die Wissenschaften maskiert. Würden die Masken jedoch entfernt, erschienen sie in ihrer ganzen Schönheit." (AT X, 215) Diese Feststellung Descartes', die sich in den frühen *Cogitationes privatae* findet, zieht sich wie ein roter Faden durch sein ganzes Werk. Immer wieder weist er darauf hin, daß die Wissenschaften – insbesondere die Naturwissenschaften – seiner Zeit durch einen falschen methodischen Ansatz entstellt sind und daher unfähig sind, Fortschritte zu erzielen. Will man die Wissenschaften vorantreiben und auf einer soliden Grundlage neue Erkenntnis gewinnen, muß man nicht nur ausgedehnte empirische Studien betreiben. Man muß die einzelnen Untersuchungsergebnisse auch mit Hilfe einer sicheren Methode auswerten und in Beziehung zueinander setzen. Daher weist Descartes immer wieder darauf hin, daß eine Erneuerung der Wissenschaften zu allererst eine Erneuerung ihrer methodischen Grundlage erfordert. Erst wenn eine sichere Grundlage etabliert ist, läßt sich aus den empirischen Einzelergebnissen ein Gewinn ziehen, und erst dann läßt sich sicheres und evidentes Wissen gewinnen.

Diese Forderung nach einer radikalen Erneuerung war im 17. Jahrhundert freilich nicht außergewöhnlich. Sie gehörte vielmehr zu den Grundforderungen der meisten innovativen Naturwissenschaftler, Philosophen und Wissenschaftspolitiker. So stellte etwa auch Francis Bacon in seiner „Großen Erneuerung" (*Instauratio Magna*, 1620 veröffentlicht) metaphorisch fest, das Schiff der Erkenntnis könne erst dann zu neuen Ufern aufbrechen und das Land der „scientia activa" erreichen, wenn es das alte Land der Tradition vollkommen hinter sich lasse.

Doch auf welche Punkte zielt die Forderung nach einem Bruch mit der Tradition und nach einer Erneuerung der methodischen Grundlage ab? Welche Masken gilt es von den Wissenschaften zu entfernen? In seinen methodologischen Hauptschriften, den frühen *Regulae* und dem *Discours de la méthode*, grenzt sich Descartes vor allem von zwei wissenschaftlichen Methodologien ab, die im sechzehnten und frühen siebzehnten Jahrhundert einflußreich waren.

Die eine Methodologie wurde von den Vertretern der okkulten Wissenschaften in der Renaissance geprägt (vgl. einen Überblick in Hutchinson 1982, Vickers 1984). Sie behaupteten, eine Untersuchung der Natur dürfe sich nicht auf eine Beschreibung der unmittelbar wahrnehmbaren Eigenschaften von Gegenständen (z. B. Farbe, Geruch, Gestalt) beschränken. Die Gegenstände hätten nämlich auch verborgene und dennoch wirksame Eigenschaften und Kräfte. Genau diese „okkulten Eigenschaften" würden das Wesen der Gegenstände bestimmen und die Kausalrelationen zwischen den einzelnen Gegenständen festlegen. So stellte etwa der Arzt und Naturforscher Paracelsus fest, eine Pflanze könne nur deshalb eine heilende Wirkung auf einen Patienten ausüben, weil sie über eine verborgene Kraft verfüge, und ein Magnet könne nur deshalb eiserne Gegenstände anziehen, weil es in der Natur verborgene Kräfte der Anziehung und Abstoßung gebe. Wer erklären wolle, warum eine Pflanze oder ein Magnet in bestimmten natürlichen Relationen zu anderen Gegenständen oder zu Lebewesen stehe, müsse stets die okkulten Eigenschaften berücksichtigen, die sich gleichsam hinter den unmittelbar sichtbaren Eigenschaften verborgen halten. Die Aufgabe eines Naturforschers bestehe darin, das Verborgene zum Vorschein zu bringen und dadurch über eine bloße Beschreibung der Naturphänomene hinauszugehen.

In diesem Programm der okkulten Wissenschaften manifestiert sich eine Naturauffassung, die stark von der hermetisch-neuplatonischen Tradition geprägt ist. Unter der Natur wird nicht das verstanden, was uns in der alltäglichen Erfahrung oder in einer empirischen Untersuchung unmittelbar zugänglich ist. Natur ist vielmehr das, was sich hinter dem unmittelbar Zugänglichen verbirgt und eine eigene, uns unbekannte Struktur aufweist: Natur ist ein Kryptogramm, das es in mühsamer Kleinarbeit zu entziffern gilt. Daher muß eine Untersuchung der Natur vom Evidenten absehen und nach dem Okkulten fragen, das die evidenten Phänomene erst ermöglicht.

Bereits in seinen ersten Schriften wendet sich Descartes entschieden gegen eine solche Naturauffassung. Er lehnt die Annahme von okkulten Eigenschaften ab und betont, daß eine Untersuchung der Natur nicht von den unmittelbar zugänglichen Phänomenen absehen, sondern gerade bei diesen ansetzen muß. Es geht nicht darum, etwas Verborgenes zu postulieren, um die Relation zwischen dem Sichtbaren zu erklären. Vielmehr muß zunächst das Sichtbare, Evidente genau bestimmt und analysiert werden. Daher betont Descartes in den *Regulae*:

„Es gibt einen Punkt, den ich hier von allen am meisten betonen möchte: Jeder soll sich fest davon überzeugen, daß die Wissenschaften – seien sie noch so okkult – nicht von den erhabenen und obskuren Dingen abzuleiten sind, sondern nur von den ganz leichten und offensichtlichen Dingen." (AT X, 402)

Descartes veranschaulicht diesen Grundsatz anhand eines Beispiels. Wer untersuchen will, weshalb eine Bewegung von einem Punkt zu einem anderen übertragen wird (z.B. wenn ein Stein einen anderen Stein anstößt), muß nicht eine okkulte Kraft in den Steinen annehmen, ebensowenig eine geheimnisvolle Kraft der Gestirne oder sonst eine verborgene Kraft, die aus der Ferne auf die Steine einwirkt. Man muß lediglich untersuchen, in welcher Lage sich der bewegende und der bewegte Stein befinden und wie die Lageveränderung des einen Steines eine Lageveränderung des anderen verursacht. Und um dies zu untersuchen, muß man von dem ausgehen, was *offensichtlich* ist: von der spezifischen Anordnung, Größe, Schwere usw. der Steine. Natürlich kann man dann in einem weiteren Schritt fragen, warum ein Stein seine Lage verändern kann. Aber diese Frage läßt sich nicht dadurch beantworten, daß man einfach auf eine verborgene Bewegungskraft rekurriert; eine solche Antwort wäre inhaltlich leer. Vielmehr muß man nach Regelmäßigkeiten in der Lageveränderung suchen und davon ausgehend auf Gesetze der Bewegung schließen. Und man muß weiter danach suchen, wie sich diese Gesetze der Bewegung zu allgemeinen Naturgesetzen verhalten. Das Ziel einer wissenschaftlichen Untersuchung besteht stets darin, das unmittelbar Gegebene, Beobachtbare zunächst als partikuläres Naturphänomen zu beschreiben und dann unter ein allgemeines (wenn möglich mathematisch beschreibbares) Gesetz zu subsumieren.

Eine zweite Methodologie, von der sich Descartes entschieden abgrenzt, ist jene der aristotelischen Scholastiker. Diesen Autoren zufolge beruht jedes sichere und evidente Wissen auf Beweisen, die eine syllogistische Form aufweisen, d.h. eine Argumentationsform, bei der aus einem Obersatz und einem Untersatz ein Schlußsatz abgeleitet wird (Überblick in Smith 1995). Der Syllogismus ist nur dann gültig, wenn der Schlußsatz nach bestimmten formalen Regeln aus Ober- und Untersatz folgt. Und der Schlußsatz ist nur dann wahr, wenn sowohl Ober- als auch Untersatz wahr sind. Ein einfaches Beispiel, das von den scholastischen Autoren immer wieder zitiert wurde, lautet: ‚Jeder Mensch ist ein Lebewesen; Sokrates ist ein Mensch; also: Sokrates ist ein Lebewesen.‘ Wir haben nur deshalb ein sicheres und evidentes Wissen (im Gegensatz zu einem bloß vermutenden oder möglichen Wissen) von der Tatsache, daß Sokrates ein Lebewesen ist, weil dieses Wissen auf einem syllogistisch durchgeführten Beweis beruht, dessen Prämissen wahr sind.

Wie reagiert Descartes auf diese Methode? Er behauptet, daß sie vollkommen nutzlos ist, denn ein syllogistisch durchgeführter Beweis ist nichts anderes als eine „petitio principii“: Die Prämissen setzen immer schon das voraus, was der Schlußsatz eigentlich beweisen sollte, und daher wird durch den Beweis kein neues Wissen erworben. In Regel 10 der *Regulae* stellt Descartes fest:

„Damit noch klarer wird, daß diese Argumentationskunst überhaupt nichts zur Erkenntnis der Wahrheit beiträgt, ist festzuhalten, daß die Dialektiker mit ihrer Kunst keinen Syllogismus mit einem wahren Schlußsatz bilden können, außer wenn sie dessen Inhalt schon vorher hatten, d.h., außer wenn sie die Wahrheit, die abgeleitet wird, schon vorher kannten." (AT X, 406)

Diese Kritik kann anhand des oben erwähnten Beispiels illustriert werden. Angenommen, jemand behauptet, er habe durch einen syllogistischen Beweis ein Wissen von der Tatsache erworben, daß Sokrates ein Lebewesen ist. Auf diese Behauptung würde Descartes entgegnen: Nun, der Schlußsatz im Syllogismus kann nur dann wahr sein, wenn auch Ober- und Untersatz wahr sind. Aber wie weiß jemand, ob sie wahr sind? Vor allem: Wie weiß jemand, ob der allgemeine Obersatz ‚Jeder Mensch ist ein Lebewesen' wahr ist? Da ein solches Wissen nicht angeboren ist, kann es nur durch Induktion erworben sein. Das heißt, wir beobachten, daß dieser und jener individuelle Mensch ein Lebewesen ist, und wir stellen dann verallgemeinernd fest, daß jeder Mensch ein Lebewesen ist. Wenn es sich dabei um eine vollkommene Induktion handeln soll, muß die Verallgemeinerung auf einem Wissen von allen individuellen Menschen beruhen. Dies bedeutet aber, daß wir bereits vom Wissen ausgehen müssen, daß Sokrates – ein Mensch unter vielen – ein Lebewesen ist. Das Wissen von der Wahrheit des Obersatzes setzt also bereits ein Wissen von der Wahrheit des Schlußsatzes voraus. Wir gewinnen durch das syllogistische Verfahren keine neue Erkenntnis. Daher betont Descartes, daß ein solches Verfahren nur dazu dient, bereits erworbenes Wissen anschaulich zu machen und anderen zu vermitteln. Es sollte nicht der Philosophie, sondern der Rhetorik zugeordnet werden (AT X, 406; AT VI, 17).

Dieser Vorwurf gegen die Syllogistik ist nicht neu. Er findet sich explizit bereits in der hellenistischen Philosophie bei Sextus Empiricus (*Grundriß der pyrrhonischen Skepsis* II, 196; dazu Barnes 1980) und wurde nach der Wiederentdeckung des antiken Skeptizismus in der Renaissance immer wieder als Einwand gegen die aristotelische Wissenschaftslehre vorgebracht (Gaukroger 1989, 6 ff.). Die aristotelischen Scholastiker könnten sich allerdings gegen den Vorwurf verteidigen, indem sie die Unterstellung zurückweisen, das Wissen von der Wahrheit des Obersatzes werde durch Induktion erworben. Nicht weil wir beobachten, daß dieser oder jener Mensch ein Lebewesen ist, wissen wir, daß jeder Mensch ein Lebewesen ist, sondern weil wir feststellen, daß die Art Mensch der Gattung Lebewesen untergeordnet ist. Diese hierarchische Ordnung gilt unabhängig davon, ob irgendein individueller Mensch existiert, den wir beobachten können. Descartes würde eine solche Verteidigung jedoch zurückweisen. Denn was sind Art und Gattung unabhängig von den Individuen? Irgendwelche Universalien, die eine selbständige Existenz haben und in einer bestimmten Ordnung zueinander stehen? Wer allgemeine Aussagen mit Rekurs auf Universalien erklärt, macht weitreichende metaphysische Annahmen, die ihrerseits erklärungsbedürftig sind. Wenn es überhaupt Universalien gibt, so sind sie nur Abstraktionen von dem, was uns unmittelbar und mit Evidenz gegeben ist (AT VIII-1, 27 f.).

Die Kritik an der Syllogistik wirft ein interessantes Licht auf das Verständnis und den Gebrauch dieser Argumentationsform in der frühen Neuzeit. Descartes unterstellt, daß ein Syllogismus immer deduktiv zu lesen ist (zuerst werden Prämissen aufgestellt; dann wird ein Schlußsatz abgeleitet), und er erhebt den Vorwurf, daß ein solches deduktives Vorgehen unproduktiv ist. Dabei übersieht er, daß ein Syllogismus bei Aristoteles immer auch explikativ gelesen werden kann: Den Ausgangspunkt bildet der Schlußsatz, der einen bekannten Sachverhalt ausdrückt (z. B. daß Sokrates ein Lebewesen ist), und dafür werden die erklärungsbedürftigen Prämissen gesucht (vgl. Höffe 1996, 53). Wird ein Syllogismus so gelesen, ist er durchaus produktiv und informativ. Er trägt dazu bei, daß die für einen bestimmten Sachverhalt notwendigen Voraussetzungen erklärt werden. Zudem nimmt Descartes einfach an, daß ein Syllogismus dazu dienen sollte, neues Wissen hervorzubringen. Diese Annahme ist aber keineswegs selbstverständlich. Die Funktion des Syllogismus kann nämlich auch in didaktischer Hinsicht verstanden werden: Bereits vorhandenes Wissen soll mit Hilfe von syllogistischen Schemata, für die im Mittelalter prägnante Abkürzungen und Merksprüche geprägt wurden (z. B. ‚Barbara' für den ersten Modus der ersten Figur) didaktisch aufgearbeitet und formal strukturiert werden. So verstanden ist die Syllogistik keine „logic of discovery", sondern vielmehr eine „logic of presentation" (Barnes 1969, Gaukroger 1989, 20ff.). Zur Entwicklung von neuem Wissen diente im mittelalterlichen Aristotelismus einerseits die empirische Untersuchung und andererseits die Topik. Denn die Topik sollte einem Wissenschaftler helfen, im Rahmen einer Untersuchung Maximen zu formulieren und eine Ordnung unter den einzelnen Argumentationsschritten zu schaffen (vgl. Stump 1989). Der Unterschied zwischen Syllogistik und Topik wurde aber in der frühen Neuzeit immer mehr verwischt. Beide Verfahren wurden als Methodologien zur Auffindung von neuem Wissen angesehen.

Zudem fällt in Descartes' Kritik auf, daß er nicht zwischen der Frage nach der Wahrheit und jener nach der Gültigkeit unterscheidet. Diese Unterscheidung ist für eine Beurteilung der Syllogistik jedoch von entscheidender Bedeutung. So ist etwa ‚Jeder Mensch kann fliegen; Sokrates ist ein Mensch; also kann Sokrates fliegen' formal gültig, aber der Schlußsatz ist falsch, weil der Obersatz falsch ist. Die Syllogistik war zunächst nur eine Technik, die mit Hilfe bestimmter Schemata formal gültige Beweisformen bereitstellte. Wie diese Schemata inhaltlich gefüllt wurden und wie dadurch wahres Wissen gewonnen werden konnte, war eine Frage, die weit über die Syllogistik hinausging und in den Bereich der Erkenntnis- und Wissenschaftstheorie fiel. Descartes zieht diese Unterscheidung zwischen formaler Technik und inhaltlicher Ausfüllung nicht in Betracht. Er konzentriert sich von vornherein auf die Frage, wie durch ein syllogistisches Verfahren denn *inhaltlich* neues Wissen gewonnen werden kann. Damit unterstellt er diesem Verfahren einen Anspruch, den es gar nicht erhob. Er verdeutlicht damit aber auch, daß in der frühen Neuzeit die Suche nach einem formal gültigen Verfahren immer mehr zugunsten einer Suche nach einem inhaltlich informativen Verfahren zurückgedrängt wurde.

Descartes' Kritik an den okkulten Wissenschaften und an der aristotelischen Syllogistik zeigt, daß die „Demaskierung

der Wissenschaften" auf zwei zentrale Punkte abzielt: Erstens
muß eine Methodologie entwickelt werden, die beim Evidenten, unmittelbar Zugänglichen ansetzt und nicht irgendwelche
verborgene Entitäten postuliert. Zweitens muß es sich dabei
um eine Methodologie handeln, die sich nicht auf rein formale
Verfahren beruft, sondern dazu dient, inhaltlich neues Wissen
zu gewinnen. Dazu kommt noch ein dritter Punkt, den Descartes in der ersten Regel der *Regulae* formuliert: Es ist eine
Methodologie erforderlich, die umfassend ist und auf sämtliche
Wissensgebiete angewendet werden kann (AT X, 360). Nur so
besteht eine Garantie dafür, daß in allen Wissenschaften die
gleichen Kriterien gelten, mit denen sich die Gewißheit und die
Wahrheit der Ergebnisse beurteilen lassen. Und nur so kann
eine vollständige Fragmentierung der Wissenschaften und ihrer
jeweiligen Gegenstände vermieden werden.

Doch wie sieht eine umfassende Methodologie aus? Von
welchen Prinzipien wird sie geleitet? Im zweiten Teil des *Discours* (AT VI, 18 f.) formuliert Descartes vier Grundprinzipien:
(1) Man darf in einer Untersuchung nur von dem ausgehen,
was wahr ist und mit Evidenz gewußt wird. Alles, was nur
vermutet wird und bezweifelt werden kann, muß vermieden
werden. (2) Man muß alle Problemstellungen in einer Untersuchung derart in kleinere Einheiten unterteilen, daß man zunächst bei jenen Problemen ansetzt, die sich lösen lassen. (3)
Man muß bei den einfachen und leicht zu erkennenden Dingen
ansetzen und dann in einem geordneten Verfahren schrittweise
zu den schwierigeren Dingen vordringen. (4) Man muß die
Probleme stets möglichst vollständig aufzählen und darauf
achten, daß man nichts ausgelassen hat.

In diesen vier Prinzipien werden zwei methodische Schritte
erkenntlich, nämlich ein *reduktiver* Schritt (die Untersuchung
muß zunächst auf das Einfache, Evidente zurückgehen) und
ein *konstruktiver* Schritt (die Untersuchung muß vom Einfachen zum Komplexen voranschreiten und dabei die jeweils er-
reichten Ergebnisse berücksichtigen). Ein ähnliches Vorgehen
stellt Descartes bereits in den früheren *Regulae* (AT X, 379) als
Kern seiner Methodologie heraus. Besonders interessant und

innovativ scheint diese Methodologie allerdings nicht zu sein. Sie erweckt eher den Eindruck einer didaktischen Binsenweisheit: Beginne zunächst mit dem Einfachen, Bekannten und gehe dann schrittweise zum Schwierigeren über! Verkürzt man Descartes' Methodologie auf diese krude Form, ist sie in der Tat nur eine Binsenweisheit, die alle entscheidenden Fragen ausblendet. Denn was ist das Einfache? Wie kann es erkannt werden? Und nach welchen Regeln muß man vom Einfachen zum Komplexen voranschreiten? Als interessant und innovativ erweist sich das methodologische Projekt erst dann, wenn es auf diese Fragen eingeht und sie zu beantworten versucht.

2. Intuition und Deduktion

Im ersten Teil der *Regulae*, die in mehreren Etappen entstanden sind (vgl. zur Entstehungsgeschichte Weber 1964, Schuster 1980), stellt Descartes sein methodologisches Projekt vor. Er beschränkt sich dabei nicht auf die allgemeine, ziemlich vage Aussage, jede Untersuchung müsse beim Einfachen, Evidenten ansetzen und dann schrittweise zum Komplexeren übergehen. Er ist sich nämlich bewußt, daß eine Methodologie „sichere und einfache Regeln" (AT X, 371) formulieren muß, die in einer Untersuchung zu beachten sind. An einer Stelle faßt Descartes die beiden Grundregeln in zwei Stichwörtern zusammen: Intuition und Deduktion (AT X, 368). Das heißt, eine Untersuchung kann nur dann zuverlässiges Wissen liefern, wenn sie (i) bei dem ansetzt, was durch Intuition als wahr und zweifelsfrei erkannt wird, und (ii) durch Deduktion das ableitet, was notwendigerweise aus dem intuitiv Erkannten folgt. Descartes behauptet, daß über diese beiden Grundregeln hinaus nichts weiter erforderlich ist, um vollständiges Wissen zu erlangen (AT X, 372).

Dies ist eine erstaunliche Behauptung. Man würde erwarten, daß noch genauer präzisiert wird, was denn mit Intuition erkannt wird und was sich daraus ableiten läßt. Der Ausdruck ‚Intuition' scheint auf den ersten Blick nämlich ein rein psychologischer Ausdruck zu sein, der nur die Art und Weise bezeichnet, wie etwas erfaßt oder erkannt wird. Wenn wir beispielsweise sagen, eine Person habe intuitiv erkannt, daß Gefahr im Verzug ist, drücken wir damit normalerweise aus, daß diese Person auf unmittelbare, nicht reflektierte Art und Weise (nicht etwa durch eine ausführliche, sorgfältige Analyse) erkannt hat, daß Gefahr im Verzug ist. Diese psychologische Charakterisierung des Erkennens scheint aber ein ungeeigneter Ausgangspunkt für ein methodisches Verfahren zu sein. Denn es kommt nicht so sehr darauf an, *wie* (d. h. mit welchem psychischen Vorgang) wir etwas erkennen, sondern vielmehr *was* wir erkennen. Entscheidend ist ja, daß wir nur das in die Untersuchung einbeziehen, was wahr ist.

Die Annahme, ‚Intuition‘ sei ein rein psychologischer Ausdruck, erweist sich jedoch als unbegründet, wenn man Descartes' Verwendung dieses Terminus technicus genauer betrachtet. Er erklärt ihn folgendermaßen:

> „Unter einer Intuition (*intuitus*) verstehe ich nicht das wechselhafte Zeugnis der Sinne oder das trügerische Urteil der Vorstellungskraft, die Dinge fehlerhaft miteinander verbindet. Ich verstehe darunter vielmehr ein derart einfaches und distinktes Erfassen des reinen und aufmerksamen Geistes, daß hinsichtlich dessen, was wir begreifen, überhaupt kein Zweifel übrig bleibt." (AT X, 368)

In dieser Erklärung sind drei Punkte von Bedeutung. Erstens weist Descartes darauf hin, daß unter einer Intuition nur die Tätigkeit des reinen Geistes, nicht etwa jene der Sinne oder der Vorstellungskraft, zu verstehen ist. Der „reine" Geist ist im Gegensatz zum „unreinen" derjenige, der nicht auf die Tätigkeit des Körpers angewiesen ist und somit nicht auf Sinneseindrücke zurückgreift. Mit dieser Feststellung reiht sich Descartes in eine lange platonisch-augustinische Tradition ein, in der immer wieder darauf hingewiesen wurde, daß nur durch ein reines „geistiges Sehen" wahres und zweifelsfreies Wissen erworben werden kann (zu möglichen Quellen vgl. Cottingham 1993, 94 f.). Es gibt nämlich nicht nur materielle Objekte, die uns durch die Sinneswahrnehmung zugänglich sind, sondern auch intelligible Objekte, die wir mit dem Geist allein erfassen können. Wenn wir sichere und zweifelsfreie Erkenntnis anstreben, müssen wir beim Erfassen der intelligiblen Objekte ansetzen. Denn die Informationen der Sinne hängen von wechselnden Wahrnehmungsbedingungen ab und erweisen sich oft als trügerisch.

Zweitens verdeutlicht Descartes' Erklärung, daß die Intuition nicht – oder zumindest nicht ausschließlich – auf einen rein psychischen Vorgang abzielt (contra Gaukroger 1995, 115ff.). Es geht nicht einfach darum, irgend etwas auf eine unmittelbare und unreflektierte Art und Weise zu erkennen, so wie jemand beispielsweise intuitiv erkennt, daß Gefahr im Verzug ist. Intuition im hier relevanten Sinne zielt vielmehr auf einen bestimmten Erkenntnisbereich ab, nämlich genau auf jenen Bereich, hinsichtlich dessen „kein Zweifel übrig bleibt", wie Descartes ausdrücklich festhält. Wie die Erkenntnis dieses Bereichs psychologisch zu charakterisieren ist, spielt eine untergeordnete Rolle. Freilich sagt Descartes, daß die Intuition nur mit Hilfe eines „reinen und aufmerksamen Geistes" gelingt, der in einem einzigen Augenblick und nicht etwa sukzessive etwas erfaßt (AT X, 407). Dies deutet auf eine psychologische Bedingung hin: Wenn der Geist etwas mit Intuition erfaßt, benötigt er keine langen Gedankengänge, sondern er vollzieht einen einzigen Akt, mit dem er etwas sozusagen auf Anhieb erkennt. Diese psychologische Bedingung ist der epistemischen jedoch untergeordnet. Dieser wichtige Punkt mag anhand des folgenden Beispiels deutlicher werden: Angenommen, ein Mathematiker wird gebeten, eine knifflige Gleichung zu lösen. Normalerweise findet er die Lösung nur dann, wenn er seine ganze Aufmerksamkeit auf das gestellte Problem richtet und sich durch nichts ablenken läßt. Wenn er ein geübter Mathematiker ist, erfaßt er das Problem mit einem einzigen Blick und weiß sozusagen auf Anhieb, wo er ansetzen muß. Aber wie er das Problem erfaßt (auf Anhieb oder nach längerem Überlegen) und in welchem Zustand er das Problem löst (mit voller Aufmerksamkeit oder mit Nebengedanken an den bevorstehenden Urlaub), ist von untergeordneter Bedeutung. Wichtig ist nur, daß er die korrekte Lösung findet. Und das gelingt ihm nur, wenn er bei dem ansetzt, was mathematisch zweifelsfrei und für das gestellte Problem relevant ist.

Drittens schließlich stellt Descartes fest, daß die Intuition ein „distinktes Erfassen" des Geistes ist, d.h. eine mentale Tätigkeit, die Komplexes zerlegt und bei dem ansetzt, was sich getrennt von allem anderen erfassen läßt. Descartes führt folgende Beispiele für dieses Vorgehen an: Jeder kann mit Intuition erfassen, daß er existiert, daß er denkt, daß ein Dreieck nur von drei Linien begrenzt wird und eine Sphäre nur von einer Oberfläche (AT X, 368). Was in allen diesen Fällen erfaßt wird, ist eine Proposition, und zwar eine so einfache Proposition, daß sie von jeder anderen distinkt ist und nicht weiter zerlegt werden kann. Wenn Descartes nun behauptet, daß ein methodisches Verfahren bei dem ansetzen muß, was mit Intuition erkannt wird, so heißt dies nichts anderes, als daß man beim rein geistigen Erfassen jener Propositionen ansetzen muß, die (1) zweifelsfrei sind und (2) so einfach, daß sie nicht weiter zerlegt werden können. Ausgehend von diesen einfachen Propositionen muß man dann durch Deduktion weitere Propositionen gewinnen, die aus den ersten folgen und ebenfalls zweifelsfrei sind. Nur wenn man dieses methodische Verfahren wählt, stellt man alles Wissen auf eine sichere Grundlage.

Natürlich stellt sich dann sogleich die Frage, wie denn beurteilt werden kann, ob eine Proposition tätsächlich zweifelsfrei ist. In den frühen *Regulae* läßt Descartes diese Frage offen. Er führt lediglich die genannten Beispiele an, ohne ihre Zweifelsfreiheit zu begründen und ohne ein Wahrheitskriterium zu formulieren. Ein Grund dafür liegt darin, daß er – offensichtlich geprägt von der platonischen Tradition – davon ausgeht, daß in jedem Menschen von Geburt an zweifelsfreie Propositionen potentiell vorhanden sind. Er behauptet, im menschlichen Geist seien „die ersten Samen der nützlichen Gedanken schon angelegt" (AT X, 373). Wenn wir zweifelsfreie Propositionen erfassen wollen, müssen wir also nur das potentiell vorhandene Wissen aktualisieren. Wir müssen es aber nicht einer besonderen Prüfung unterziehen.

Vielleicht sieht Descartes auch von einer Methode zur Bestimmung zweifelsfreier Propositionen ab, weil er sich in den *Regulae* vornehmlich an mathematischen Beispielen orientiert. ‚Daß jedes Dreieck drei Seiten hat' oder ‚Daß die Winkelsumme eines Dreiecks zwei rechten Winkeln entspricht' sind für ihn Paradebeispiele für zweifelsfreie Propositionen. Jeder kann diese Propositionen unmittelbar erfassen, und zwar ohne eine besondere Zweifelsmethode und ohne die Anwendung eines besonderen Wahrheitskriteriums. Descartes' Orientierung an mathematischen Beispielen zeigt sich auch in seiner knappen Erklärung der Deduktion. Unter einer Deduktion, so stellt er fest, verstehe er „all das, was aus anderem, mit Gewißheit Erkanntem notwendigerweise geschlossen wird." (AT X, 369) Dies ist genau das Vorgehen, das ein Geometer wählt, wenn er ausgehend von einfachen Propositionen über bestimmte Objekte (z.B. über das Dreieck) weitere Propositionen ableitet. Der Geometer beruft sich für die einzelnen Schritte der Deduktion nicht auf empirische Ergebnisse. Er macht auch nicht – wie es die syllogistische Methode verlangt – von allgemeinen Obersätzen und partikulären Untersätzen Gebrauch.

Angesichts dieser engen Orientierung am methodischen Vorgehen der Mathematiker ist es nicht erstaunlich, daß Descartes die Mathematik als eine paradigmatische Wissenschaft erachtet. Er stellt die Forderung auf, man solle sich mit nichts beschäftigen, wovon man nicht denselben Grad an Gewißheit haben könne, wie er in den arithmetischen und geometrischen Beweisen erreicht werde (AT X, 366). Damit behauptet er freilich nicht, wie ihm gelegentlich unterstellt wird, daß alles Wissen mathematisiert werden muß und daß alle Wissenschaften auf die Mathematik zu reduzieren sind. Er stellt nur fest, daß die Mathematik hinsichtlich der *Gewißheit*, die sie vermittelt, eine paradigmatische Wissenschaft ist. Sie ist nämlich eine nicht-empirische Wissenschaft, die weder bei der Intuition einer ersten Proposition noch bei den einzelnen Schritten der Deduktion auf die Mitarbeit der (häufig unzuverlässigen) Sinne angewiesen ist. Sämtliche Propositionen der Geometrie und der Arithmetik können als zweifelsfreie Propositionen erfaßt werden.

Allerdings ist zu beachten, daß Descartes nicht nur die Mathematik im engeren Sinne im Auge hat, sondern eine „mathesis universalis", von der er behauptet, daß sie alle Disziplinen einschließt, die sich mit Ordnung und Proportionen befassen. Ob es sich dabei um eine Ordnung hinsichtlich geometrischer Figuren und Zahlen handelt, wie dies in der Geometrie und in der Arithmetik der Fall ist, oder um eine Ordnung hinsichtlich von Tönen (wie in der Musiktheorie) oder von Himmelskörpern (wie in der Astronomie), spielt keine Rolle (AT X, 378). Wichtig ist nicht der Gegenstand einer wissenschaftlichen Disziplin, sondern die Art und Weise, wie sie methodisch vorgeht. Sie muß stets von einfachen, zweifelsfreien Propositionen über ihren jeweiligen Gegenstand ausgehen und davon weitere Propositionen ableiten. „Mathesis universalis" ist also nicht einfach eine Universalmathematik, sondern eine umfassende, methodisch geleitete Wissenschaft hinsichtlich bestimmter Propositionen (Van de Pitte 1979, Sepper 1996).

Solange man sich an Beispielen der Geometrie oder anderer nicht-empirischer Disziplinen orientiert, ist einigermaßen verständlich, was solche einfachen Propositionen sind. Aber wie verhält es sich mit empirischen Disziplinen? Was muß beispielsweise ein Physiker oder ein Physiologe erfassen, wenn er bei etwas ansetzen soll, was mit Intuition erkannt werden kann? Er kann ja nicht einfach intelligible Objekte erfassen und Propositionen über diese Objekte bilden. Die Entstehungsgeschichte der *Regulae* zeigt, daß sich Descartes erst spät darüber klar geworden ist, daß seine Methodologie nur dann eine umfassende Methodologie ist, wenn sie auch auf empirische Wissenschaften angewendet werden kann. Denn im ältesten, um 1619 entstandenen Teil dieser Schrift beschränkt er sich noch ganz auf die nicht-empirische „mathesis universalis". Erst im späteren, nach 1626 verfaßten Teil geht er auch auf empirische Wissenschaften wie etwa die Physik oder die Physiologie ein. Im Rahmen einer Beschäftigung mit diesen Wissenschaften versucht er, den Inhalt der ersten und einfachen Propositionen zu bestimmen. Er behauptet, daß solche Propositionen nichts anderes als einfache Naturen zum Inhalt haben und daß ein Wissenschaftler genau dann eine sichere und unbezweifelbare Grundlage schafft, wenn er diese einfachen Naturen erfaßt.

Doch was sind einfache Naturen? In Regel 12 gibt Descartes eine nähere Beschreibung, und er nimmt gleichzeitig eine Klassifizierung vor (AT X, 418ff.). Er behauptet, es gebe erstens einfache Naturen, die rein geistig sind und vom Intellekt „durch ein gewisses angeborenes Licht" erfaßt werden. Als Beispiele erwähnt er: Erkenntnis, Zweifel, Unwissenheit. Zweitens gibt es einfache Naturen, die rein materiell sind und nur in Körpern erkannt werden. Beispiele dafür sind: Gestalt, Ausdehnung, Bewegung. Schließlich gibt es drittens einfache Naturen, die gleichermaßen Geistigem und Körperlichem zugeschrieben werden können. Als Beispiele führt Descartes an: Existenz, Einheit, zeitliche Ausdehnung.

Diese Klassifizierung ist allerdings ziemlich verwirrend. Es ist kaum ersichtlich, was hier genau klassifiziert wird. Sind einfache Naturen so etwas wie elementare Eigenschaften von Dingen oder eher elementare Begriffe? Descartes' Umschreibung der ersten beiden Klassen scheint für die erste Antwort zu sprechen. Denn wir können von unterschiedlichen Dingen unterschiedliche elementare Eigenschaften prädizieren. Die wichtigste Unterscheidung ist dabei jene zwischen elementaren geistigen Eigenschaften (‚x ist erkennend, zweifelnd, unwissend usw.') und elementaren materiellen Eigenschaften (‚y hat eine Gestalt, ist ausgedehnt, ist in Bewegung usw.'). Betrachtet man jedoch die dritte Klasse von einfachen Naturen, scheint Descartes eher von elementaren Begriffen zu sprechen. Wann immer wir an etwas denken wollen, sei es nun etwas Geistiges oder etwas Materielles, müssen wir über die elementaren Begriffe ‚Existenz', ‚Einheit' usw. verfügen. Die Annahme, daß es sich dabei um Begriffe und nicht um Eigenschaften handelt, wird dadurch verstärkt, daß Descartes zur dritten Klasse von einfachen Naturen auch allgemeine Maximen zählt (z.B. ‚Was einem dritten gleichkommt, ist auch untereinander gleich'), die er ausdrücklich „allgemeine Begriffe" nennt (AT X, 419).

Was sind also einfache Naturen? Sie scheinen sich paradoxerweise dadurch auszuzeichnen, daß sie weder einfach noch Naturen sind. Denn wenn sie als Eigenschaften aufgefaßt werden, sind sie nichts Einfaches im Sinne von Atomen oder kleinsten Bestandteilen der Natur. Und wenn sie als Begriffe aufgefaßt werden, sind sie keine Naturen, d. h. nichts, was „in natura" unabhängig vom denkenden Geist existiert und klassifiziert werden kann.

Eine solche paradoxe Charakterisierung, wie J.-L. Marion sie vorschlägt (Marion 1992, 115 f.), ist allerdings nicht zwingend. Es ist nämlich zu beachten, daß Descartes hier weder eine rein ontologische Klassifizierung verschiedener Arten von Eigenschaften noch eine rein begriffliche Klassifizierung anstrebt. Wenn er von einfachen Naturen spricht und sie in drei Klassen einordnet, so strebt er zunächst nur eine epistemologische Klassifizierung an. Das heißt: Er geht auf das zurück, was dem Geist in einer Untersuchung unmittelbar gegeben ist. Je nach Untersuchungsgegenstand können dies ganz unterschiedliche Phänomene sein. Betrachtet man etwa in einer psychologischen Untersuchung den menschlichen Geist, so sind bestimmte mentale Akte und Zustände (Erkennen, Zweifeln usw.) unmittelbar gegeben. Befaßt man sich hingegen in einer physiologischen oder physikalischen Untersuchung mit dem Körper, sind bestimmte Eigenschaften (Gestalt, Ausdehnung usw.) unmittelbar gegeben. Und für beide Untersuchungen gilt, daß der jeweilige Gegenstand als etwas Existierendes, Einheitliches, zeitlich Ausgedehntes gegeben ist. Es ist für Descartes entscheidend, daß jemand bei der Suche nach einfachen Naturen nicht von der Frage ‚Was sind die einfachsten Bestandteile in der Welt?' oder von der Frage ‚Was sind die einfachsten Begriffe, über die ich verfüge?' ausgehen sollte, sondern von der Frage ‚Was ist der einfachste Aspekt des Untersuchungsgegenstandes, mit dem ich mich befasse?' Dies zeigt sich deutlich in seiner Behauptung:

„Da wir uns hier mit den Dingen nur befassen, insofern sie vom Intellekt erkannt werden, nennen wir nur jene einfach, deren Erkenntnis so klar und distinkt ist, daß sie vom Geist nicht in weitere unterteilt werden können, die noch klarer erkannt werden." (AT X, 418)

Mit dieser Behauptung, die auf die Relation des Untersuchungsgegenstandes zum Intellekt abzielt, setzt sich Descartes entschieden von der scholastischen Tradition ab. Diese ging stets davon aus, daß sich jeder Gegenstand an sich, d. h. ungeachtet jeder Relation zum Intellekt, durch bestimmte wesentliche Eigenschaften auszeichnet. Wir haben erst dann verstanden, um was für einen Gegenstand es sich handelt und wie er zu klassifizieren ist, wenn wir diese Eigenschaften erfaßt haben. So können wir etwa erst dann verstehen, was ein Mensch ist, wenn wir die Vernunftbegabung als dessen wesentliche Eigenschaft erfaßt haben. Und erst dann können wir die Definition ,Der Mensch ist ein vernunftbegabtes Lebewesen' formulieren. Bei einem solchen Vorgehen steht immer eine ontologische Klassifizierung im Vordergrund. Es geht darum, zu bestimmen, was denn der Untersuchungsgegenstand *unabhängig* vom untersuchenden Intellekt ist und unter welche Gattung er *unabhängig* vom Intellekt subsumiert werden kann.

Gegenüber dieser Tradition behauptet Descartes, daß nicht eine ontologische, sondern eine epistemologische Klassifizierung von Bedeutung ist. Es geht darum, zunächst zu untersuchen, wie uns etwas in einer Untersuchung gegeben ist und was dabei elementar und evident ist. Eine solche epistemologische Klassifizierung kann nicht auf eine ontologische reduziert werden, denn „die einzelnen Dinge sind in ihrer Ordnung hinsichtlich unserer Erkenntnis anders zu betrachten, als wenn wir über sie sprechen, wie sie tatsächlich existieren." (AT X, 418) Kurz gesagt: Es ist eine Sache, über die Dinge zu sprechen, wie sie uns gegeben sind. Eine ganz andere Sache ist es, über sie zu sprechen, wie sie an sich sind.

Daraus ergeben sich natürlich Konsequenzen für die einfachen Propositionen, bei denen jede Untersuchung ansetzen muß. Diese Propositionen sind nicht einfach, weil sie das zum Inhalt haben, was in einer ontologischen Klassifizierung einfach und grundlegend ist. Es handelt sich also nicht um Propositionen, die von allgemeinen Arten und Gattungen handeln, die hierarchisch geordnet werden können. Ebensowenig handelt es sich um Propositionen, die von den zehn allgemeinsten Kategorien (Substanz, Qualität, Quantität usw.) handeln, wie die Aristoteliker meinten. Vielmehr handelt es sich um Propositionen, die sich auf das beziehen, was in einer konkreten Untersuchung einfach und unmittelbar gegeben ist.

Ein solches methodisches Verfahren wirft allerdings zwei Probleme auf, die in den *Regulae* noch weitgehend unberücksichtigt bleiben. Erstens stellt sich die Frage, mit welchem Kriterium wir in einem konkreten Fall die einfachen Naturen bestimmen, auf die sich die einfachsten Propositionen beziehen. Wie können wir denn das Einfache, unmittelbar Gegebene vom Komplexen, nicht unmittelbar Gegebenen abgrenzen? Descartes beschränkt sich auf die ziemlich vage Aussage, alle einfachen Naturen seien selbst-evident (AT X, 420) und wir könnten sie deshalb unmittelbar erfassen. Dies ist freilich eine unbefriedigende Auskunft. Benötigen wir irgendein Evidenzerlebnis, wenn wir einfache Naturen erfassen? Und können wir sicher sein, daß jeder Mensch die gleiche Art von Evidenzerlebnis hat, so daß jeder Mensch auch die gleichen einfachen Naturen erfaßt? Wahrscheinlich sieht sich Descartes nicht veranlaßt, den Evidenzcharakter genauer zu erklären, weil er – wie bereits erwähnt – in den *Regulae* stark von der platonischen Tradition geprägt ist und davon ausgeht, daß wir potentiell alles bereits in uns haben, was wir zum Erfassen einfacher Naturen und Propositionen brauchen. Wir verfügen immer schon über „erste Samenkörner der Wahrheit, die dem menschlichen Verstand von Natur aus angeboren sind" (AT X, 376). Da wir bereits von Geburt an potentiell wissen, was Denken, Ausdehnung, Bewegung usw. ist, müssen wir nur dieses Wissen aktualisieren, sobald wir in einer konkreten Untersuchung mit Dingen konfrontiert sind, die denkend, ausgedehnt, bewegt usw. sind.

Zweitens stellt sich die Frage, welche Garantie wir dafür haben, daß dem, was uns in einer Untersuchung als eine einfache Natur erscheint, in der außergeistigen Wirklichkeit auch tatsächlich etwas entspricht. Wie können wir sicher sein, daß es in der materiellen Welt auch tatsächlich bewegte Gegenstände gibt, wenn uns Bewegung als etwas Einfaches, Selbst-Evidentes gegeben ist? Oder allgemein gefragt: Wie können wir sicher sein, daß unser subjektives Evidenzerlebnis eine objektive Fundierung in der Wirklichkeit hat? An diese Fragen läßt sich leicht eine skeptische Frage anschließen: Könnte es nicht sein, daß die Gegenstände *objektiv* vielleicht ganz anders sind, als sie uns *subjektiv* gegeben sind? Nichts deutet darauf hin, daß Descartes bereits in den *Regulae* solche skeptische Konsequenzen in Erwägung gezogen hat. Aber es ist natürlich naheliegend, solche Konsequenzen zu ziehen, und es ist daher nicht erstaunlich, daß Descartes sie in seinen späteren Werken ausdrücklich diskutiert hat. Sobald eine Untersuchung eine epistemologische und nicht eine ontologische Ordnung wählt, stellt sich unweigerlich die Frage, ob es denn überhaupt unabhängig von unserem erkennenden Geist ein Fundament für das gibt, was uns unmittelbar gegeben ist.

3. Analysis und Synthesis

Descartes entwickelte seine Methodologie ausgehend von der Mathematik, die er als Leitwissenschaft betrachtete. Dies wird nicht nur in seinen Ausführungen über Intuition und Deduktion deutlich, sondern auch in seiner Berufung auf die analytische Methode. Er behauptet, die Tatsache, daß die richtige Methode dem menschlichen Geist schon angeboren sei, zeige sich am besten am Beispiel der Mathematik:

„Wir sind uns nämlich wohl bewußt, daß die antiken Geometer von einer Art von Analysis Gebrauch machten, die sie auf die Lösung aller Probleme ausdehnten, auch wenn sie sie der Nachwelt vorenthielten." (AT X, 373)

Descartes verweist hier auf die analytische Methode, die von Pappus und Diophantus (zwei griechischen Mathematikern aus dem 3. Jahrhundert v. Chr.) entwickelt wurde, in der Spätantike und im Mittelalter jedoch weitgehend in Vergessenheit geriet (Hintikka/Remes 1974, Hintikka 1978). Der Kern dieser Methode besteht darin, daß man zum Beweis eines Theorems

(„theoretische Analysis") oder zum Ergründen einer unbekannten Größe („problematische Analysis") zunächst die bereits bewiesenen Theoreme oder bekannten Größen sucht, die für das gestellte Problem relevant sind. Dann versucht man, schrittweise zu anderen Theoremen und Größen vorzustoßen, bis man über alle Theoreme oder Größen verfügt, die zur Lösung des gestellten Problems erforderlich sind. Wo man genau ansetzt, hängt vom jeweiligen mathematischen Problem ab. Entscheidend ist nur, daß man bei einem konkreten Problem ansetzt, nicht etwa bei einem Axiom oder in syllogistischer Manier bei einem allgemeinen Obersatz. Bei der analytischen Methode handelt es sich nämlich um eine heuristische Methode, die der Lösung konkreter Probleme dient. Genau darin unterscheidet sie sich von der synthetischen Methode, die nur dazu dient, bereits etabliertes Wissen darzustellen und einzelne Problemlösungen auf bestimmte Axiome zurückzuführen.

Descartes betont, daß man stets die analytische Methode anwenden muß, wenn man zu neuer Erkenntnis gelangen will. Wenn man mit einem konkreten Problem konfrontiert wird, darf man sich nicht von vornherein auf ein axiomatisches System oder auf allgemeine Maximen berufen. Man muß beim konkreten Problem ansetzen, durch gezielte Fragestellungen auf das zurückgehen, was bezüglich des gestellten Problems bereits bekannt ist, und dann schrittweise vorangehen, bis man über sämtliche Voraussetzungen verfügt, die eine Problemlösung ermöglichen.

Diese Beschreibung der analytischen Methode klingt reichlich abstrakt, und man kann sich fragen, wie man konkret vorgehen muß, wenn man sie außerhalb der Mathematik anwenden will. Wie soll etwa ein Physiker oder ein Physiologe vorgehen, wenn ihm ein Problem gestellt wird? In Regel 8 gibt Descartes ein praktisches Beispiel für ein solches Vorgehen (AT X, 393 f.). Angenommen, jemandem wird in der Optik die Aufgabe gestellt, die anaklastische Linie zu finden, d.h. jene Linie auf einer Linse, von der zwei parallele Lichtstrahlen derart reflektiert werden, daß sie an einem Punkt zusammentreffen. Diese Aufgabe läßt sich nur lösen, wenn man durch gezieltes Fragen auf das zurückgeht, was bereits bekannt ist. Zunächst muß man fragen: Wie verhält sich bei der Refraktion von Lichtstrahlen der Einfallswinkel zum Ausfallswinkel? Diese Frage läßt sich nur beantworten, wenn man auf eine noch grundlegendere Frage zurückgeht, nämlich: Wie entsteht Refraktion, wenn ein Lichtstrahl auf einen durchsichtigen Körper (z. B. auf eine Linse) auftrifft? Diese Frage führt zu einer noch grundlegenderen Frage: Was ist ein Lichtstrahl oder Licht im allgemeinen, und wie kann Licht auf etwas auftreffen? Um diese Frage zu beantworten, so behauptet Descartes, muß man verstehen, daß Licht eine natürliche Kraft („potentia naturalis") ist. Daher lautet die fundamentalste Frage: Was ist eine natürliche Kraft? Erst wenn man diese Frage gestellt hat, hat man etwas gefunden, was bekannt ist. Denn jeder, so stellt Descartes fest, erkennt „auf klare Weise durch eine Intuition des Geistes" (AT X, 395), was eine natürliche Kraft ist. Somit ist eine unbezweifelbare Grundlage erreicht, und man kann wieder zu den vorherigen Fragen zurückkehren.

Dieses methodische Verfahren zeichnet sich offensichtlich durch eine Abstiegs- und eine Aufstiegsbewegung aus (Garber 1993a, 290ff.). Zunächst steigt man durch schrittweises Fragen, bei dem sich jede Frage aus der jeweils vorherigen ergibt, zur fundamentalsten Frage ab. Wenn diese Frage beantwortet ist, steigt man ebenso schrittweise wieder auf und beantwortet die vorher gestellten Fragen. Wie dieses Verfahren im Detail funktionieren soll, ist freilich unklar. Descartes erläutert nicht, wie sich im genannten Beispiel jede der gestellten Fragen aus der jeweils vorhergehenden ergibt und wie wir diese Abhängigkeit erkennen sollen. Wie läßt sich beispielsweise erkennen, daß sich die Frage nach dem Einfalls- und Ausfallswinkel von Lichtstrahlen unmittelbar aus der Frage nach der anaklastischen Linie ergibt? Wie wissen wir, daß der Abstieg genau in diese Richtung gehen muß? Descartes erklärt auch nicht, was wir genau erfassen sollen, wenn wir am Ende des Abstiegs bei der grundlegenden Frage ankommen. Er scheint davon auszugehen, daß es eine einfache, zweifelsfreie Proposition der Art ‚Eine natürliche Kraft ist x' gibt und daß wir diese Proposition ohne weitere Untersuchung unmittelbar erfassen können. Leider läßt er den Inhalt dieser Proposition unbestimmt. Vielleicht geht er davon aus, daß eine natürliche Kraft eine einfache Natur im oben diskutierten Sinn ist, die uns unmittelbar und mit Evidenz gegeben ist. Er gibt allerdings keine explizite Erklärung.

Angesichts dieser Probleme ist es nicht erstaunlich, daß die analytische Methode, die Descartes anpreist, immer wieder kritisiert worden ist – im 17. Jahrhundert (vgl. Belege in Gaukroger 1989, 88ff.) ebenso wie heute (Schuster 1993). Diese Methode setzt immer schon ein detailliertes Wissen in einem bestimmten Untersuchungsgebiet voraus, und sie kann nur erfolgreich sein, wenn sie mit Experimenten einhergeht, z.B. mit Experimenten zur Refraktion von Lichtstrahlen. Nur dann wird deutlich, welche Fragen im Rahmen einer bestimmten Problemstellung überhaupt zu stellen sind und wie sie konkret beantwortet werden müssen. Aber auch wenn Descartes' Anwendung der analytischen Methode auf das Problem der anaklastischen Linie noch zahlreiche Fragen offen läßt, verdeutlicht sie doch zwei wichtige Punkte.

Erstens wird ersichtlich, daß es sich dabei um eine allgemeine Methode handelt, nicht nur um ein auf die Geometrie und Arithmetik beschränktes Verfahren. Im Zentrum dieser Methode steht die Forderung, bei einem konkreten Problem – sei es nun in der Mathematik, Optik, Physiologie oder anderswo – anzusetzen und dann durch gezieltes Fragen zu jener evidenten Grundlage vorzustoßen, die für die Problemlösung erforderlich ist. Zweitens zeigt das Beispiel der anaklastischen Linie auch, daß der Angelpunkt der analytischen Methode in der Intuition besteht. Ein Problem kann nur dann gelöst werden, wenn das Fragen an einen Endpunkt gelangt: an eine zweifelsfreie Proposition, die mit Intuition unmittelbar erfaßt wird. Freilich liegt genau hier ein Hauptproblem der analytischen Methode. Wie können wir denn wissen, wann wir mit dem Fragen aufhören sollen? Wie können wir feststellen, wann wir eine zweifelsfreie Proposition erfaßt haben? Ein rein psychologisches Kriterium reicht hier nicht aus. Denn wenn uns eine

Proposition derart klar und zweifelsfrei erscheint, daß wir gar nicht anders können, als sie zu erfassen, heißt dies noch lange nicht, daß sie auch wirklich zweifelsfrei ist. (So erschien die Proposition, daß die Sonne sich um die Erde dreht, lange Zeit klar und zweifelsfrei und wurde bis zur kopernikanischen Wende als grundlegende Proposition angesehen. Dennoch ist sie keineswegs zweifelsfrei.) Ebensowenig reicht ein Kriterium aus, das sich auf Autoritäten oder auf die Tradition beruft. Denn wenn eine Proposition schon immer für zweifelsfrei gehalten wurde, heißt dies keineswegs, daß sie auch wirklich zweifelsfrei ist. Wie bereits erwähnt, findet sich in den *Regulae* noch kein Kriterium, mit dessen Hilfe die Zweifelsfreiheit beurteilt werden könnte. Vielleicht hat genau diese Schwachstelle Descartes dazu bewogen, sich in den späteren Werken intensiver mit der Frage nach der Beurteilung und Begründung von zweifelsfreien Propositionen zu befassen.

Wenn Descartes die in den *Regulae* vorgestellte analytische Methode später auch in einigen Punkten weiterentwickelte und abänderte, so hielt er doch im Kern an ihr fest. In den Erwiderungen auf die Zweiten Einwände zu den *Meditationes* betont er:

> „Analysis weist den wahren Weg, auf dem eine Sache methodisch und gleichsam a priori gefunden wurde, so daß ein Leser, wenn er diesem Weg folgen und auf alles genügend acht geben will, die Sache nicht weniger vollkommen verstehen und sich zu eigen machen wird, als wenn er sie selbst gefunden hätte." (AT VII, 155)

Nur wenn man analytisch verfährt, setzt man zuerst bei einer konkreten Frage an und geht dann auf das zurück, was einfach und bekannt ist, um schließlich schrittweise zum Unbekannten vorzustoßen. Dies ist genau die Methode, die Descartes in den *Meditationes* anwendet (AT VII, 156). Ausgehend von der Frage: ‚Was kann ich mit absoluter Gewißheit wissen?‘, geht er zunächst auf etwas absolut Unbezweifelbares zurück, nämlich auf die Tatsache, daß er denkt. Die analytische Methode führt ihn also zu einer ersten, unbezweifelbaren Proposition. Davon ausgehend gewinnt er weitere Propositionen, nämlich daß sein Geist existiert, daß sein Geist von seinem Körper real verschieden sein muß, daß Gott existiert usw. Und von diesen Propositionen leitet er wiederum weitere ab, z. B. daß die Außenwelt existiert und daß ein Wissen von der Außenwelt möglich ist, bis er sich schließlich sämtliche Wissensbereiche erschließt. Jeder, der diese Methode anwendet, kann dasselbe sichere Wissensfundament finden.

Im Gegensatz dazu dient die synthetische Methode lediglich dazu, das bereits gefundene Wissen zu ordnen und schematisch zu präsentieren. So kann jemand, der bereits ein sicheres Wissensfundament etabliert hat, Axiome und Definitionen wie beispielsweise ‚Gott existiert‘ oder ‚Der Geist ist eine vom Körper real verschiedene Substanz‘ formulieren. Aber dies kann er nur tun, *nachdem* er ein Wissensfundament gefunden hat. Synthesis verhilft nicht dazu, neues Wissen zu finden oder vorhandenes Wissen auf eine sichere Grundlage zu stellen. Daher stellt Descartes fest, die synthetische Methode verfahre im Gegensatz zur analytischen nicht „a priori“, sondern gleichsam „a posteriori“ (AT VII, 156; vgl. ausführlich Gaukroger 1989, 99 ff.). Dies ist nicht derart zu verstehen, daß die synthetische Methode im Gegensatz zur analytischen bei dem ansetzt, was aus der Erfahrung gewonnen wird. Die Gegenüberstellung „a priori – a posteriori“ ist hier nicht in einem kantischen Sinne zu verstehen. Sie zielt hier einzig und allein auf die Ordnung der Untersuchungsschritte ab: Die analytische Methode geht von Anfang an („a priori“) von einer ersten, zweifelsfreien Proposition aus und leitet dann weitere, ebenfalls zweifelsfreie Propositionen ab. Dadurch wird eine sichere Wissensgrundlage geschaffen. Die synthetische Methode hingegen geht zunächst von einer Liste von Axiomen und Definitionen aus und beruft sich erst im nachhinein („a posteriori“) auf eine Grundlage. Sie setzt am Anfang einfach eine Wissensgrundlage voraus und leistet daher keinen Beitrag zum Aufbau eines zuverlässigen Wissenssystems.

4. Der methodische Zweifel

Das wohl berühmteste und einflußreichste Element der Cartesischen Methodologie besteht im radikalen Zweifel. Er bildet den Ausgangspunkt für den vierten Teil des *Discours* und wird in der Ersten Meditation systematisch entwickelt. Schon vor Jahren, so stellt Descartes fest, habe er bemerkt, wieviel Falsches er von Jugend an einfach als wahr hingenommen habe und wie zweifelhaft sein Wissensfundament sei. Daher sei er zur Überzeugung gelangt, er müsse „einmal im Leben alles von Grund auf umstürzen" und von den ersten Grundlagen an neu anfangen, wenn er in den Wissenschaften etwas Festes und Bleibendes schaffen wolle (AT VII, 17).

Bei diesem Zweifel handelt es sich nicht um einen begrenzten Zweifel, der sich nur auf einige Bestandteile des Wissensytems bezieht. Es ist vielmehr ein Zweifel, der das gesamte Wissensfundament für alle Wissenschaften betrifft. Daher ist es nicht einfach ein praktischer, problemorientierter Zweifel, sondern ein radikaler, umfassender Zweifel. Freilich ist sich Descartes bewußt, daß ein solcher Zweifel nicht in jeder Situation angebracht ist. Ein Physiker, der mit der Lösung eines konkreten Problems beschäftigt ist, kann sich nicht dauernd fragen: Sind die Grundlagen der Statik und Mechanik, auf die ich in meiner Problemlösung aufbaue, auch tatsächlich zweifelsfrei? Ist es nicht möglich, daß eine grundlegende These, die ich in meiner Untersuchung voraussetze, falsch ist? Würde der Physiker dauernd solche Fragen stellen, wäre er im Zweifel gefangen und könnte in seiner Untersuchung gar keine Fortschritte mehr erzielen. Der hier relevante Zweifel ist ein *methodischer* Zweifel oder, wie Descartes auch sagt, ein hyperbolischer Zweifel (AT VII, 89). Wer diesen Zeifel erhebt, geht von der Annahme aus, daß alles zweifelhaft ist und daß somit alle bislang akzeptierten Thesen und Meinungen in Frage gestellt werden müssen. Eine solche übertriebene Annahme ist im Alltag oder im Rahmen einer wissenschaftlichen Untersuchung natürlich kaum plausibel. Descartes weist darauf hin, daß man klar zwischen dem alltäglichen Lebenskontext, in dem höchstens begrenzte Zweifel angebracht sind, und dem Kontext einer metaphysischen und methodologischen Untersuchung unterscheiden muß (AT VII, 350 f.). Es wäre daher irreführend, Descartes uneingeschränkt als einen Philosophen des Zweifels darzustellen. Er macht vom methodischen Zweifel nur in einem bestimmten Kontext Gebrauch und verfolgt damit ein bestimmtes, klar definiertes Ziel: Es soll geprüft werden, wie gewiß die Grundlage ist, auf der sämtliche Wissenschaften beruhen, und wie gewiß damit das ganze Wissenssystem ist. Ist diese Prüfung einmal vollzogen und eine zweifelsfreie Grundlage etabliert, muß nicht erneut gezweifelt werden.

Allerdings stellt sich die Frage, warum Descartes eine radikale Prüfung als notwendig erachtet. Warum meint er, man müsse einmal alles umstürzen, alle Meinungen bezweifeln und eine absolut zweifelsfreie Grundlage schaffen? Warum gibt er sich nicht mit der bescheideneren Forderung zufrieden, man müsse jene Elemente der Wissensgrundlage prüfen, die sich als besonders zweifelhaft herausgestellt haben? Es ist doch übertrieben, aufgrund der Erfahrung, daß sich einige Meinungen als zweifelhaft erwiesen haben (eine Erfahrung, die angesichts der steten Entwicklung der Wissenschaften unausweichlich ist), gleich die gesamte Wissensgrundlage in Zweifel zu ziehen. Ein Erkenntnisfortschritt wird doch dadurch erzielt, daß man einzelne Meinungen prüft, gegebenenfalls verwirft und durch neue Meinungen ersetzt. Wer gleich die gesamte Wissensgrundlage in Zweifel zieht, schüttet gleichsam das Kind mit dem Bade aus. Er verwirft vorschnell ein ganzes System von Meinungen, obwohl es doch nur darum geht, einige Bestandteile dieses Systems zu prüfen und eventuell zu revidieren.

Auf diesen Einwand könnte man mit einem Verweis auf den geistesgeschichtlichen Kontext antworten, in dem Descartes seine Zweifelsmethode entwickelt. Seit der Wiederentdeckung des antiken Skeptizismus und der Entstehung des „neuen Pyrrhonismus" im 16. Jahrhundert war nämlich die Frage, ob sicheres Wissen möglich ist (und zwar ein ganzes Wissenssystem, nicht nur einzelne Thesen oder Meinungen) eine der vordringlichsten philosophischen Fragen (vgl. als Einführung Schmitt 1983). Wer diese skeptischen Strömungen bekämpfen wollte, konnte sich nicht damit begnügen, einzelne zweifelhafte Meinungen zu untersuchen, sondern mußte ein allgemeines Kriterium der Wahrheit und Gewißheit bereitstellen. Um ein solches Kriterium zu finden, war es erforderlich, zunächst alles zu bezweifeln und dann zu prüfen, was nach diesem radikalen Zweifel noch übrig blieb. Verstärkt wurde dieser auf das antike Erbe zurückgehende Skeptizismus noch durch einen religiös motivierten Skeptizismus, der sich im Zuge der Reformation und Gegenreformation ausbreitete. Die Grundfrage dieser skeptischen Strömung lautete: Können wir noch den Anspruch erheben, über irgendein Wissensfundament zu verfügen, wenn selbst die grundlegenden Aussagen über den Glauben und die Funktion der Kirche von unterschiedlichen Glaubensgruppen ganz unterschiedlich interpretiert werden? Gibt es etwas, was über den persönlichen Glauben hinaus sicher ist?

Wie die Arbeiten von R. Popkin und seinen Nachfolgern gezeigt haben, hat dieser geistesgeschichtliche Kontext Descartes geprägt (Popkin 1979, Popkin/Vanderjagt 1993). Descartes hat sich mit den skeptischen Strömungen seiner Zeit befaßt und sie zu widerlegen versucht. In den Erwiderungen auf die zweiten Einwände zu den *Meditationes* sagt er sogar explizit, er habe die ganze Erste Meditation auf Dinge verwendet, die schon von den antiken Skeptikern diskutiert wurden (AT VII, 130). Trotzdem ist es wichtig zu sehen, daß er mit seinem methodischen Zweifel nicht nur eine Widerlegung des traditionellen Skeptizismus anstrebte. Mindestens drei Gründe können angeführt werden, die Descartes aus methodischen Überlegungen – unabhängig von einer Auseinandersetzung mit dem traditionellen Skeptizismus – zu einer Zweifelsstrategie bewogen haben, die alles Wissen und nicht nur einzelne Meinungen in Frage stellt.

Ein erster Grund liegt in der Struktur des Wissenssystems, das Descartes anhand eines Vergleichs erklärt (AT VII, 481). Angenommen, jemand hat einen Korb voller Äpfel und befürchtet, daß einige davon faul sind. Wie geht er vor, wenn er die gesunden Äpfel erhalten will? Nun, er leert am besten den ganzen Korb aus, sortiert die gesunden Äpfel aus und legt nur diese wieder in den Korb. Es hilft nichts, nur einzelne Äpfel aus dem Korb herauszunehmen. Dann besteht nämlich die Gefahr, daß noch einige faule im Korb verbleiben. Genau so müssen auch wir *alle* unsere Meinungen gleichsam ausleeren, nach der Etablierung eines Wahrheitskriteriums die wahren aussortieren und nur diese wieder in unser Wissenssystem integrieren. Es hilft nicht viel, nur einzelne Meinungen zu prüfen, weil man dann nie sicher sein kann, ob nicht noch ungeprüfte falsche Meinungen im System verbleiben.

Meinungen mit Äpfeln zu vergleichen, mutet auf den ersten Blick allerdings etwas sonderbar an. Denn faule Äpfel stecken gesunde Äpfel an und müssen daher vollständig aussortiert werden. Aber zweifelhafte oder falsche Meinungen können wahre Meinungen ja nicht anstecken. Deshalb ist es nicht weiter schlimm, wenn noch einige falsche Meinungen im Wissenssystem verbleiben. Sie können nach und nach revidiert werden, ohne daß man mit einem radikalen Zweifel gleich auf Anhieb alle Meinungen in Frage stellen muß.

Ein solcher Einwand (Kenny 1968, 19) ist jedoch nicht stichhaltig. Falsche Meinungen können andere Meinungen in der Tat in einem gewissen Sinn anstecken, denn sie bilden zusammen ein ganzes Netz und sind immer voneinander abhängig. Wenn jemand etwa eine bestimmte Meinung über das Verhältnis von Sonne und Erde hat (z. B. daß sich die Sonne um die Erde dreht), dann sind auch zahlreiche andere Meinungen über die Sonne und die Erde sowie über weitere Himmelskörper von dieser einen Meinung abhängig. Und wenn die erste Meinung falsch ist, sind auch alle anderen, davon abhängigen falsch. Wir wissen aber anfänglich gar nicht genau, welche Meinung denn von welcher anderen abhängt und was für Konsequenzen die Falschheit einer Meinung für andere Meinungen im Meinungsnetz hat. Daher müssen wir in drei Schritten vorgehen: (1) Wir müssen alle Meinungen in Zweifel ziehen, mögen sie uns nun wahr oder falsch erscheinen, grundlegend oder nicht grundlegend. (2) Dann müssen wir jene Meinungen aussortieren, von denen wir mit Hilfe eines Prüfungsverfahrens gezeigt haben, daß sie wahr sind oder unmittelbar auf einer wahren Meinung beruhen. (3) Schließlich müssen wir von diesen wahren Meinungen weitere wahre Meinungen ableiten und schrittweise ein neues Wissenssystem aufbauen. Entscheidend ist bei diesem methodischen Vorgehen, daß wir nicht einfach einzelne Meinungen herauspflücken dürfen, weil es ja immer möglich ist, daß wir dann grundlegend falsche Meinungen übersehen, die das ganze Meinungsnetz gleichsam kontaminieren.

Noch ein weiterer Grund spricht dafür, daß Descartes durch einen radikalen Zweifel das ganze Wissenssystem und nicht nur einzelne Meinungen in Frage stellt. Wie in Kapitel II.2 deutlich geworden ist, behauptet er in den *Regulae*, man könne nur dann alles Wissen auf eine sichere Grundlage stellen, wenn man bei den ersten, zweifelsfreien Propositionen ansetzt, die durch Intuition erfaßt werden. Allerdings entwickelt er in dieser frühen Schrift noch keine besondere Methode und kein Kriterium, mit dessen Hilfe beurteilt werden kann, wann denn eine Proposition zweifelsfrei ist. Ausgehend von mathematischen Beispielen (und einer platonisch inspirierten Theorie von potentiellem Wissen) nimmt er einfach eine Menge von zweifelsfreien Propositionen an. Genau an diesem methodologisch schwachen Punkt setzen der spätere *Discours* und die *Meditationes* an: Die Zweifelsfreiheit der ersten Propositionen muß erst gezeigt werden. Dies ist nicht möglich, indem man einfach eine beliebige Menge von Propositionen ausscheidet und bei einer anderen Menge von vorwiegend mathematischen Propositionen ansetzt. Man muß zunächst alle Propositionen, auch die mathematischen, in Frage stellen und sie mit Hilfe eines Kriteriums oder mehrerer Kriterien auf ihre Zweifelsfreiheit hin prüfen.

Schließlich spricht noch ein dritter Grund dafür, daß Descartes einen radikalen Zweifel hinsichtlich des gesamten Wissenssystems formuliert. In einem Brief an Mersenne aus dem Jahr 1641 (also aus dem Jahr, in dem die *Meditationes* erschienen sind) betont er, daß die sechs Meditationen sämtliche Grundlagen seiner Physik enthalten. Wer diesen Meditationen sorgfältig folge, könne die Prinzipien seiner neuen Physik lernen und erkennen, daß sie jene der aristotelischen Physik zerstören (AT III, 297 f.). Die alte Physik geht nämlich davon aus, daß die materiellen Gegenstände eine Fülle von Eigenschaften aufweisen, zu denen Farbe, Geruch, Geschmack, Schwere usw. ebenso gehören wie Gestalt und Bewegung. Die Gegenstände sind stets qualitativ bestimmt. Wenn wir ein physikalisches Phänomen untersuchen, müssen wir deshalb prüfen, welche besondere Eigenschaft in einem Gegenstand für dieses Phänomen verantwortlich ist. Wenn wir etwa sehen, daß ein Stein natürlicherweise nach unten fällt, müssen wir untersuchen, welche Eigenschaft im Stein für das Fallen verantwortlich ist. Sobald wir die Eigenschaft (in diesem Fall die Schwere) bestimmt haben, haben wir eine Ursache für das Phänomen gefunden und es hinreichend erklärt.

Genau von diesen Prinzipien der qualitativen Physik versucht Descartes seine Leser wegzuführen (vgl. ausführlich Garber 1986). Er fordert, daß wir einmal *alle* Meinungen, die wir gemäß der qualitativen Physik von den materiellen Gegenständen haben, in Frage stellen. Stellen wir einmal in Frage, daß materielle Gegenstände Farbe, Geruch, Geschmack, Schwere usw. haben. Und versuchen wir einmal, auf das zurückzugehen, was als etwas Unbezweifelbares übrigbleibt. Dies ist nichts anderes als die Tatsache, daß materielle Gegenstände (1) ausgedehnt sind und (2) von geistigen Gegenständen real verschieden sind. Sobald wir dies festgestellt haben, haben wir die Prinzipien für die neue Physik etabliert und herausgefunden, daß die Prinzipien der aristotelischen Physik auf unbegründeten Annahmen beruhen.

Bislang hat sich gezeigt, daß verschiedene Gründe für die Einführung eines umfassenden methodischen Zweifels (im Gegensatz zu einem begrenzten, rein problemorientierten Zweifel) sprechen. Descartes versucht nicht nur, den im 16. und 17. Jahrhundert wiedererstarkten Skeptizismus zu bekämpfen. Er will das gesamte Wissenssystem, das holistisch als ein Netz von Meinungen zu betrachten ist, auf eine sichere Grundlage stellen. Zudem will er die Zweifelsfreiheit von ersten Meinungen oder Propositionen nachweisen und die traditionelle aristotelische Physik ihrer Grundlage berauben. Doch wie gelingt ihm das? Wie entwickelt er seinen methodischen Zweifel, und welche Kriterien für Zweifelsfreiheit erarbeitet er dabei?

Grundsätzlich lassen sich drei Stufen des methodischen Zweifels unterscheiden, die Descartes als Meditierender in der ersten Person formuliert.

(1) *Zweifel hinsichtlich meiner kognitiven Grundlage*
Beruhen meine Meinungen auf einer zuverlässigen Grundlage, oder stützen sie sich auf die Informationen der häufig unzuverlässigen und widersprüchlichen Sinne?

(2) *Zweifel hinsichtlich meines kognitiven Zustandes*
Habe ich meine Meinungen in einem Wachzustand oder lediglich in einem Traumzustand?

(3) *Zweifel hinsichtlich meiner kognitiven Autonomie*
Habe ich meine Meinungen als unabhängiges Subjekt oder als Marionette eines bösen Dämons? *radicaler Zweifel!*

Es ist entscheidend, diese drei aufeinander aufbauenden Stufen sorgfältig voneinander zu unterscheiden. Sie machen nämlich von unterschiedlichen Zweifelsstrategien Gebrauch und haben unterschiedliche erkenntnistheoretische und metaphysische Konsequenzen.

Betrachten wir zunächst die erste Stufe. Descartes behauptet:

„Was auch immer ich bislang als ganz wahr angenommen habe, habe ich entweder von den Sinnen oder durch Vermittlung der Sinne empfangen. Diese habe ich aber immer wieder bei Täuschungen ertappt, und es ist ein Gebot der Klugheit, niemals denen ganz zu vertrauen, die uns auch nur einmal getäuscht haben." (AT VII, 18)

In der Ersten Meditation führt Descartes keine Fälle von Sinnestäuschungen an, im *Discours* und in der Sechsten Meditation erwähnt er aber einige klassische Beispiele: Ein gerader Holzstab, der halb ins Wasser eingetaucht ist, erscheint uns gebrochen; ein viereckiger Turm, den wir aus der Ferne sehen, erscheint uns rund; große Statuen, die wir aus großer Distanz sehen, erscheinen uns klein (AT VII, 76). Dies sind Standardbeispiele, die auf den antiken Skeptizismus zurückgehen und sowohl im Mittelalter als auch in der frühen Neuzeit immer wieder als Belege dafür angeführt wurden, daß die Sinne uns in unterschiedlichen Situationen ganz unterschiedliche Informationen liefern und daher nicht zuverlässig sind (zur antiken Vorlage bei Sextus Empiricus vgl. Annas/Barnes 1985, 66 ff.; zu Descartes' Rezeption vgl. Williams 1983).

Nun könnte man allerdings einwenden, daß diese Beispiele noch lange nicht dafür sprechen, daß man – wie Descartes behauptet – den Sinnen überhaupt nicht mehr vertrauen darf und daß sie überhaupt keine kognitive Grundlage bilden können. Erstens ist zu beachten, daß die Beispiele nur zeigen, daß die Sinne uns je nach Situation unterschiedliche Informationen liefern, nicht aber unbedingt falsche. Wenn uns eine große Statue aus der Ferne klein erscheint, täuscht uns der Gesichtssinn nicht, sondern er gibt uns eine situationsabhängige Information. Daher dürfen wir die Informationen der Sinne nicht einfach nach dem Muster wahr/falsch auswerten, sondern wir müssen sie situationsbezogen klassifizieren, und wir müssen untersuchen, in welcher Situation unsere Sinne am besten funktionieren. Wir müssen also so etwas wie eine normale Wahrnehmungssituation bestimmen. Sobald wir dies getan haben, können wir die davon abweichenden Situationen (etwa wenn eine allzu große Distanz zum Wahrnehmungsobjekt vorliegt) als nicht normale Situationen eliminieren. Aber in einer normalen Wahrnehmungssituation können und müssen wir uns auf unsere Sinne verlassen.

Zweitens könnte man einwenden, daß Descartes die Vielfalt der Sinne nicht berücksichtigt. Ein halb ins Wasser eingetauchter Holzstab erscheint uns in der Tat gebrochen, wenn wir ihn nur mit dem Gesichtssinn wahrnehmen. Aber wir können ihn ja auch berühren und somit mit Hilfe des Tastsinns feststellen, daß er ungebrochen ist. Da ein Sinn den anderen korrigieren kann, sollte man stets versuchen, so weit wie möglich Informationen von allen Sinnen zu sammeln, sie miteinander zu vergleichen und auszuwerten. Wer dies tut, kann sich durchaus auf die Sinne verlassen.

Aus Descartes' Sicht sind beide Einwände nicht überzeugend. Im ersten Einwand wird einfach angenommen, man könne so etwas wie eine normale Wahrnehmungssituation bestimmen und die übrigen Situationen als irrelevante Situationen beiseite lassen. Aber wie wissen wir denn, was eine normale Wahrnehmungssituation ist? Wie sollen wir dies feststellen, wenn wir nicht von vornherein von der Annahme ausgehen, daß wir in einigen Situationen zuverlässige Sinnesinformationen erhalten, auf deren Grundlage wir wahre Meinungen bilden können. Wenn wir den radikalen Zweifel als methodische Strategie wählen, dürfen wir keine solche Annahme machen. Wir dürfen nicht davon ausgehen, daß wir schon über einige wahre Meinungen verfügen. *Alle* Meinungen sind zweifelhaft, ganz gleichgültig in welcher Situation wir sie gebildet haben.

Auch der zweite Einwand, der auf die Vielfalt der Sinne verweist, ist aus Descartes' Sicht nicht stichhaltig. Der Autor der Sechsten Erwiderungen hatte einen solchen Einwand angedeutet, indem er darauf hinwies, der Tastsinn könne doch in einem konkreten Fall den Gesichtssinn korrigieren und es sei somit eine Art Selbstkorrektur der Sinne möglich (AT VII, 418). Darauf erwidert Descartes, daß es nicht ausreicht, über verschiedene Informationen von verschiedenen Sinnen zu verfügen. „Es ist darüber hinaus erforderlich, daß wir einen Grund haben, der uns lehrt, daß wir in diesem Fall eher das Urteil zu wählen haben, das auf der Grundlage des Tastsinns gebildet wurde, als jenes, das auf der Grundlage des Gesichtssinns gebildet wurde." (AT VII, 439) Wir müssen über ein Kriterium verfügen, mit dessen Hilfe wir die Informationen der einzelnen Sinne miteinander vergleichen und auswerten können. Aber wer liefert dieses Kriterium? Offensichtlich nicht die Sinne; denn diese liefern nur unterschiedliche Informationen. Wer annimmt, der Tastsinn könne den Gesichtssinn korrigieren, geht einfach davon aus, ein Sinn sei einem anderen übergeordnet oder ein Sinn liefere ein Beurteilungskriterium für die Informationen eines anderen Sinnes. Dies ist aber eine unbegründete Annahme.

Der Zweifel hinsichtlich der Sinne ist freilich noch kein umfassender und kein radikaler Zweifel. Erstens bezieht er sich nur auf jene Meinungen, die auf Sinnesinformationen beruhen. Meinungen mit nicht-empirischer Grundlage, wie sie etwa für die Mathematik und die Logik charakteristisch sind, werden davon nicht betroffen. Zweitens wird durch diesen Zweifel die Existenz der materiellen Gegenstände noch keineswegs berührt. Bezweifelt wird nur, ob die Gegenstände tatsächlich so sind, wie sie uns in unterschiedlichen Wahrnehmungssituationen erscheinen. Drittens wird auch nicht bezweifelt, daß die Gegenstände in unmittelbarer Beziehung zu uns stehen und in uns Wahrnehmungen verursachen. Ob wir überhaupt in einer Kausalrelation zu Gegenständen stehen und ob unsere Meinungen aufgrund dieser Kausalrelation entstehen, wird also nicht in Frage gestellt.

Bedeutend radikaler ist die zweite Stufe des methodischen Zweifels, die den kognitiven Zustand betrifft. Könnte es nicht sein, fragt sich Descartes als Meditierender, daß ich nur in einem Traumzustand bin, in dem mir die Dinge genau gleich erscheinen wie im Wachzustand?

„Während ich aufmerksamer darüber nachdenke, sehe ich ganz klar, daß der Wachzustand niemals durch sichere Merkmale vom Traumzustand unterschieden werden kann. Dies erstaunt mich derart, daß gerade dieses Erstaunen mich beinahe in der Meinung bestärkt zu träumen." (AT VII, 19)

Was Descartes hier angeblich ganz klar sieht, scheint auf den ersten Blick nicht sehr klar zu sein. Gibt es nicht zahlreiche Merkmale (z.B. Kohärenz, Deutlichkeit), mit deren Hilfe wir das, was wir in einem Wachzustand erleben, von dem unterscheiden können, was wir in einem Traumzustand erleben? J.L. Austin zählte rund fünfzig solche Merkmale auf und kam zum Schluß, es sei wenig überzeugend, eine Zweifelsstrategie zu postulieren, die den elementaren Unterschied zwischen Wach- und Traumzustand leugnet (Austin 1962, 48).

Nun, auch Descartes ist sich bewußt, daß wir im Alltag durchaus über Unterscheidungsmerkmale verfügen. Am Ende der Sechsten Meditation führt er ausdrücklich ein solches Merkmal an. Er stellt fest: „Niemals werden Träume vom Gedächtnis mit allem anderen verknüpft, was wir im Leben tun. Bei dem jedoch, was wir im Wachzustand erleben, ist dies der Fall." (AT VII, 89) Man könnte dies „das Konnexionsprinzip" nennen: Wir sind nur dann in einem Wachzustand, wenn wir feststellen, daß eine Konnexion (und zwar eine korrekte Konnexion) zwischen unseren Erlebnissen besteht.

Es ist jedoch entscheidend, daß wir uns in der Situation des radikalen Zweifels noch nicht auf ein solches Konnexionsprinzip berufen dürfen. Denn dieses Prinzip setzt voraus, daß wir über eine bestimmte kognitive Fähigkeit verfügen, nämlich über jene, Erlebnisse korrekt miteinander zu verbinden. Und korrekt verbinden wir sie nur dann, wenn sich eine kohärente Abfolge der einzelnen Erlebnisse ergibt. Descartes führt folgendes Beispiel an (AT VII, 89): Würde uns in einem Erlebnis ein Mensch erscheinen und würde er im darauffolgenden Erlebnis gleichsam blitzartig wieder verschwinden, würden wir einsehen, daß es keine natürliche Konnexion zwischen den beiden Erlebnissen gibt. Eine solche Konnexion bestünde nur dann, wenn das zweite Erlebnis irgendwie aus dem ersten folgen würde.

In der Zweifelssituation können wir uns allerdings noch nicht auf ein Konnexionsprinzip berufen. Denn wer garantiert uns, daß wir tatsächlich über die Fähigkeit verfügen, eine kohärente Abfolge von Erlebnissen zu erkennen, und wer garantiert uns, daß wir tatsächlich korrekten Gebrauch von dieser Fähigkeit machen? Wir können uns erst dann auf eine solche Fähigkeit berufen, wenn wir eine Garantie für die Existenz und die Zuverlässigkeit kognitiver Fähigkeiten haben. Eine derartige Garantie, so behauptet Descartes, haben wir erst dann, wenn wir die Existenz Gottes bewiesen haben. Denn Gott stattet uns mit kognitiven Fähigkeiten aus und ermöglicht eine korrekte Ausübung dieser Fähigkeiten (AT VII, 90).

Descartes' zentraler Punkt ist also nicht, daß wir überhaupt kein Merkmal zur Unterscheidung von Wach- und Traumzustand haben. Sein Punkt ist vielmehr der, daß wir in der Zweifelssituation, in der noch nichts mit Gewißheit feststeht (weder in bezug auf unsere kognitiven Fähigkeiten noch in bezug auf Gott), gar kein Merkmal anwenden können. Denn könnte es nicht sein, daß wir uns aufgrund irreführender kognitiver Fähigkeiten bloß ein aberwitziges Merkmal ausgedacht haben? Könnte es nicht sein, daß wir uns bloß einbilden, Konnexion sei ein zuverlässiges Merkmal?

Diese zweite Stufe des Zweifels ist deutlich umfassender als die erste, weil nun auch die Existenz der materiellen Gegenstände und nicht nur ihre qualitative Beschaffenheit in Frage gestellt wird. Trotzdem wird noch nicht alles bezweifelt, wie Descartes' Vergleich der Traumzustände mit Bildern zeigt (AT VII, 19f.). Wenn Maler Sirenen und andere Phantasiegebilde entwerfen, so sagt er, vermischen sie die Glieder verschiedener Geschöpfe miteinander. Die Vermischung ist ein reines Phantasieprodukt, aber dennoch müssen die Maler auf etwas Reales zurückgreifen, damit sie überhaupt etwas vermischen können. Genau so können auch wir in den Träumen alles Mögliche miteinander vermischen und Phantasiegebilde entwerfen. Aber es muß etwas „Einfacheres und Allgemeineres" geben, auf das wir zurückgreifen und aus dem wir unsere Traumbilder gestalten. Dazu zählt Descartes allgemeine Eigenschaften wie Ausdehnung, Gestalt und Quantität, aber auch Ort und Zeit.

Zudem nimmt Descartes auf der zweiten Stufe auch das Erfassen mathematischer Propositionen vom Zweifel aus. Er behauptet: „Denn ob ich nun wach bin oder schlafe, zwei und drei ergeben zusammen fünf, und ein Quadrat hat nicht mehr als vier Seiten." (AT VII, 20) Diese Behauptung wirkt auf den ersten Blick allerdings kaum überzeugend. Bourdin stellte in den Siebten Einwänden bereits fest, jemand könne doch alles Mögliche träumen, sogar daß zwei und drei zusammen nicht fünf ergeben (AT VII, 457). Warum sollten ausgerechnet mathematische Propositionen auch im Traum evident und unbezweifelbar sein? Descartes antwortete auf diesen Einwand, wenn jemand eine mathematische Proposition tatsächlich klar und deutlich erfasse, könne er sich nicht irren. Es sei aber wohl möglich, daß es ihm bloß scheine, klar und distinkt zu erfassen, und daß er sich deshalb irre (AT VII, 461 f.). Diese kurze Antwort enthält zwei wichtige Elemente. Erstens weist Descartes darauf hin, daß man in jedem Zustand – sei dies nun ein Wach- oder ein Traumzustand – zunächst darauf achtgeben muß, ob man etwas klar und deutlich erfaßt. Nur wenn diese Bedingung erfüllt ist, kann man versuchen, einen irrtumsfreien Bereich abzugrenzen. Damit verweist Descartes bereits auf das entscheidende Wahrheitskriterium, das er in der Dritten und Vierten Meditation ausführlich darlegen wird. Zweitens betont er, daß man sich bloß auf das geistige Erfassen („percipere") konzentrieren muß; dann läßt sich ein Irrtum vermeiden. Damit verdeutlicht er, daß ein grundsätzlicher Unterschied zwischen dem rein geistigen und dem teils sinnlichen und teils geistigen Erfassen besteht. Wer ein Objekt rein geistig erfaßt (eine mathematische Proposition ist ein Paradebeispiel für ein solches Objekt), kann sich nicht irren, gleichgültig in welchem Zustand er ist, denn er wird weder von den Sinnen noch von der Vorstellungskraft irregeführt. Er verfügt dann über eine unmittelbare Intuition („intuitus") des Objekts.

Der radikale, alles umfassende Zweifel findet sich erst auf der dritten Stufe. Könnte es nicht sein, fragt Descartes, daß ein übermächtiges Wesen mich in allem täuscht? Dies kann nicht Gott sein, denn die Absicht zu täuschen würde der Güte – einem wesentlichen Attribut Gottes – widersprechen. Aber es könnte doch einen bösen Dämon geben, der mich ununterbrochen täuscht:

„Ich will also annehmen, daß nicht der allgütige Gott, die Quelle der Wahrheit, sondern irgendein böser Geist, der zugleich äußerst mächtig und verschlagen ist, all sein Bestreben darauf gerichtet hat, mich zu täuschen. Ich will glauben, daß Himmel, Luft, Erde, Farben, Gestalten, Töne und alles außerhalb von mir nichts als das Spiel von Träumen ist, durch die er meiner Leichtgläubigkeit nachstellt." (AT VII, 22)

Durch diesen umfassenden Zweifel wird scheinbar alles in Frage gestellt: (1) die Existenz der materiellen Welt, (2) die kausale Relation zwischen der materiellen Welt und dem denkenden

Geist, (3) die Existenz des eigenen Körpers, (4) die Erkennbarkeit mathematischer Wahrheiten. Der böse Dämon ist so mächtig, daß er mir nicht nur materielle Gegenstände vorgaukeln kann, die gar nicht existieren, sondern auch irgendwelche intelligiblen Objekte.

Dieser umfassende Zweifel zeigt, daß Descartes viel weiter geht als die antiken Skeptiker und ihre Erneuerer im 16. und 17. Jahrhundert (für einen Vergleich siehe Burnyeat 1982). Diese orientierten sich nämlich häufig – wenn auch nicht ausschließlich – an Beispielen, in denen wir über widersprüchliche Sinnesinformationen verfügen und nicht wissen, welches Urteil wir über die materiellen Gegenstände bilden sollen. Deshalb, so lautete ihre Empfehlung, sollten wir uns der Urteile enthalten. Wenn wir uns noch über die Gegenstände äußern, dann sollten wir dies nur in Aussagen der Form ‚Es *scheint* mir, daß der Gegenstand so und so ist' tun. Doch die traditionellen Skeptiker stellten nicht die Existenz der Außenwelt in Frage. Genau in diesem zentralen Punkt geht Descartes über ihren Ansatz hinaus. Die traditionellen Skeptiker waren auch nicht an einem allgemeinen methodischen Zweifel interessiert, sondern eher an praktischen Fragen, nämlich: Wie kann ich ein glückliches Leben führen, wenn ich mich nicht auf irgendwelche wahren Urteile stützen kann, sondern nur auf meine Aussagen darüber, wie mir die Gegenstände in der Welt erscheinen? Auch in diesem Punkt geht Descartes über den antiken Ansatz hinaus. Er interessiert sich vornehmlich für die Frage, wie wir denn angesichts des Zweifels an der Existenz der Außenwelt ein sicheres Wissensfundament finden können. Seine Motivation ist erkenntnistheoretischer, nicht praktischer Natur.

Natürlich ist sich Descartes bewußt, daß der böse Dämon – eine Figur, die bereits im Spätmittelalter entworfen und sowohl in philosophischen als auch in literarischen Debatten verwendet wurde (Gregory 1974, Nadler 1997) – eine theologisch unhaltbare Fiktion ist. Denn wenn es einen gütigen, allmächtigen Gott gibt, kann er neben sich keinen täuschenden Dämon tolerieren. Aber ob die Annahme eines Dämons theologisch haltbar ist oder nicht, steht hier nicht zur Debatte. Die

Frage ist nur, welche *methodische* Funktion die Hypothese eines solchen Dämons hat. Was kann mit Hilfe dieser Hypothese bezweifelt werden? Descartes' schlichte Antwort lautet: alles außer der Tatsache, daß ich denke. Denn der Inhalt der Meinungen bzw. Gedanken, die der Dämon mir eingibt, ist zweifelhaft, nicht aber die Tatsache, daß ich denke. Damit ist ein unbezweifelbares Wissensfundament etabliert.

Bezweifelt Descartes tatsächlich alles außer dem berühmten „Cogito"? Eine nähere Prüfung zeigt, daß dies nicht der Fall ist. Mindestens drei Punkte können angeführt werden, die nicht in Zweifel gezogen werden:

(1) Descartes bezweifelt nicht, daß alle Meinungen entweder wahr oder falsch sind (das Grundprinzip der zweiwertigen Logik) und daß das Ziel einer Methodologie darin besteht, ein System von wahren Meinungen zu etablieren. Dies mag vielleicht selbstverständlich erscheinen, ist es aber nicht. Es sind durchaus andere methodische Ziele denkbar, z.B. daß man sich auf jene Meinungen konzentrieren soll, die nützlich sind oder von allen anerkannt werden. Descartes blendet solche pragmatischen Überlegungen von vornherein aus und konzentriert sich auf die Suche nach dem Wahren.

(2) Descartes bezweifelt nicht, daß es ein Wissenssystem mit einem stabilen Fundament gibt und daß wir auf dieses Fundament zurückgehen müssen, wenn wir wahres und sicheres Wissen anstreben. Auch dies mag selbstverständlich erscheinen, ist es aber keineswegs. Man könnte von der Annahme ausgehen, daß es in einem Wissenssystem kein stabiles Fundament gibt, auf dem alle Meinungen beruhen. Es wäre denkbar, daß sich die Struktur des Wissenssystems je nach Kontext verändert; Propositionen, die in einem Kontext das Fundament bilden, sind in einem anderen Kontext an der Peripherie. Oder es wäre auch denkbar, daß das Wissenssystem überhaupt kein Fundament hat, sondern nur aus vernetzten Propositionen besteht. Dies läßt Descartes unbeachtet. Er hält es für selbstverständlich, daß ein Wissenssystem ein Fundament haben muß. Damit verwirft er von vornherein einen kohärentistischen Ansatz zugunsten eines fundamentalistischen.

(3) Descartes bezweifelt nicht, daß wir Meinungen bzw. Gedanken mit einem bestimmten Inhalt haben können, und zwar ganz unabhängig davon, ob es eine Außenwelt gibt und ob wir in kausaler Relation zu dieser Außenwelt stehen. Ob es nun Wasser gibt oder nicht, jemand kann unbezweifelbar denken, daß Wasser flüssig ist, und den Inhalt dieses Gedankens unmittelbar erfassen. Mit dieser Behauptung vertritt Descartes einen internalistischen Standpunkt: Der Inhalt von Gedanken hängt nicht von äußeren Faktoren ab. Wie die neuere Debatte zeigt (z.B. Burge 1986), ist ein solcher Standpunkt keineswegs selbstverständlich und bedarf einer Begründung. Man könnte nämlich auch einen externalistischen Standpunkt vertreten, demzufolge der Inhalt von Gedanken (freilich nicht unbedingt die Identifizierung des Inhaltes; vgl. Burge 1988) immer von äußeren Bedingungen abhängt. Jemand kann nur dann denken, daß Wasser flüssig ist, wenn es tatsächlich Wasser gibt und wenn er in einer kausalen Relation zu Wasser steht. Descartes scheint dieses Problem jedoch nicht erkannt zu haben. Er hält es für selbstverständlich, daß eine Methodologie zeigen muß, wie wir *unabhängig* von der Existenz oder Nicht-Existenz einer Außenwelt eine sichere Wissensgrundlage schaffen können.

5. Rationalismus und Empirismus

Die bisherigen Ausführungen lassen Descartes' Methodologie als eine rein rationalistische Methodologie erscheinen, die sich nur auf die Tätigkeit des Geistes beruft und der Sinneserfahrung keinen Platz einräumt. Es hat sich nämlich gezeigt, daß Descartes sowohl in den frühen *Regulae* als auch im späteren *Discours* und in den *Meditationes* fordert, daß man auf das zurückgeht, was unabhängig von den Sinnen vom Geist allein erfaßt werden kann. Es geht darum, durch die richtige Methode einen Weg zu finden, „um den Geist von den Sinnen wegzuführen" (AT VII, 12). Nur wenn man sich von den unzuverlässigen und irreführenden Sinnesinformationen befreit, kann man die ersten, unbezweifelbaren Propositionen erfassen und von diesen weitere Propositionen ableiten.

Dieser Eindruck einer rationalistischen Methodologie, die rein deduktiv vorgeht, wird in den *Principia* bestätigt und noch verstärkt. In seiner Einleitung zur französischen Ausgabe dieser Schrift behauptet Descartes, die Aufgabe der Philosophie bestehe vornehmlich in der Suche nach den ersten Prinzipien. Habe man diese einmal gefunden, müsse man versuchen, „von diesen Prinzipien derart die Erkenntnis der davon abhängigen Dinge abzuleiten, daß es in dieser ganzen Reihe von Ableitungen, die man vornimmt, nichts gibt, was nicht ganz offensichtlich ist" (AT IX-2, 2). Diese Forderung ist erstaunlich, und man kann sich nur schwer vorstellen, wie man ihr nachkommen soll. Es ist nämlich kaum ersichtlich, wie man aus ersten Prinzipien wie ‚Ich denke, also existiere ich' oder ‚Gott existiert' etwas ableiten soll, ohne bestimmte Annahmen zu machen, z.B. über die Beschaffenheit des denkenden Ichs oder über die Attribute Gottes. Noch weniger ersichtlich ist, wie man aus den ersten Prinzipien Aussagen über die Beschaffenheit der materiellen Welt ableiten soll, ohne diese Welt empirisch zu untersuchen. Wie sollen wir etwa durch eine Reihe von Ableitungen zu Aussagen wie ‚Auf der Erde gibt es Wasser' oder ‚Jeder Mensch hat einen Blutkreislauf' gelangen? Solange wir uns auf das beschränken, was allein vom Geist erfaßt und abgeleitet wird, scheinen wir kaum in der Lage zu sein, zu naturwissenschaftlich interessanten Aussagen zu gelangen.

Nun ist freilich zu beachten, daß sich Descartes in zahlreichen Schriften intensiv mit naturwissenschaftlichen Einzelproblemen befaßt hat und sich zu deren Lösung durchaus auf empirische Experimente gestützt hat. Er hat die Gezeiten studiert, Regenbogen beobachtet, Tierkadaver untersucht, die Form von Linsen analysiert usw. In zwei langen Briefen an Jean Ferrier, einen Hersteller von wissenschaftlichen Instrumenten, beschreibt er ausführlich die Konstruktion von Schleifmaschinen zur Herstellung von Linsen und offenbart ein sehr detailliertes ingenieurtechnisches Wissen (AT I, 38ff.).

Wie paßt dieses praktische, empirische Vorgehen, bei dem die Untersuchung von natürlichen Phänomenen und Artefakten im Vordergrund steht, zu einer rationalistischen Methodologie, bei der Wissen durch die Ableitung aus ersten Prinzipien gewonnen wird?

Man könnte zur Ansicht neigen, daß sich hier ein Widerstreit zwischen dem Methodologen Descartes und dem Naturwissenschaftler Descartes zeigt (Schuster 1993). Der Methodologe, geprägt von einer platonisch-augustinischen Tradition, fordert ein Vorgehen, dem sich der Naturwissenschaftler, getrieben von Detailuntersuchungen und Experimenten, widersetzt. Ich glaube allerdings nicht, daß man Descartes eine derartige intellektuelle Schizophrenie unterstellen darf. Betrachtet man seine Methodologie näher, stellt sich heraus, daß sie dem Empirischen durchaus einen Platz einräumt (vgl. prägnant Freudiger/Petrus 1996). Es handelt sich um eine Methodologie, die rationalistische und empiristische Elemente miteinander verbindet.

Zunächst ist zu beachten, daß Descartes nur zur Etablierung eines *Wissensfundaments* auf das zurückgeht, was vom Geist allein erfaßt wird. Er fordert aber nicht, daß wir uns jedesmal, wenn wir Wissen erwerben oder prüfen, auf die Tätigkeit des Geistes beschränken sollen. Die Etablierung des Wissensfundaments geschieht ein einziges Mal, wie es am Anfang der *Meditationes* ausdrücklich heißt. „Einmal im Leben" müssen wir alles in Frage stellen und nach einer unbezweifelbaren Grundlage für unser Wissen suchen. Sobald wir aber eine solche Grundlage etabliert haben und sobald wir eine Garantie für die Zuverlässigkeit unserer kognitiven Fähigkeiten gefunden haben (eine Garantie, die laut der Sechsten Meditation von Gott gegeben wird), können und müssen wir uns auf unsere Sinneserfahrung berufen, um Wissen von konkreten Sachverhalten zu erwerben. Es ist für eine Beurteilung der Cartesischen Methodologie von entscheidender Bedeutung, stets die Struktur der *Meditationes* im Auge zu haben: Das methodische Vorgehen, das in der Ersten Meditation aufgrund des radikalen Zweifels gewählt wird, ist nicht das Vorgehen, das *nach* der

Überwindung des Zweifels einem Wissenschaftler empfohlen wird. Der radikale Zweifel dient ja dazu, eine sichere Grundlage zu schaffen, damit wir überhaupt in der Lage sind, ein stabiles Wissenssystem aufzubauen – ein Wissenssystem, das auch empirische Elemente enthält. Wir müssen zuerst eine Garantie für die elementaren Tatsachen haben, daß wir existieren und daß wir zuverlässige kognitive Fähigkeiten (darunter auch die Sinneswahrnehmung) haben. Erst in einem zweiten Schritt können wir uns dann auf das Wissen berufen, das wir mit Hilfe unserer kognitiven Fähigkeiten erwerben. Weil – nicht etwa obwohl – der Methodologe Descartes durch ein rationalistisches Vorgehen zuerst eine absolut sichere Wissensgrundlage schafft, kann er sich dann mit naturwissenschaftlichen Experimenten befassen. Denn er hat nun eine Garantie dafür, daß er in den Experimenten nicht allerlei ungeprüfte und zweifelhafte theoretische Annahmen voraussetzt.

Weiter ist zu berücksichtigen, daß Descartes nicht behauptet, man könne als „Lehnstuhlphilosoph" durch eine rein geistige Tätigkeit aus den ersten Prinzipien alle weiteren Prinzipien ableiten. In den *Principia* betont er:

„Und sicherlich gilt: Wenn wir nur von jenen Prinzipien Gebrauch machen, die mit größter Evidenz erkannt wurden, wenn wir aus ihnen durch mathematische Folgerungen ableiten, und wenn das, was wir so aus ihnen ableiten, mit allen Naturphänomenen genau übereinstimmt, dann würden wir Gott beleidigen, wenn wir die Ursachen der Dinge, die wir so gefunden haben, als falsch beargwöhnten." (AT VIII-1, 99)

Offensichtlich muß das, was wir deduktiv durch eine Ableitung aus ersten Prinzipien gewinnen, mit dem übereinstimmen, was wir induktiv durch eine Beobachtung der Naturphänomene gewinnen. Wir müssen die nicht-empirisch gewonnenen Ergebnisse stets mit den empirischen vergleichen und gegebenenfalls revidieren, wenn keine Übereinstimmung besteht. Descartes verwirft ganz entschieden ein methodisches Verfahren, bei dem wir ungeachtet aller empirischen Ergebnisse irgendwelche deduzierten Prinzipien postulieren.

Es darf auch nicht übersehen werden, daß Descartes in seiner Formulierung von wissenschaftlichen Problemstellungen auf die Erfahrung zurückgreift. Dies hat sich bereits in der kurzen Diskussion des Beispiels mit der anaklastischen Linie (vgl. Kap. II.3) gezeigt. Den Ausgangspunkt für dieses Beispiel bildet die Erfahrung: Wir sehen, daß bei einigen Linsen zwei parallele Lichtstrahlen derart reflektiert werden, daß sie an einem Punkt zusammentreffen. Bei anderen Linsen ist dies nicht der Fall. Daher stellt sich die Frage, wie denn eine Linse geschliffen werden muß, damit sie die Lichtstrahlen in bestimmter Weise reflektiert. Ohne diese Fragestellung, die immer die Beobachtung eines bestimmten Phänomens voraussetzt, könnten wir gar keine Ausgangsfrage formulieren. Wenn wir dann, wie Descartes dies fordert, durch Analysis von der ersten Frage zu immer grundlegenderen Fragen vorstoßen, müssen wir ebenfalls empirische Tatsachen berücksichtigen. So müssen wir etwa erkennen, daß der Einfallswinkel und der Ausfallswinkel von Lichtstrahlen in einem bestimmten Verhältnis zueinander stehen. Durch reine Ableitung aus ersten Prinzipien, ohne jede Beobachtung von Lichtstrahlen und ohne jede Messung des Einfallswinkels, wären wir dazu nicht in der Lage. Das methodische Vorgehen, das Descartes vorschlägt, dient nicht dazu, unabhängig von empirischen Untersuchungen Fragestellungen zu formulieren und zu einer ersten, grundlegenden Frage vorzudringen. Es hat vielmehr die Funktion, im Rahmen solcher Untersuchungen zu ermöglichen, daß problembezogene Fragen in einer kohärenten, geordneten Reihe gestellt werden. Denn bestünde keine Ordnung, könnten nur empirische Daten gesammelt werden. Es wäre aber völlig unklar, wie sie auszuwerten sind.

Schließlich ist ein Punkt zu beachten, der auf den Zusammenhang zwischen dem methodologischen und dem metaphysischen Projekt verweist. Descartes behauptet in den *Principia*, die materielle Welt sei von Gott als eine Welt von ausgedehnten, bewegten Gegenständen geschaffen worden. Dies könne man aus den ersten Prinzipien ableiten; denn sobald man die Prinzipien in bezug auf die Existenz und die Attribute Gottes erfaßt habe, könne man die Naturgesetze ableiten (vgl. ausführlich Kap. III.4). Er betont jedoch, daß man nicht ableiten kann, wie groß die einzelnen Materiepartikel sind, wie schnell sie sich bewegen und wie sie sich zueinander verhalten. Daher, so schließt er, können wir „nicht durch die Vernunft allein" die konkrete Quantität oder Bewegung bestimmen; Gott hätte sie auf unendlich viele Arten anordnen können. „Die Erfahrung allein lehrt", wie Gott sie tatsächlich angeordnet hat (AT VIII-1, 100f.).

Offensichtlich kommt der Erfahrung eine wichtige Rolle zu. Durch die Tätigkeit des Geistes allein erfassen wir nur die allgemeinsten Naturgesetze, und wir sind dadurch nur in der Lage, die *mögliche* Anordnung der Dinge in der materiellen Welt zu erkennen. Durch die Tätigkeit der Sinne, die uns konkrete Informationen liefern, können wir die *wirkliche* Anordnung der Dinge erkennen. Daher müssen wir immer auf die Sinne zurückgreifen, wenn wir über ein Wissenssystem verfügen wollen, das sich nicht nur auf das Mögliche, sondern auf das Wirkliche bezieht.

Diese und ähnliche Stellen (AT VIII-1, 242) verdeutlichen, daß Descartes eine Methodologie anstrebt, in der Geist und Sinne zusammenarbeiten, wobei jedoch eine klare Aufgabenteilung besteht. Der Geist hat die Funktion,

– durch eine Erkenntnis der ersten, unbezweifelbaren Prinzipien eine sichere Wissensgrundlage zu schaffen,
– von den ersten Prinzipien weitere Prinzipien abzuleiten,
– in einer wissenschaftlichen Untersuchung die Fragestellungen analytisch zu ordnen,
– die mögliche Struktur der Welt aufzuzeigen.

Die Sinne hingegen haben die Funktion,

– Informationen zu liefern, die den Aufbau eines Wissenssystems ermöglichen,
– die abgeleiteten Prinzipien zu bestätigen,
– in einer wissenschaftlichen Untersuchung die Formulierung von konkreten Fragestellungen zu ermöglichen,
– die reale, konkrete Struktur der Welt aufzuzeigen.

Zieht man diese Aufgabenteilung in Betracht, erweist sich das Bild vom empiriefeindlichen Rationalisten Descartes oder vom intellektuell gespaltenen Descartes als ein Mythos.

III. Naturphilosophie

1. Kritik am Aristotelismus und Atomismus

Im Herbst 1629, knapp ein Jahr nach seiner Ankunft in den Niederlanden, wird Descartes von Mersenne gebeten, das Phänomen der Nebensonnen (leuchtende Flecken mit nach außen gerichtetem Schweif auf beiden Seiten der Sonne) wissenschaftlich zu erklären. Descartes antwortet, er könne sich im Moment nicht mit diesem Problem allein befassen, denn „anstatt ein einziges Phänomen zu erklären, habe ich mich entschieden, alle Phänomene der Natur zu erklären, d.h. die ganze Physik" (AT I, 70). Diesem ehrgeizigen Projekt widmet sich Descartes von nun an in zahlreichen Schriften, vor allem in *Le Monde* und in den *Principia philosophiae*. Er versucht, eine umfassende Theorie der Natur zu entwickeln, die eine neue metaphysische Grundlage für die Physik schafft. Denn das Hauptproblem der Physik, so behauptet Descartes, besteht nicht so sehr darin, daß sie über unzureichende empirische Daten oder über ungenügende experimentelle Methoden verfügt. Das Hauptproblem liegt vielmehr darin, daß sie von falschen metaphysischen Annahmen ausgeht und von einem irreführenden Begriffssystem Gebrauch macht. Fortschritte in der Physik und in anderen Naturwissenschaften können daher nicht einfach durch eine Analyse einzelner Naturphänomene und durch eine Anhäufung von empirischen Daten erzielt werden. Fortschritte sind nur durch eine umfassende konzeptuelle Erneuerung möglich.

Welche falschen metaphysischen Annahmen und welche irreführenden Begriffe gilt es zu vermeiden? Descartes' Kritik zielt vor allem auf zwei einflußreiche metaphysische Theorien ab, die im 16. und frühen 17. Jahrhundert die Grundlage für die Physik darstellten: auf den aristotelisch-scholastischen

Hylemorphismus und den auf antike Quellen zurückgehenden Atomismus.

Der aristotelische Hylemorphismus, der seit dem 13. Jahrhundert bis weit in die frühe Neuzeit hinein die metaphysischen Debatten prägte (Lohr 1988, Mercer 1993), beruht auf der These, daß ein Gegenstand stets als eine Zusammensetzung aus Form und Materie zu betrachten ist. Dabei handelt es sich nicht um zwei Arten von Gegenständen, die zu etwas Komplexem zusammengesetzt werden. Vielmehr handelt es sich um zwei Komponenten oder Aspekte eines einfachen Gegenstandes. Wenn wir einen solchen Gegenstand, z.B. einen Menschen, beschreiben wollen, müssen wir daher stets zwei Fragen stellen: (1) Woraus ist dieser Gegenstand gemacht? Im Falle eines Menschen lautet die Antwort: aus Knochen, Fleisch, Haut usw. (2) Was macht diesen Gegenstand zu einem Gegenstand einer bestimmten Art? Die Antwort im Hinblick auf einen Menschen lautet: ein bestimmtes Einheits- und Identitätsprinzip, das für die wesentlichen Eigenschaften und Fähigkeiten eines Menschen verantwortlich ist, z.B. für die Fähigkeit zu lachen und die Fähigkeit zu denken. Weder die Materie noch die Form existiert isoliert; denn einerseits werden Knochen, Fleisch, Haut usw. stets durch ein bestimmtes Einheits- und Identitätsprinzip organisiert, andererseits ist dieses Prinzip stets in einer konkreten Menge von Knochen, Fleisch, Haut usw. realisiert.

Entscheidend ist für den Hylemorphismus nun die Tatsache, daß die Form einen explanatorischen Wert hat. Wenn wir erklären wollen, warum sich ein Mensch in bestimmter Weise verhält und warum er sich von anderen Lebewesen, z.B. von einem Pferd, unterscheidet, müssen wir uns auf die Form berufen: Ein Mensch verhält sich anders als ein Pferd, weil seine materiellen Bestandteile anders organisiert sind und weil er über andere wesentliche Eigenschaften und Fähigkeiten verfügt. Die Form eines Menschen ist daher in einem gewissen Sinn immer auch die Verhaltensursache, auf die wir uns in Erklärungen berufen müssen. Dies heißt freilich nicht, daß die Form eine Ursache im Sinne eines „homunculus" ist, der einen

90

Menschen im Inneren lenkt. Die Form ist eine Ursache im Sinn eines konstitutiven Prinzips, das die Verhaltensmöglichkeiten festlegt, ähnlich wie das Konstruktionsprinzip einer Maschine deren Handlungsmöglichkeiten festlegt.

Da die Form für die wesentlichen, unveränderlichen Eigenschaften und Fähigkeiten eines Gegenstandes (im einfachsten Fall: einer natürlichen Substanz) verantwortlich ist, wurde sie „substantielle Form" genannt und den „akzidentellen Formen" gegenübergestellt, die für die nicht-wesentlichen, veränderlichen Eigenschaften verantwortlich sind. Wenn ein Mensch etwa blond und gebräunt ist, so verfügt er über akzidentelle Formen, die für seine Haut- und Gesichtsfarbe verantwortlich sind. Diese Formen können gegebenenfalls durch andere Formen ersetzt werden. Sie besitzen aber ebenfalls einen explanatorischen Wert. Denn wenn wir erklären wollen, warum ein Gegenstand zu einem bestimmten Zeitpunkt eine bestimmte Farbe, Gestalt, Größe usw. hat, so müssen wir uns auf die akzidentellen Formen berufen.

Descartes lernte diese metaphysische Theorie schon während seiner Ausbildungszeit in La Flèche kennen. Er studierte aber nicht die einschlägigen Texte des Aristoteles oder die klassischen mittelalterlichen Kommentare (z.B. jene von Thomas von Aquin, Duns Scotus, Ockham), sondern die spätmittelalterlichen Textbücher von Suárez, Toletus, Fonseca und Eustachius von Sancto Paulo, die im Jesuitenkollegium verwendet wurden (Ariew 1992). In diesen Kompendien vermischte sich die aristotelische Theorie mit Elementen der spätmittelalterlichen Theologie. Dies zeigt sich deutlich in der Art und Weise, wie Suárez, Fonseca u.a. die Ausdehnung eines Gegenstandes erklärten. Sie vertraten nicht die Meinung, jeder natürliche Gegenstand sei schon dadurch ausgedehnt, daß er aus einem bestimmten Stück Materie besteht, das durch die Form organisiert wird. Angeregt durch Theorien der göttlichen Allmacht behaupteten sie vielmehr, Gott könne auch Materie erschaffen, die nicht ausgedehnt ist. Ebenso behaupteten sie, der allmächtige Gott könne auch Materie erschaffen, die nicht eine bestimmte Quantität hat. Aber selbst Gott, so argumentierten sie, kann nur das eine ohne das andere erschaffen, wenn keine Identität besteht. Daher muß die Materie eines Gegenstandes von der Ausdehnung und der Quantität distinkt sein (Belege in Des Chene 1996, 104 f.). Dies ist in der Erklärung eines natürlichen Gegenstandes zu berücksichtigen. Man muß nicht nur erklären, (1) welche substantielle Form ihn zu einem Gegenstand einer bestimmten Art macht und (2) welche akzidentellen Formen seine Eigenschaften zu einem bestimmten Zeitpunkt festlegen, sondern auch (3) welche real distinkten Formen seine Ausdehnung und seine Quantität bestimmen.

Diese Problemstellung verdeutlicht, daß Descartes mit einem spätmittelalterlichen Aristotelismus konfrontiert war, der philosophische und theologische Elemente miteinander zu verbinden versuchte. Wie reagierte er auf diese komplexe Theorie? Er hielt sie für so obskur und unverständlich, daß er sie häufig gar nicht diskutierte, sondern ohne weitere Begründung verwarf. So stellte er in einem Brief an Regius fest, die Scholastiker würden mit ihrer Theorie der substantiellen Formen nur das Obskure durch etwas noch Obskureres erklären (AT III, 507). Und in *Le Monde* behauptete er, es bringe nichts, sich in einer naturphilosophischen Erklärung auf Formen zu berufen, denn Formen seien ihrerseits erklärungsbedürftig (AT XI, 26).

Gegen diesen Vorwurf könnten sich die Scholastiker freilich mit einem Verweis auf die spezifische Funktion der Formen verteidigen. Da Materieteile allein noch keinen einheitlichen Gegenstand einer bestimmten Art bilden, muß es etwas geben, was die einzelnen Teile organisiert und was aus ihnen etwas Einheitliches macht. So stellt ein Haufen von Knochenteilen und Hautfetzen noch keinen Menschen und kein Pferd dar. Dieser Haufen muß erst durch eine Form zu einem funktionierenden Ganzen organisiert werden. Je nach Form ist dieses Ganze ein Mensch oder ein Pferd. Daher sind Formen nichts Obskures. Ihre Funktion und ihr Verhältnis zur Materie können genau bestimmt werden, wenn man die charakteristischen Fähigkeiten und Eigenschaften des funktionierenden Ganzen betrachtet.

Descartes würde sich mit einer solchen Verteidigung allerdings kaum zufrieden geben. Er versteht unter einer substantiellen Form nämlich eine bestimmte Art von Entität:

> „Damit bei diesem Wort keine Ambiguität besteht, ist hier folgendes festzuhalten: Wenn wir eine substantielle Form leugnen, so verstehen wir darunter eine Substanz, die der Materie hinzugefügt wird und mit ihr zusammen etwas Ganzes, rein Körperliches bildet. Sie ist nicht weniger, sondern eher mehr als die Materie eine wahre Substanz bzw. ein an sich existierendes Ding (*res per se subsistens*), denn sie wird als Akt aufgefaßt, die Materie hingegen nur als Potenz." (AT III, 502)

Offensichtlich faßt Descartes die Verbindung von Form und Materie als eine Zusammensetzung von zwei Dingen auf. Und er ist der Ansicht, eine substantielle Form sei nicht bloß so etwas wie ein Organisations- oder Strukturprinzip für einen Gegenstand, sondern ein „an sich existierendes Ding" – eine Entität, die unabhängig von ihrer Verbindung mit der Materie existieren kann. Damit weicht er in zwei wichtigen Punkten von der aristotelisch-scholastischen Standardmeinung ab. Denn erstens besteht die Pointe des Hylemorphismus gerade darin, daß er die Verbindung von Form und Materie nicht in einem dualistischen Sinn als eine Verbindung von zwei selbständigen Substanzen oder Dingen auffaßt, sondern als eine Verbindung von zwei Komponenten oder Aspekten, die nicht unabhängig voneinander existieren können. Eine Form kann höchstens im Geist „an sich" existieren, nämlich wenn jemand sie unabhängig von der Materie zu verstehen und zu definieren versucht. In der materiellen Welt existiert eine Form nur, insofern sie in einem Stück Materie realisiert ist. Zweitens erwähnt Descartes zwar die Gegenüberstellung Akt-Potenz, mit der die scholastischen Autoren das Verhältnis von Form und Materie charakterisierten, er mißachtet aber die wichtige Konsequenz, die sich aus dieser Gegenüberstellung ergibt. Wenn die Materie bloße Potenz ist, also bloß etwas der Möglichkeit nach Existierendes, muß sie durch etwas aktualisiert werden. Sie kann gar kein kompletter Gegenstand sein, dem noch etwas hinzugefügt wird. Dies mag anhand eines Beispiels deutlich werden: Wenn jemand sagt, ein Haufen Ziegelsteine sei der Möglichkeit nach ein Haus, sagt er damit nur, man könne aus diesem Material ein Haus bauen. Er sagt aber nicht, dies sei bereits ein aktuelles Haus, dem noch etwas Immaterielles hinzugefügt werden kann. Ein aktuelles Haus existiert erst dann, wenn die Ziegelsteine mit Hilfe eines Bauplans zu einem Haus verarbeitet werden. Genau dies übersieht Descartes, wenn er Form und Materie als zwei miteinander verbundene Substanzen auffaßt.

Betrachtet man die substantielle Form als ein an sich existierendes Ding, ist es nicht erstaunlich, daß sie obskur und überflüssig erscheint. Denn um was für ein Ding sollte es sich dabei handeln – um etwas Unsichtbares und trotzdem real Existierendes? Und wozu ist ein solches Ding überhaupt erforderlich (abgesehen vom Spezialfall des mit einer Seele ausgestatteten Menschen), wenn Materie bereits eine Substanz ist, die existiert und bestimmte Eigenschaften aufweist? Diese Fragen stellen sich freilich nur, wenn man den klassischen Hylemorphismus in einem zentralen Punkt umdeutet, nämlich wenn man die Form nicht als Einheits- und Organisationsprinzip eines einfachen Gegenstandes auffaßt, sondern als selbständiges Ding. Durch diese Umdeutung hat Descartes, wie E. Gilson treffend bemerkte, das Monstrum selber geschaffen, das er bekämpfte (Gilson 1984, 163).

Die Umdeutung und die darauf aufbauende Kritik am Hylemorphismus werden teilweise verständlich, wenn man berücksichtigt, daß Descartes von einem grundsätzlich veränderten Materiebegriff ausgeht. Materie kann seiner Meinung nach nicht bloße Potenz sein, die durch ein besonderes Prinzip aktualisiert werden muß. Materie ist immer schon aktuell. Die Frage ist nur, in welcher Gestalt sie aktuell ist und welche konkreten Eigenschaften sie hat. Betrachtet man diesen neuen Materiebegriff, zeigt sich, daß sich Descartes' explizite Kritik zwar auf die substantiellen Formen richtet. Die fundamentalere implizite Kritik bezieht sich aber auf den aristotelisch-scholastischen Materiebegriff. Diese Strategie wird in einem Brief an Mersenne deutlich, in dem Descartes behauptet: „... in der Schulphilosophie erklärt man die Materie nicht korrekt, wenn man aus ihr reine Potenz macht und wenn man ihr substantielle Formen und reale Qualitäten hinzufügt, die nichts als Chimären sind." (AT III, 212) Der Hauptfehler der scholastischen Autoren besteht seiner Ansicht nach darin, daß sie Materie lediglich als etwas Potentielles auffassen. Im Rahmen dieser Auffassung stellt sich natürlich sogleich die Frage, wie denn der Übergang von etwas Potentiellem zu etwas Aktuellem möglich ist. Diese Frage soll durch die Annahme von substantiellen Formen beantwortet werden. Doch wenn man einmal eingesehen hat, daß die Frage auf einem falschen Materiebegriff beruht, so wendet Descartes ein, kann man die Frage und damit auch die metaphysisch verhängnisvolle Antwort zurückweisen. Es gibt gar nichts zu erklären, was der Materie hinzugefügt werden müßte.

Descartes' Kritik an den substantiellen Formen liegt noch eine weitere Motivation zugrunde. Er behauptet, die Beschäftigung mit der scholastischen Philosophie sei nutzlos, wie eine lange Erfahrung zeige, „denn niemand hat je nützlichen Gebrauch gemacht von erster Materie, substantiellen Formen, okkulten Qualitäten und ähnlichem" (AT VIII-2, 26). Hinter diesem Vorwurf verbirgt sich eine fundamentale Kritik am explanatorischen Wert des scholastischen Begriffssystems. Wenn wir erklären wollen, warum sich ein Gegenstand in bestimmten Situationen auf bestimmte Weise verhält, müssen wir dem aristotelisch-scholastischen Modell zufolge auf die Formen Bezug nehmen. Doch ein derartiges Vorgehen, so behauptet Descartes, wird zu keinen informativen Erklärungen führen. Wir wissen nämlich bereits aufgrund der Definition eines Gegenstandes, was für Eigenschaften und Fähigkeiten er hat. So wissen wir aufgrund der Definition des Pferdes, daß es ein Lebewesen ist, das wiehern kann. Wenn wir nun fragen, warum es in einer konkreten Situation wiehert, erklären wir gar nichts, wenn wir einfach antworten: weil es über eine substantielle Form verfügt, aufgrund deren es die Fähigkeit zu wiehern hat. Eine solche Antwort zitiert nur die Definition des Pferdes. Wenn wir eine informative Antwort geben wollen, müssen wir erläutern, über welche Anatomie und Physiologie ein Pferd verfügt. Wir müssen also die konkrete Beschaffenheit des lebendigen Gegenstandes beschreiben. Erst dann kommen wir über das Zitieren von Formeln und Definitionen hinaus. Genau dies vernachlässigen die scholastischen Autoren, und deshalb bewegen sie sich in einem explanatorischen Zirkel. Was sie durch die Angabe der jeweiligen Form angeblich erklären, wird in der Definition des Gegenstandes immer schon vorausgesetzt.

Descartes' Kritik richtet sich nicht nur auf die Theorie der substantiellen und akzidentellen Formen, sondern auch auf die damit zusammenhängende Theorie der sogenannten „realen Qualitäten". Die scholastischen Autoren behaupteten nämlich, ein Gegenstand habe aufgrund seiner spezifischen Formen bestimmte Eigenschaften. So hat etwa ein Stein aufgrund seiner Formen Eigenschaften wie Schwere, Farbe und Gestalt. Dabei handelt es sich nicht um irgendwelche Eigenschaften, sondern um *reale* Qualitäten, weil sie von der Stein-Substanz real (nicht etwa nur begrifflich) verschieden sind. Sie sind eigenständige Entitäten, die der Stein-Substanz hinzugefügt werden (vgl. Belege in Menn 1995, Perler 1998).

Descartes hält diese Auffassung für abwegig, denn Eigenschaften können seiner Meinung nach nur Modi einer Substanz sein, d.h. Arten des Beschaffenseins einer Substanz (AT III, 648f.). Diese Modi sind nicht selbständige Entitäten, die der Substanz hinzugefügt werden. So ist etwa die Größe eines Steins nicht etwas, was der Stein-Substanz hinzugefügt wird und durch göttliche Allmacht von ihr getrennt werden könnte. Die Aussage ,Der Stein ist groß' darf also nicht als eine Aussage über zwei miteinander verbundene Entitäten verstanden werden; denn der Prädikatsausdruck referiert nicht auf eine distinkte Entität. Die Aussage ist vielmehr im Sinne von ,Die Stein-Substanz (ein Stück Materie) ist von einer bestimmten Quantität' zu verstehen; die Quantität ist immer schon durch die Ausdehnung der Stein-Substanz gegeben.

Descartes weist auch darauf hin, daß die Annahme realer Qualitäten empirisch unhaltbar ist. Wenn ein Gegenstand sich verändert, verliert und gewinnt er nicht irgendwelche distinkten Entitäten. Vielmehr verändern sich die materiellen Bestandteile des Gegenstandes, also das, was seine Substanz ausmacht. Descartes erläutert dies in *Le Monde* anhand eines Beispiels:

„Wenn es [sc. das Feuer] Holz oder anderes ähnliches Material verbrennt, können wir mit dem Auge sehen, daß es die kleinen Holzteile entfernt und sie nach und nach abtrennt. So verwandelt es die kleinsten Teile in Feuer, Luft und Rauch, und es läßt die gröberen Teile als Asche zurück. Ein anderer möge sich, wenn er will, bei diesem Holz die Form des Feuers, die Qualität der Wärme und die Handlung des Verbrennens als unterschiedliche Dinge vorstellen. Ich hingegen befürchte mich zu täuschen, wenn ich hier etwas über das hinaus annehme, was notwendig ist. Daher begnüge ich mich hier damit, die Bewegung der Teile zu begreifen." (AT XI, 7)

Die Erklärung der scholastischen Autoren ist Descartes zufolge abwegig, weil sie der Erfahrung widerspricht und weil sie das vernachlässigt, was es eigentlich zu erklären gibt. Denn wenn ein Holzstück verbrennt, wird nicht die reale Qualität der Kälte durch die reale Qualität der Wärme ausgetauscht. Wer so etwas behauptet, berücksichtigt nicht, daß sich die Holz-Substanz selbst verändert. Stattdessen nimmt er einfach Entitäten an, die der Erfahrung nicht zugänglich sind. Eine adäquate Erklärung der Veränderung muß sich auf die Holz-Substanz selbst konzentrieren. Es gilt zu erklären, aus was für materiellen Teilen diese Substanz besteht und warum aus einer bestimmten Bewegung dieser Teile Phänomene wie Wärme oder Rauch resultieren. Es ist also eine Erklärung erforderlich, die sich streng auf den Bereich des Materiellen beschränkt und kausale Zusammenhänge analysiert. Nur wenn wir dieser Forderung nachkommen, geben wir eine informative, auf empirische Beobachtung gestützte Erklärung für den Vorgang des Verbrennens.

Descartes begnügt sich nicht mit einer Kritik an der aristotelischen Grundlage der Physik. Er unterwirft auch die atomistische Grundlage einer umfassenden Kritik. Seit der Wiederentdeckung wichtiger antiker Quellen im 15. Jahrhundert (besonders einflußreich waren Lukrez' *De rerum natura* und Diogenes Laertius' doxographisches Werk *De vitis philosophorum*, in dem die atomistischen Positionen von Epikur,

Leukipp und Demokrit dargestellt werden) hatte sich der Atomismus rege verbreitet (zum Atomismus im Mittelalter vgl. Pabst 1994, in der frühen Neuzeit Meinel 1988). Im 17. Jahrhundert entwickelte er sich zu einer eigenständigen naturphilosophischen Schule. Descartes kannte ihn wohl durch seinen Mentor Isaac Beeckman, der selber ein überzeugter Atomist war, sowie durch die Schriften von Pierre Gassendi.

Im Zentrum des Atomismus steht die These, daß die materiellen Gegenstände und ihre Eigenschaften mit Bezug auf kleinere materielle Entitäten zu erklären sind, die selber keine Eigenschaften wie Farbe, Wärme, Geruch usw. haben. Diese eigenschaftslosen Entitäten sind unteilbar (daher Atome: das griechische Wort für ‚unteilbar‘ ist ‚*atomos*‘) und unveränderlich. Sie stellen die Grundbausteine dar, aus denen alle Gegenstände zusammengesetzt sind. Veränderungen in der materiellen Welt sind nicht einfach als Eigenschaftsveränderungen von materiellen Gegenständen zu erklären, sondern als Veränderungen der Zusammensetzung ihrer Bausteine: als neue Atomkonstellationen. Wie die antiken Atomisten behaupteten auch die modernen Erneuerer, daß diese Atomkonstellationen in einem leeren Raum, einem sogenannten Vakuum, existieren. Nur ein solches Vakuum ermöglicht es, daß zahlreiche Atomkonstellationen nebeneinander bestehen können und daß ein Atom von einer Konstellation zu einer anderen übergehen kann. Descartes behauptet, außer ihm stelle sich offensichtlich jeder ein solches Vakuum vor (AT I, 228). Dies ist eine Übertreibung, denn orthodoxe Aristoteliker widersetzten sich der Annahme eines Vakuums und grenzten sich gerade in diesem Punkt entschieden von den Atomisten ab. Aber die Vorstellung, daß sich materielle Gegenstände in einem Vakuum befinden und daß es freie, von keinem Gegenstand besetzte Stellen im Vakuum geben kann, war im 16. und frühen 17. Jahrhundert in der Tat weit verbreitet (vgl. ausführlich Grant 1981).

Descartes kritisiert am Atomismus vor allem zwei Punkte: die These, es gebe unteilbare Entitäten, und die Annahme eines Vakuums. Gegen die Unteilbarkeitsthese führt er in den *Principia* folgendes Argument an:

„Wir erkennen auch, daß es keine Atome bzw. von Natur aus unteilbare Materieteile geben kann. Wenn es sie nämlich gäbe, müßten sie notwendigerweise ausgedehnt sein, wie klein auch immer man sie sich vorstellt. Aber dann können wir jedes einzelne von ihnen gedanklich in zwei oder mehr kleinere aufteilen, und so können wir erkennen, daß sie teilbar sind. Wir können nämlich nichts gedanklich aufteilen, ohne daß wir dadurch erkennen, daß es teilbar ist." (AT VIII-1, 51)

Selbst Gott, so fährt Descartes fort, kann streng gesprochen keine Atome erschaffen. Denn Gott kann sich immer vorstellen, daß diese angeblich unteilbaren Teile in noch kleinere Teile zergliedert werden können. Und da Gott die Macht hat, alles zu tun, was er sich vorstellen kann, vermag er die angeblichen Atome auch zu teilen.

Descartes' Argument scheint auf den ersten Blick allerdings ziemlich schwach zu sein, selbst wenn man sich nur auf den menschlichen Bereich beschränkt und die Berufung auf die göttliche Allmacht zunächst ausblendet. Er scheint nämlich auf unzulässige Weise von einer epistemologischen zu einer metaphysischen These überzugehen. Ausgehend von ,Wir können uns vorstellen, daß x teilbar ist' behauptet er ,x ist teilbar'. Aber dies ist keineswegs überzeugend. Es gibt vieles, was wir uns vorstellen können und was deswegen noch lange nicht unabhängig von unserer Vorstellung der Fall ist. So können wir uns Engel und Chimären vorstellen, und wir können sie uns sogar als teilbare Dinge vorstellen. Aber daraus folgt noch lange nicht, daß es solche Dinge auch tatsächlich gibt und daß sie tatsächlich teilbar sind.

Descartes' Argument läßt sich besser verstehen, wenn man berücksichtigt, daß er nicht von irgendwelchen Dingen spricht, die man sich vorstellt, sondern von *ausgedehnten* Dingen. Alles, was ausgedehnt ist, ist nicht nur in unserer Vorstellung, sondern auch in der Wirklichkeit teilbar, denn Ausdehnung impliziert Teilbarkeit. Der Grund für die Teilbarkeit liegt also nicht in unserer Vorstellung (wie dies bei Engeln und Chimären der Fall ist), sondern in der Natur der ausgedehnten Dinge; was ausgedehnt ist, *muß* teilbar sein. Dies wird in den Erwiderungen auf die Zweiten Einwände besonders deutlich, wo Descartes feststellt:

„Weil [...] in der Natur eines Körpers bzw. eines ausgedehnten Gegenstandes Teilbarkeit enthalten ist (wir können uns nämlich keinen noch so kleinen ausgedehnten Gegenstand vorstellen, ohne daß wir ihn mindestens in Gedanken teilen können), ist es wahr zu sagen, daß [...] jeder Körper teilbar ist." (AT VII, 163)

Entscheidend ist hier, daß in der Natur des ausgedehnten Gegenstandes selbst – nicht nur in unserer Vorstellung davon – Teilbarkeit enthalten ist. Unsere Vorstellung ist lediglich eine Art Test dafür, ob wir die Natur auch richtig verstanden haben. Konkret heißt dies: Wenn wir testen wollen, ob wir die Natur richtig verstanden haben, müssen wir uns fragen: Ist es vorstellbar, daß es einen Körper gibt, der nicht teilbar ist? Wenn wir diese Frage verneinen, haben wir nicht einfach unsere Vorstellung von einem Körper auf den Körper selbst projiziert, sondern wir haben unser Verständnis von der Natur eines ausgedehnten Gegenstandes geprüft.

So betrachtet geht Descartes nicht auf unzulässige Weise von einer epistemologischen zu einer metaphysischen These über. Die Berufung auf eine epistemologische These (‚Wir können uns vorstellen, daß x teilbar ist') dient nur dazu, das korrekte Verständnis einer metaphysischen These (‚x ist teilbar, weil x ein ausgedehnter Gegenstand ist') zu prüfen. Dieses Vorgehen zeigt aber auch, daß Descartes die atomistische Position nicht mit einem Argument widerlegt, sondern ihr eine andere metaphysische These gegenüberstellt. Während die Atomisten behaupten, daß es ausgedehnte Entitäten gibt, die nicht teilbar sind, vertritt Descartes die Gegenthese, daß Ausdehnung bereits Teilbarkeit einschließt. Es liegt also ein fundamentaler Dissens über den Begriff der Ausdehnung vor.

Ebenso wie die Unteilbarkeitsthese verwirft Descartes auch die Annahme eines Vakuums, in dem alle Atome existieren. Bereits in einem Brief aus dem Jahr 1631 betont er Mersenne gegenüber: „… ich glaube, man kann kein Vakuum ohne Irrtum annehmen." (AT I, 228) In einem späteren Brief behauptet er sogar, „daß es nicht weniger unmöglich ist, daß es einen leeren Raum gibt, als daß es einen Berg ohne Tal gibt" (AT II, 440). Gegen die Annahme eines Vakuums führt er vor allem zwei Argumente an.

Das erste Argument, das sich in *Le Monde* findet (AT XI, 17), könnte man „das Materialitätsargument" nennen. Descartes stellt fest, daß *alle* Körper um uns herum materiell sind, ganz gleichgültig wie sie beschaffen sind. Selbst die Luft, die uns in der alltäglichen Erfahrung nicht als Körper erscheint, erweist sich bei näherer Betrachtung als etwas, was aus kleinen, unsichtbaren materiellen Partikeln besteht. Kurz gesagt: Die ganze Welt ist voller Materie, mag sie nun sichtbar sein oder nicht. Es ist daher unzulässig zu behaupten, daß es einen Raum ohne Materie gibt – ein Vakuum, in dem sich keine materiellen Partikel befinden. Die Atomisten gehen auf unzulässige Weise davon aus, daß nur die harten oder sichtbaren Dinge materielle Gegenstände sind und daß es zwischen diesen Gegenständen gleichsam Leerstellen im Raum gibt. Diese Annahme ist falsch, weil auch das, was uns als Leerstelle erscheint, in Tat und Wahrheit mit Materie gefüllt ist.

Das zweite Argument ist ein konzeptuelles Argument, das sich in den *Principia* (AT VIII-1, 49) und in einem Brief an den Marquis von Newcastle findet. Descartes behauptet:

> „… ich glaube, die Existenz eines Vakuums hat einen Widerspruch zur Folge. Wir haben nämlich dieselbe Idee von der Materie und vom Raum. Und weil diese Idee uns eine reale Sache repräsentiert, würden wir uns selbst widersprechen und das Gegenteil von dem behaupten, was wir denken, wenn wir sagten, daß dieser Raum leer ist, d.h. daß das, was wir als eine reale Sache begreifen, nichts Reales ist." (AT IV, 329)

Es handelt sich hier um ein konzeptuelles Argument, weil Descartes von der Idee bzw. vom Begriff des Raumes ausgeht. Seine zentrale These lautet, daß der Begriff des Raumes immer mit dem Begriff der Materie einhergeht. Dies heißt natürlich nicht, daß die Ausdrücke ‚Raum' und ‚Materie' synonym sind. Dies bedeutet nur, daß sie sich auf dasselbe beziehen; sie haben die gleiche Extension. Wenn wir von etwas sagen, es sei materiell, sagen wir immer auch, daß es ein Raum ist oder im Raum ist. Und wenn wir von etwas sagen, daß es ein Raum ist, sagen wir immer auch, daß es materiell ist. Es wäre widersprüchlich, von einem materiefreien Raum zu sprechen, genauso wie es widersprüchlich wäre, von einer zeitlosen Stunde zu sprechen.

Aber warum, so kann man nun fragen, behauptet Descartes, daß ‚Raum' und ‚Materie' die gleiche Extension haben? Warum können wir nicht von einem materiefreien Raum sprechen? Hinter Descartes' Argument verbirgt sich – ähnlich wie in seiner Kritik an der Unteilbarkeitsthese – eine fundamentale Annahme über die Materie. Für Descartes ist alles, was ausgedehnt ist, notwendigerweise materiell. Ausdehnung ist nämlich das wesentliche Attribut von allem Materiellen. Wenn wir nun von einem Raum sprechen, sprechen wir von etwas Ausgedehntem; denn ein Raum zeichnet sich gerade dadurch aus, daß er nicht auf einen Punkt beschränkt ist. Und wenn wir von etwas Ausgedehntem sprechen, sprechen wir immer auch von etwas Materiellem. Ausdehnung gibt es ja nicht „an sich", sondern nur als wesentliches Attribut der Materie. An diesem Punkt zeigt sich wiederum, daß Descartes die Position der Atomisten nicht so sehr widerlegt. Er weist sie vielmehr mit Hilfe einer metaphysischen Grundthese zurück: Was ein Raum ist, *muß* materiell sein, denn nur Materielles kann ausgedehnt sein.

2. Körper und Bewegung

Wie Descartes' Kritik am Aristotelismus und Atomismus gezeigt hat, faßt er Materie als etwas Ausgedehntes auf, das unendlich teilbar ist. Und ein Körper ist für ihn nichts anderes als ein Stück Materie, das an sich (d.h. ohne Hinzufügung einer Form) bereits ein vollständiger Gegenstand ist. Jeder Körper ist als ein Stück Materie ausgedehnt, aber jeder Körper hat seine spezifische Ausdehnung, die durch seine Länge, Breite und Tiefe – also durch geometrische Eigenschaften – bestimmt wird. Descartes behauptet, die Ausdehnung sei das wesentliche Attribut eines Körpers, Länge, Breite und Tiefe hingegen seien die Eigenschaften bzw. Modi eines Körpers (AT VIII-1, 25, 41). Die Unterscheidung zwischen Attribut und Modi ist nicht bloß eine terminologische Spitzfindigkeit. Sie verdeutlicht vielmehr einen Punkt, der in der metaphysischen Fundierung der Physik eine zentrale Rolle spielt.

Das Attribut der Ausdehnung ist etwas, was ein Körper *notwendigerweise* hat. Ohne dieses Attribut kann ein Körper gar nicht existieren, und er kann ohne dieses Attribut auch nicht adäquat erfaßt werden. Daher insistiert Descartes im berühmten Wachsbeispiel in der Zweiten Meditation darauf, daß wir die Ausdehnung erfassen müssen, wenn wir die Natur eines Körpers erfassen wollen (AT VII, 30f.). Es genügt nicht, eine Liste von beliebigen kontingenten Eigenschaften zu erstellen, die wir bei einem Körper beobachten können. Ebensowenig genügt es, eine Liste von kontingenten Eigenschaften zu erstellen, die wir uns vorstellen können. Wir müssen vielmehr das erfassen, was notwendigerweise zu einem Körper gehört. Dies gelingt uns nur, wenn wir den Begriff ‚Körper' erfassen. Denn dann erkennen wir, daß dieser Begriff den Begriff ‚Ausdehnung' impliziert und daß somit alles, worauf der Begriff ‚Körper' angewendet wird, etwas ist, worauf auch der Begriff ‚Ausdehnung' angewendet werden *muß*. Der entscheidende Punkt bei diesem Vorgehen besteht darin, daß Descartes nicht bei einer empirischen Beobachtung von Eigenschaften ansetzt und dann zum Schluß kommt, daß es eine Eigenschaft gibt, die bei einem oder bei mehreren beobachteten Gegenständen vorkommt. Daher spricht er in seiner Diskussion des Wachsbeispiels auch nicht vom existierenden Wachsstück, sondern vom Begriff („ratio") eines Wachsstücks oder allgemein eines Körpers (AT VII, 175 und 440). Durch ein solches Vorgehen versucht er zu zeigen, warum jeder Körper notwendigerweise und nicht bloß kontingenterweise ausgedehnt ist. Denn wenn wir bei einer Beobachtung von existierenden Körpern ansetzen würden, könnten wir uns immer fragen: Ist es möglich, daß nur gerade die von uns beobachteten Körper ausgedehnt sind? Könnte es nicht sein, daß es irgendwelche Körper gibt, die nicht ausgedehnt sind? Kurz gesagt: Haben wir bloß ein kontingentes Faktum beobachtet? Diese Frage wird von vornherein ausgeschlossen, wenn bereits die Begriffsanalyse zeigt, daß alles, worauf der Begriff ‚Körper' angewendet wird, etwas ist, worauf auch der Begriff ‚Ausdehnung' angewendet werden muß.

Im Gegensatz dazu ist ein Modus etwas, was ein Körper nur *kontingenterweise* hat. So kann ein Wachsstück eine Länge von zehn Zentimetern oder eine beliebige andere Länge haben, und seine Länge kann sich im Lauf der Zeit verändern. Ebenso können sich auch Breite und Tiefe (und gegebenenfalls Bewegung), die anderen Modi des Wachsstücks, im Lauf der Zeit verändern. Entscheidend ist nicht, welche Modi ein Körper zu einem bestimmten Zeitpunkt hat. Wichtig ist nur die Tatsache, daß er irgendwelche Modi hat. Denn durch die Modi wird die konkrete Ausdehnung eines Körpers festgelegt. Descartes sagt, man könne die Ausdehnung auch ohne Modi erfassen (AT VIII-1, 25). Damit behauptet er freilich nicht, daß man etwas Ausgedehntes erfassen kann, das überhaupt keine Länge, Breite und Tiefe hat. Er stellt damit nur fest, daß man nicht eine *konkrete* Ausdehnung erfassen muß, um zu verstehen, was Ausdehnung ist.

Nun stellt sich freilich die Frage, wie sich ein Modus zu einem Körper verhält. Ist ein Modus, da er nur kontingenterweise an einem Körper ist, etwas vom Körper real Verschiedenes, das dem Körper nach Belieben hinzugefügt oder von ihm entfernt werden kann? Muß man sich einen Modus wie einen Legobaustein vorstellen, der auf einem Körper gleichsam aufgesteckt wird? Descartes widersetzt sich entschieden einer solchen Auffassung. Ein Modus ist nichts anderes als das Wiesein (in traditioneller Terminologie: der „modus essendi") eines Körpers, d.h. die Art und Weise, wie ein Körper beschaffen ist. Er ist aber keine besondere Entität, die dem Körper hinzugefügt wird. Descartes betont daher, daß zwischen einem Körper und einem Modus keine reale Distinktion besteht, sondern nur eine modale Distinktion (AT VIII-1, 29f.). Das heißt: Ein Modus unterscheidet sich nicht von einem Körper, wie sich etwa ein Wachsstück von einem anderen Wachsstück unterscheidet. Denn die beiden Wachsstücke sind real voneinander verschieden. Jedes kann ohne das andere existieren und auch ohne das andere erfaßt werden. Ein Modus hingegen kann nur an einem Körper existieren, und er kann auch nur zusammen mit einem Körper erfaßt werden. Ein Modus ist ja, wie der Ausdruck bereits sagt, nichts anderes als die Art und Weise, wie ein Körper beschaffen ist.

Aus Descartes' Grundthesen, (1) daß nichts anderes als die Ausdehnung das wesentliche Attribut eines Körpers ist und (2) daß die konkrete Ausdehnung durch die Modi bestimmt wird, ergibt sich eine wichtige Konsequenz: Eigenschaften wie Farbe, Wärme, Härte oder Geruch können keine Modi eines Körpers sein, denn sie bestimmen nicht die konkrete Ausdehnung eines Körpers. In den *Principia* hält Descartes fest:

„Wenn wir so vorgehen [d. h. wenn wir uns von den Vorurteilen der Sinne befreien], werden wir feststellen, daß die Natur der Materie bzw. eines Körpers allgemein betrachtet nicht darin besteht, daß er etwas Hartes oder Schweres oder Farbiges oder sonst etwas ist, was auf irgendeine Weise auf die Sinne einwirkt. Die Natur eines Körpers besteht nur darin, daß er ein in Länge, Breite und Tiefe ausgedehntes Ding ist." (AT VIII-1, 42)

Wer Sinneseigenschaften wie Farbe, Wärme oder Härte als Eigenschaften des Körpers auffaßt, begeht einen grundlegenden Fehler: Er verwechselt Ursache und Wirkung. Denn Sinneseigenschaften sind nur die Wirkung, die ein Körper in einer wahrnehmenden Person erzeugt. Sie sind aber nicht verursachende Eigenschaften im Körper selbst. Wenn ich etwa einen Apfel sehe, der mir rot erscheint, darf ich nicht einfach ‚Der Apfel ist rot' behaupten, zumindest nicht im Rahmen einer physikalischen Untersuchung. Denn der Apfel ist streng genommen nicht rot. Er hat aufgrund seiner besonderen Materiestruktur nur die Fähigkeit, in mir eine Rotempfindung zu verursachen. Deshalb *erscheint* mir der Apfel rot. Dies heißt aber noch lange nicht, daß er auch unabhängig von jeder Relation zu mir oder zu einer anderen wahrnehmenden Person die Eigenschaft Rot hat. Wer dem Apfel eine solche Eigenschaft zuschreibt, nimmt einfach ein eins-zu-eins Verhältnis zwischen verursachter Sinneseigenschaft und verursachender Körpereigenschaft an. Genau diese Annahme weist Descartes zurück. Wenn das wesentliche Attribut (und zwar das einzige Attribut) eines Körpers die Ausdehnung ist, können Körpereigenschaften nur solche Eigenschaften sein, die die konkrete Ausdehnung bestimmen, also Länge, Breite und Tiefe. Aber wie sollte die Farbe Rot die Ausdehnung eines Apfels bestimmen? Die Farbe Rot kann nur aus einer Kausalrelation zwischen dem Apfel und einer wahrnehmenden Person resultieren. Sie kann nicht im Apfel selbst sein.

Natürlich ist sich Descartes bewußt, daß nicht jede beliebige Sinneseigenschaft aus einer Kausalrelation zwischen einem Körper und einer wahrnehmenden Person resultiert. Wenn ich unter normalen Lichtverhältnissen einen gesunden Apfel sehe, so erscheint er mir nicht lila. Dies liegt daran, daß der Apfel eine bestimmte Materiestruktur hat und Lichtstrahlen auf bestimmte Weise reflektiert. So betrachtet gibt es im Apfel selbst etwas, was für die Sinneseigenschaft verantwortlich ist. Aber dies ist keine reale Qualität, wie die scholastischen Autoren annahmen, sondern nichts anderes als eine Disposition (AT VIII-1, 323). Wenn man einen Körper beschreiben will, muß man somit zwischen zwei Arten von Eigenschaften unterscheiden: Es gibt erstens die basalen Eigenschaften, die ein Körper aufgrund seines wesentlichen Attributes, der Ausdehnung, hat. Sie sind nichts anders als die Modi eines Körpers und können unabhängig von jeder Wahrnehmungsrelation bestimmt werden. Zweitens gibt es die dispositionalen Eigenschaften, die ein Körper aufgrund seiner besonderen Materiestruktur hat. Dies sind die Fähigkeiten, Sinneseigenschaften (Farbe, Härte, Wärme usw.) in einer wahrnehmenden Person zu verursachen. Sie können nicht an sich bestimmt werden, sondern nur mit Bezug auf die jeweilige Wirkung, die sie erzeugen.

Die Unterscheidung zwischen diesen beiden Arten von Eigenschaften hat weitreichende Konsequenzen. Eine erste Konsequenz besteht in der Rückweisung der traditionellen qualitativen Physik. Descartes bestreitet, daß Sinneseigenschaften Gegenstand einer physikalischen Untersuchung sind. Da diese Eigenschaften gar nicht in einem Körper existieren, sondern nur in einer wahrnehmenden Person, können sie höchstens Gegenstand einer physiologischen und psychologischen Untersuchung sein. Diesen zentralen Punkt übersieht die scholastische Tradition. Sie nimmt fälschlicherweise an, daß den Sinneseigenschaften reale Qualitäten im Körper entsprechen, und sie weist der Physik eine Untersuchung dieser Qualitäten zu. Demgegenüber betont Descartes: Wenn die Physik sich auf eine Untersuchung jener Eigenschaften konzentriert, die ein Körper tatsächlich hat, kann sie nur noch eine quantitative Physik sein. Ihr Aufgabe kann nur darin bestehen, die quantitativ beschreibbare Ausdehnung eines Körpers zu untersuchen.

Eine zweite Konsequenz besteht in der Unterscheidung verschiedener Arten von Eigenschaften: Die dispositionalen Eigenschaften dürfen den basalen Eigenschaften nicht gleichgestellt werden. Descartes erläutert nicht im Detail, wie sich die beiden Klassen von Eigenschaften zueinander verhalten. Seine Bemerkung, „daß die Wärme oder andere Sinneseigenschaften, insofern sie in den Gegenständen sind, [...] aus der Ortsbewegung gewisser Körper entstehen" (AT VIII-1, 322), deutet aber darauf hin, daß er ein einseitiges Abhängigkeitsverhältnis zwischen den beiden Klassen von Eigenschaften annimmt: Wärme (und zwar nicht die Wärmeempfindung in einer Person, sondern die Disposition eines Körpers, eine derartige Empfindung zu erzeugen) entsteht aus bestimmten basalen Eigenschaften und ist daher von diesen abhängig. Wenn man die dispositionalen Eigenschaften erklären will, muß man zuallererst die basalen Eigenschaften beschreiben und erklären, wie aus ihnen höherstufige Eigenschaften resultieren können.

Descartes' Bemerkungen über basale und dispositionale Eigenschaften verdeutlichen nicht nur, daß man zwei Stufen von Eigenschaften unterscheiden muß. Sie zeigen auch, daß man auf der basalen Stufe nicht nur geometrische Eigenschaften (Länge, Breite, Tiefe), sondern auch kinematische Eigenschaften ansiedeln muß. Wie bereits erwähnt, sagt Descartes ja ausdrücklich, daß Wärme und andere Sinneseigenschaften „aus der Ortsbewegung gewisser Körper entstehen". Im zweiten Teil der *Principia* behauptet er sogar, „daß jede Veränderung der Materie bzw. die Verschiedenheit all ihrer Formen von der Bewegung abhängt" (AT VIII-1, 52f.). Diese Behauptung ist erstaunlich. Wie kann Materie bzw. ein materieller Körper Bewegung haben, wenn Ausdehnung das einzige wesentliche

Attribut eines Körpers ist? Ausdehnung impliziert ja nicht Bewegung. Und wie kann Bewegung die Veränderung von materiellen Körpern verursachen?

Descartes beantwortet diese Fragen durch eine ausführliche Analyse der Bewegung. Wenn man die Natur der Bewegung untersucht, so behauptet er, muß man zweierlei betrachten: einerseits die Ursache der bewegten Körper, andererseits aber auch das, was sich bei den bewegten Körpern selbst findet. Betrachtet man die Ursache, so ist sie nichts anderes als Gott. Denn Gott ist die erste und allgemeinste Ursache der Bewegung (AT VIII-1, 61). Er hat die Körper nicht nur als bewegte Gegenstände erschaffen, sondern er erhält sie auch als solche in Existenz. Daher ist Gott nicht nur eine einmalige Ursache, sondern eine dauernd wirksame Ursache der Bewegung.

Mit einer solchen Erklärung vermag Descartes natürlich die Frage zu beantworten, warum sich Gegenstände, die nichts anderes als Ausdehung als wesentliches Attribut haben, überhaupt bewegen können: Sie bewegen sich nicht aufgrund einer intrinsischen Kraft oder aufgrund eines inneren Vermögens. Ebensowenig bewegen sie sich aufgrund einer besonderen Antriebskraft (eines „impetus"), die ihnen von einem anderen Körper übertragen wird, wie die spätscholastischen Vertreter der Impetus-Theorie meinten (vgl. zur Entstehung dieser Theorie Wolff 1978; zu Descartes' Reaktion Garber 1992, 226 ff.). Körper bewegen sich einzig und allein aufgrund einer extrinsischen Ursache: Gott. Gäbe es Gott nicht, gäbe es auch keine Bewegung. Eine solche Erklärung vermag sicherlich die Annahme obskurer Vermögen und Antriebskräfte zu vermeiden, sie nähert sich aber auffällig stark einer occasionalistischen an (vgl. ausführlich Garber 1993b). Wenn gefragt wird, warum eine Billardkugel eine andere Billardkugel in Bewegung versetzen kann, darf man Descartes zufolge nicht antworten, daß eine Billardkugel von sich aus über die Kraft oder das Vermögen verfügt, eine andere Kugel in Bewegung zu versetzen. Ebensowenig darf man erwidern, die Kugel verfüge über einen besonderen „impetus", der auf die zweite Kugel übertragen wird. Die Antwort muß vielmehr lauten: Gott erhält die

Billardkugel mit einer bestimmten Bewegung in Existenz, und er bewirkt mittels bestimmter Naturgesetze, daß sich bei einer Berührung der beiden Kugeln die zweite ebenfalls in Bewegung setzt. Die Berührung der beiden Kugeln ist für Gott nur die Gelegenheit dafür, in der zweiten Kugel Bewegung hervorzubringen. In dieser Erklärung zeigt sich, daß die gesamte Physik auf einer theologischen Annahme beruht, die Descartes in einem Brief an die Prinzessin Elisabeth prägnant formuliert:

„Gott ist derart die allgemeine Ursache von allem, daß er in gleicher Weise auch die vollständige Ursache ist; und so kann nichts ohne seinen Willen geschehen." (AT IV, 314)

Hier handelt es sich um eine starke theologische Annahme, weil Descartes sich nicht mit der von den meisten mittelalterlichen und frühneuzeitlichen Autoren geteilten These begnügt, daß Gott als Schöpfer die allgemeine Ursache aller Dinge ist. Mit einer solchen moderaten These wäre die Annahme von eigenständigen natürlichen Ursachen verträglich. Descartes vertritt eine stärkere These: Da Gott die *vollständige* Ursache ist, erhält er die Körper zu jedem Zeitpunkt in Existenz und versetzt sie zu jedem Zeitpunkt in Bewegung oder erhält sie in einem Ruhezustand. Daher ist Gott derart die Ursache von allem, daß „er immer in die Wirkung einfließen muß und sie aufrecht erhält" (AT VII, 369). Die Körper haben an sich überhaupt keine kausalen Fähigkeiten; sie können eine Wirkung weder hervorbringen noch aufrecht erhalten.

Eine solche Erklärung der Bewegungsursache stellt natürlich eine massive Theologisierung der Physik dar, und es ist nicht erstaunlich, daß sie bereits im 17. Jahrhundert kritisiert wurde. So stellte Leibniz fest, daß es nicht ausreicht, Körper nur als ausgedehnte Gegenstände zu bestimmen. Man muß sie immer auch als Gegenstände mit eigenen Vermögen und Kräften bestimmen. Nur so läßt sich eine occasionalistische Position vermeiden, die den Körpern jede kausale Wirksamkeit abspricht und sie zu bloßen „Gelegenheitsursachen" für das göttliche Handeln degradiert (Belege in Belaval 1960; Garber 1995, 284 ff.).

Wie bereits erwähnt, hält Descartes fest, daß man nicht nur die Bewegungsursache betrachten muß, sondern auch das, was sich bei den bewegten Körpern selbst findet. Dies ist seiner Meinung nach nichts anderes als „die Verschiebung eines einzigen Materieteils bzw. eines einzigen Körpers aus der Nähe jener Körper, die unmittelbar anstoßen und als ruhende Körper betrachtet werden, in die Nähe anderer Körper" (AT VIII-1, 53). Die Feststellung, daß es sich um die Verschiebung eines einzigen Körpers („unius corporis") handelt, ist hier entscheidend, denn sie verdeutlicht, wie wichtig die Bewegung für das Problem der Individuierung von Gegenständen ist. Das Problem stellt sich folgendermaßen: Wie bereits erwähnt (vgl. Kap. III.1), bestreitet Descartes die Existenz eines Vakuums; zwischen den einzelnen Materiepartikeln gibt es keinen leeren Raum. Dies heißt aber, daß Gegenstände nicht dadurch voneinander abgegrenzt und individuiert werden, daß zwischen ihnen Leerstellen im Raum bestehen. Ebensowenig werden sie – wie einige Aristoteliker behaupteten – durch individuelle Formen individuiert; denn es gibt gemäß der Cartesischen Konzeption keine Formen zusätzlich zur Materie. Wie werden sie aber dann individuiert? Diese Frage versucht Descartes mit seiner Theorie der Bewegung zu beantworten: Materielle Gegenstände werden durch die Bewegung individuiert. Indem eine Menge von Materiepartikeln als eine einheitliche Menge von der Nähe eines Körpers in die Nähe eines anderen Körpers verschoben wird (oder zumindest verschoben werden kann), wird diese Menge von einer anderen Menge abgegrenzt und als ein Gegenstand individuiert. (Dies gilt wohlgemerkt nur für materielle Gegenstände. Immaterielle Gegenstände, insbesondere menschliche Seelen, sind unabhängig von jeder Bewegung einheitliche, individuelle Gegenstände und bedürfen keiner Individuierung.) Konkret heißt dies: Wenn in einem Zimmer ein Tisch und ein Stuhl stehen, kann man fragen, wieso der Tisch ein individueller Gegenstand und der Stuhl ein anderer individueller Gegenstand ist. Warum gibt es angesichts des fehlenden Vakuums und der fehlenden individuierenden Formen nicht einfach einen einzigen Gegenstand – gleichsam einen großen Materieklumpen? Descartes' Antwort würde lauten: Der Tisch ist ein individueller, vom Stuhl distinkter Gegenstand, weil die Menge der Materiepartikel, die den Tisch bilden, immer *zusammen* aus der Nähe der angrenzenden Körper (d.h. anderer Mengen von Materiepartikeln) verschoben wird oder zumindest verschoben werden kann.

In Descartes' Umschreibung der Bewegung ist noch ein weiterer Punkt von Bedeutung. Er betont, unter einer Bewegung dürfe nicht – wie allgemein üblich – eine Handlung verstanden werden, aufgrund deren ein Körper von einem Ort zu einem anderen wandert. Ebensowenig dürfe unter einer Bewegung in scholastischer Manier „die Aktualisierung eines potentiell Seienden, insofern es eine Potentialität hat" (AT XI, 39; AT II, 597) verstanden werden. Es ist unmittelbar einsichtig, weshalb Descartes die scholastische Umschreibung zurückweist. Diese geht nämlich davon aus, daß ein Körper als eine Zusammensetzung aus Materie und Form aufzufassen ist. Dabei ist die Materie etwas rein Potentielles, das durch die Form aktualisiert wird, und Bewegung ist nichts anderes als dieser Prozeß des Aktualisierens. Eine solche Erklärung ist für Descartes inakzeptabel, weil er den Hylemorphismus ablehnt und davon ausgeht, daß ein Körper nichts anderes als Materie ist. Bewegung ist seiner Meinung nach ausschließlich mit Bezug auf die Materie zu erklären. Jeder Rekurs auf eine Form – laut Descartes eine obskure Entität – muß vermieden werden.

Doch warum lehnt Descartes jene Erklärung ab, die Bewegung als die Handlung („actio") eines Körpers erklärt, der von einem Punkt zum anderen wandert? Ein Grund wird ersichtlich, wenn man seine Erklärung der Bewegungsursache in Betracht zieht. Bewegung kann keine Handlung von Körpern sein, weil Gott allein kausal wirksam ist und handelt. Bei Körpern ist gar keine Handlung im strengen Sinn möglich, sondern nur eine Verschiebung („translatio") von Materieteilen. Wer etwa die Bewegung einer Billardkugel umschreibt, indem er sagt: „Die Kugel wandert vom Punkt A zum Punkt B", schreibt ihr fälschlicherweise eine Handlung und damit eine eigene Handlungskraft zu. Die korrekte Umschreibung muß lauten: „Die Kugel wird vom Punkt A, wo sie in Kontakt zum ruhenden Körper x ist, zum Punkt B verschoben, wo sie in Kontakt zum ruhenden Körper y ist." Die Verschiebung findet zwar an der Kugel statt, und sie kann daher als ein Modus der Kugel aufgefaßt werden (AT VIII-1, 54). Aber dennoch ist sie nichts, was durch die Kugel selbst hervorgebracht wird. Die einzige Ursache für die Verschiebung ist Gott.

Ein weiterer Grund für die Umschreibung von Bewegung als eine Verschiebung von Materieteilen, ohne jede Bezugnahme auf das „Wandern" von einem Ort zum anderen, liegt darin, daß Descartes eine relativistische Bestimmung der Bewegung vermeiden möchte. Denn die Bezugnahme auf einen Ort und auf eine Ortsveränderung ist stets von einem Betrachter abhängig. Descartes veranschaulicht dies anhand eines Beispiels. Wenn jemand auf einem Schiff umhergeht und eine Taschenuhr mit sich trägt, mag er von seinem Betrachterstandpunkt aus der Ansicht sein, die Uhr mache genau die gleiche Bewegung wie er; denn wie er von einem Ort auf dem Schiffsdeck zu einem anderen geht, „wandert" auch die Uhr in seiner Tasche von einem Ort zum anderen. Von einem anderen Standpunkt aus betrachtet könnte man aber ebensogut sagen, daß die Uhr sich bewegt, weil die Rädchen und Zeiger „wandern", oder weil die Uhr sich auf einem fahrenden Schiff befindet, oder weil sie sich auf der Erde befindet, „wenn sich die ganze Erde denn bewegt" (AT VIII-1, 57). Je nach Betrachterstandpunkt würde man der Uhr ganz unterschiedliche Bewegungen zuschreiben, weil man die jeweilige Ortsveränderung unterschiedlich bestimmen würde. Demgegenüber behauptet Descartes, daß es streng genommen eine einzige Bewegung der Uhr gibt. Es gibt nämlich nur eine Verschiebung dieses Stücks Materie. Diese Verschiebung erfolgt unabhängig davon, von welchem Standpunkt aus die Uhr betrachtet wird, und unabhängig davon, wie die jeweilige Ortsveränderung bestimmt wird.

Wenn man in Betracht zieht, daß Descartes Bewegung nicht als eine Ortsveränderung auffaßt, sondern als eine Verschiebung aus der Nähe der unmittelbar anstoßenden Körper, wird auch verständlich, warum er im dritten Teil der *Principia* sagt, daß die Erde sich nicht bewegt (AT VIII-1, 90f.). Mit dieser Aussage macht er nicht einfach eine Konzession an die kirchlichen Zensurbehörden. Er versucht nicht, dem traditionellen Geozentrismus verbal zuzustimmen, um einer Verurteilung zu entgehen, wie Galileo sie 1633 erfahren hatte. Descartes sagt nämlich nicht, daß die Erde sich überhaupt nicht dreht, und er sagt auch nicht, daß die Sonne sich um die Erde dreht. Er geht vielmehr von der These aus, daß die Himmelsbahnen flüssig und mit Aether gefüllt sind. Sie drehen sich um die Sonne und führen dabei die Planeten – darunter auch die Erde – mit sich. Daher dreht sich die Erde absolut (d.h. vom Gottesstandpunkt aus) gesehen um die Sonne. Von unserem Standpunkt aus gesehen dreht sie sich aber nicht, und auch gemäß Descartes' eigener Umschreibung von Bewegung ist sie nicht in Bewegung, denn sie wird nicht aus der Nähe jener Körper verschoben, die

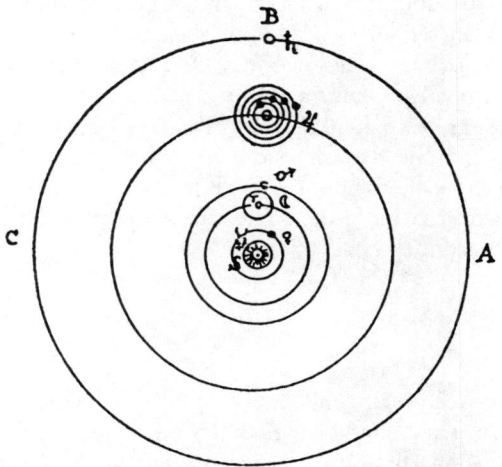

Abb. 4: Illustration der Planetentheorie aus den *Principia philosophiae* (AT VIII-1, 93). S – Sol (Sonne), T – Terra (Erde).

unmittelbar anstoßen. Es drehen sich ja nur die ganzen Himmelsbahnen, nicht aber die Planeten in diesen Bahnen. Die Erde ist, wie Descartes feststellt, einem Schiff vergleichbar, das auf offener See dahintreibt. Obwohl das Schiff nicht aus der Nähe des unmittelbar umgebenden Wassers verschoben wird (es treibt ja zusammen mit diesem Wasser), verändert es sein Lage. Genau so wird auch die Erde nicht aus der Nähe der unmittelbar umgebenden Planeten verschoben (sie treibt ja zusammen mit diesen Planeten in den Himmelsbahnen), und sie verändert dennoch ihre Lage:

„Daher folgt, daß bei der Erde wie auch bei den übrigen Planeten keine Bewegung im strengen Sinn gefunden wird; denn sie werden nicht aus der Nähe der Himmelsteile verschoben, die unmittelbar anstoßen, und zwar insofern diese Himmelsteile als unbewegt betrachtet werden." (AT VIII-1, 90)

Dieser Schluß ist ein geschickter Schachzug. Er erlaubt es Descartes einerseits, der offiziellen These zuzustimmen, daß die Erde sich nicht bewegt. Denn die Erde bewegt sich in der Tat nicht, wenn unter einer Bewegung nur die Verschiebung aus der Nähe der unmittelbar anstoßenden Himmelsteile, d.h. der übrigen Planeten in den Himmelsbahnen, verstanden wird. Andererseits zwingt dieser Schluß Descartes keineswegs dazu, dem traditionellen Geozentrismus zuzustimmen. Er kann nach wie vor daran festhalten, daß die Himmelsbahnen sich um die Sonne drehen und daß die in diesen Bahnen mitgeführte Erde sich somit um die Sonne dreht. Verkürzt und scheinbar paradox ausgedrückt heißt dies: Die Erde bewegt sich nicht und dreht sich dennoch um die Sonne.

3. Zeit

Die Cartesische Naturphilosophie beruht nicht nur auf metaphysischen Annahmen bezüglich der Struktur von materiellen Körpern, sondern in mindestens so hohem Maße auch auf theologischen Annahmen. Dies hat sich in Descartes' Erklärung der Bewegung deutlich gezeigt. Gott, so behauptet er, erhält alle Körper in der Welt zu jedem Zeitpunkt in Existenz, und Gott ist zu jedem Zeitpunkt die vollständige Ursache für die Bewegung oder den Ruhezustand von Körpern. Dies ist eine folgenreiche These. Denn wenn die Körper nur deshalb eine kontinuierliche Existenz haben, weil Gott dauernd aktiv ist, kann man sich fragen, mit welchem Recht noch von kontinuierlichen Zeitperioden oder allgemein von einem Zeitkontinuum gesprochen werden kann. Gibt es in der Natur ein Zeitkontinuum? Oder gibt es nur einzelne, voneinander unabhängige Zeitpunkte, die Gott gleichsam aneinanderreiht, indem er einen Zeitpunkt nach dem anderen erschafft und die Körper von einem Zeitpunkt zum nächsten in Existenz erhält? Descartes warnt davor, daß wir ein Zeitkontinuum annehmen, nur weil wir im Alltag den Eindruck von kontinuierlichen Abläufen haben. An einer berühmten Stelle in der Dritten Meditation betont er:

„Die ganze Lebenszeit kann nämlich in unzählige Teile zerlegt werden, und jeder dieser Teile ist ganz unabhängig von den übrigen. Daraus, daß ich kurz zuvor existiert habe, folgt nicht, daß ich jetzt existieren muß, außer wenn eine Ursache mich in diesem Moment gleichsam wiederum erschafft, d. h. mich in Existenz erhält." (AT VII, 48 f.)

Ähnlich hält er auch in den *Principia* fest, daß die einzelnen Teile der Zeit voneinander unabhängig sind. Uns scheint es nur deshalb ein Zeitkontinuum zu geben, weil Gott uns „gleichsam kontinuierlich reproduziert, d.h. in Existenz erhält" (AT VIII-1, 13). Mit dieser Behauptung wendet er sich gegen zwei traditionelle Auffassungen der Zeit. Einerseits weist er die Meinung zurück, es gebe ein Zeitkontinuum (und zwar ganz unabhängig davon, ob wir den Eindruck von einem Kontinuum haben oder nicht), weil Gott die Welt in Raum und Zeit erschaffen hat. Diese Auffassung ist für Descartes inakzeptabel, weil Gott die Welt ja nicht einmal durch einen einzigen Akt erschaffen hat, sondern sie durch eine „creatio continua" dauernd erschafft. (Der Verweis auf die „creatio continua" ist freilich nicht neu. Er findet sich bereits bei zahlreichen mittelalterlichen Autoren, z.B. bei Thomas von Aquin, *Summa contra Gentiles* III, 65.) Die Auffassung ist zudem inakzeptabel, weil

Zeit nicht eine besondere Kategorie ist, die Gott neben oder zusätzlich zu anderen Kategorien erschafft. Es wäre abwegig anzunehmen, daß Gott zuerst die Welt in Raum und Zeit erschaffen hat und dann die Körper gleichsam in dieser Welt plaziert. Es gibt Raum nur, insofern es ausgedehnte Körper gibt, und es gibt Zeit nur, insofern es zu einem bestimmten Zeitpunkt existierende Körper gibt.

Descartes wendet sich andererseits auch gegen die aristotelische Auffassung von Zeit, derzufolge Zeit das Maß für die Bewegung von Körpern ist (*Physik* IV, 11; 219b2ff.). Er argumentiert zwar nicht ausführlich gegen diese Auffassung, aber er kann sie aus mindestens zwei Gründen nicht teilen. Er geht nämlich erstens von einem veränderten Begriff der Bewegung aus. Für ihn ist Bewegung nicht ein zeitlich beschreibarer Prozeß der Veränderung, sondern nichts anderes als eine lokale Verschiebung von Materie, wie er gegenüber der aristotelisch-scholastischen Tradition betont (AT VIII-1, 33). Daher kann das Maß für eine Bewegung auch nur ein räumliches und kein zeitliches sein. Zweitens kann Descartes der aristotelischen Tradition nicht folgen, weil sie die Zeit in Abhängigkeit von einer messenden Seele bestimmt. Es gibt nämlich nur ein Maß, insofern eine Seele die Prozesse der Bewegung wahrnimmt und mißt (*Physik* IV, 14; 223a16ff.). Dies ist für Descartes inakzeptabel, weil er die Zeit in Abhängigkeit vom Schöpfergott und nicht von einer menschlichen Seele bestimmt. Natürlich räumt er ein, daß ein Mensch bestimmte Zeitabschnitte (z.B. die eigene Lebenszeit) wahrnehmen und messen kann. Aber diese subjektive Bestimmung der Zeit ist von untergeordneter Bedeutung, wenn gefragt wird, was Zeit objektiv betrachtet ist. Die von einem Menschen wahrgenommene und gemessene Zeit kann ja – wie die zitierte Stelle aus der Dritten Meditation zeigt – stets in kleinere Einheiten unterteilt werden. Die für Descartes zentrale Frage lautet: Wie ist es zu verstehen, daß Gott die ausgedehnten Körper als in der Zeit existierende Körper erschafft und dauernd in Existenz erhält? Was heißt es für einen Körper objektiv, d.h. vom Gottesstandpunkt aus betrachtet, daß er in der Zeit existiert?

Leider findet sich in Descartes' Texten keine explizite Antwort auf diese Fragen. Seine spärlichen Hinweise auf eine mögliche Antwort sind von den Kommentatoren unterschiedlich interpretiert worden. Grob zusammengefaßt lassen sich zwei Interpretationsrichtungen unterscheiden. (1) Die Vertreter der Diskontinuitätsthese (Gueroult 1968, Bd. I, 270 ff.) behaupten, daß Descartes die Zeit als eine bloße Aneinanderreihung von Zeitpunkten auffaßt. Vom Gottesstandpunkt aus betrachtet gibt es kein Zeitkontinuum, sondern nichts anderes als distinkte, voneinander unabhängige Zeitpunkte, die nur deshalb aufeinander folgen, weil Gott die Körper dauernd in Existenz erhält. Da wir Menschen die Körper nur als dauerhafte Körper wahrnehmen, scheint es von unserem Standpunkt aus betrachtet ein Kontinuum zu geben. Dies ist aber eine bloße Illusion. (2) Im Gegensatz dazu behaupten die Vertreter der Kontinuitätsthese (Beyssade 1979, 346 ff., Arthur 1988), daß Descartes die Zeit als eine kontinuierliche Folge von Zeitabschnitten – nicht bloß von einzelnen Zeitpunkten – auffaßt. Zwar können diese Zeitabschnitte in beliebig kleinere Abschnitte zerlegt werden. Aber dennoch ist ein Abschnitt immer etwas zeitlich Ausgedehntes, ähnlich wie ein unendlich teilbarer Körper immer etwas räumlich Ausgedehntes ist. Wenn Gott die Körper dauernd in Existenz erhält, so erhält er sie in einzelnen Abschnitten und nicht nur punktuell in Existenz. Daher erliegen wir Menschen keiner Illusion, wenn wir die Körper als kontinuierlich existierende Gegenstände wahrnehmen.

Die erste Interpretation ist zweifellos die radikalere. Sie führt unmittelbar zu einem idealistischen Standpunkt bezüglich der Zeit: Unabhängig von den wahrnehmenden und denkenden Menschen gibt es kein Zeitkontinuum. Es ist allerdings zweifelhaft, ob diese Interpretation sich auf eine ausreichende Textgrundlage stützen kann. In der oben zitierten Textstelle aus der Dritten Meditation (AT VII, 48 f.), die meistens als Beleg für diese Interpretation angeführt wird, spricht Descartes nämlich nur von Zeitteilen („partes"), die in beliebig kleinere Teile zergliedert werden können. Unter einem Zeitteil kann aber ebensogut ein Zeitabschnitt wie ein Zeitpunkt verstanden werden. So kann man beispielsweise ein Menschenleben in einzelne Teile (Kindheit, Jugendzeit, Erwachsenenzeit, Alter) zerlegen, von denen jeder zeitlich ausgedehnt ist. Und selbst wenn man jeden Teil in noch kleinere Teile zergliedert, wird man stets zu Zeitabschnitten mit Anfangs- und Endpunkt und nicht einfach zu aneinandergereihten Zeitpunkten gelangen. Wenn Descartes sagt, daß er jetzt nicht existieren muß, „außer wenn eine Ursache mich in diesem Moment gleichsam wiederum erschafft", so behauptet er damit nicht notwendigerweise, daß ein Moment ein distinkter Zeitpunkt ist. Unter einem Moment kann auch ein Zeitteil im Sinne eines kurzen Zeitabschnitts verstanden werden. Descartes verwendet den Ausdruck ‚Moment' an verschiedenen Stellen in diesem Sinn. So sagt er etwa, ein unerwarteter Stern erscheine „ganz kurze Zeit und gleichsam in einem Moment" (AT VIII-1, 159). Und er stellt fest, im Menschen gebe es keine Kraft, die ihn während eines Moments („per momentum temporis": AT VII, 111; auch VI, 36 und IX, 88) erhalten könne. Diese Stellen verdeutlichen, daß er einen Moment als etwas zeitlich Ausgedehntes und nicht als etwas zeitlich Punktuelles auffaßt. Seine Aussage, daß auf den vorhergehenden Moment nicht unbedingt ein weiterer folgt, ist dann so zu verstehen, daß auf einen kurzen Zeitabschnitt (sei dies nun eine Stunde, eine Minute oder ein noch kleinerer Abschnitt) nicht ein weiterer Zeitabschnitt folgen muß. Ein weiterer Abschnitt folgt nur dann, wenn eine Ursache – nämlich Gott – einen Zeitabschnitt mit dem nächsten verbindet. Dies bedeutet, daß es in der Natur durchaus ein Zeitkontinuum im Sinne von kleinen kontinuierlichen Zeitabschnitten gibt. Fraglich ist nur, wie die einzelnen Abschnitte miteinander verknüpft werden.

Weiter ist zu beachten, daß Descartes sorgfältig zwischen einem Moment („momentum") und einem Zeitpunkt („instans") unterscheidet. Dem Moment als kurzem Zeitabschnitt stellt er den „instans" als Zeitpunkt gegenüber (AT VIII-1, 115). Dabei ist unter einem Zeitpunkt aber nicht unbedingt ein isolierter Punkt zu verstehen, sondern der Anfangs- oder Endpunkt eines Zeitabschnitts. So stellt Descartes fest, daß ein Bewegungsablauf in einzelne Abläufe zergliedert werden kann und daß jeder einzelne dieser Abläufe einen „instans" als Anfangs- und Endpunkt hat (AT VIII-1, 64). Wenn er dann behauptet, daß Gott jeden Körper zu jedem Zeitpunkt in Existenz erhält, so heißt dies nicht unbedingt, daß er jeden Körper in isolierten, aneinandergereihten Zeitpunkten in Existenz erhält. Gott handelt vielmehr so, daß er die Körper in einzelnen Momenten („singulis momentis": AT VII, 109), d.h. in einzelnen kleinen Zeitabschnitten, in Existenz erhält. Da jeder Zeitabschnitt einen Anfangs- und Endpunkt hat, muß Gott, wenn er die einzelnen Momente miteinander verbindet, den Endpunkt eines Abschnitts mit dem Anfangspunkt des nächsten Abschnitts verknüpfen. Genau dies tut er, wenn er die Körper in Zeitpunkten in Existenz erhält. Entscheidend ist dabei, daß Gott nicht einfach isolierte Zeitpunkte in einer diskontinuierlichen Folge aneinanderreiht. Er verbindet durch die jeweilige Verknüpfung der Anfangs- und Endpunkte kleine kontinuierliche Zeitabschnitte.

Schließlich ist zu berücksichtigen, daß Descartes zufolge die zeitliche Ausdehnung eines Gegenstandes, mag sie noch so klein sein, nicht vom Gegenstand selbst getrennt werden kann. Bereits in den frühen *Regulae* zählt er die zeitliche Ausdehnung („duratio") zu jenen einfachen Naturen, die sowohl bei körperlichen als auch bei geistigen Gegenständen gefunden werden (AT X, 421). Das heißt: Wann immer wir einen Gegenstand erfassen, ist er uns als ein zeitlich ausgedehnter Gegenstand und nicht etwa nur als ein punktuell existierender Gegenstand präsent. Dies ist nicht etwa der Fall, weil wir einer Illusion zum Opfer fallen und zeitliche Ausdehnung auf den Gegenstand projizieren, obwohl sie in der Natur gar nicht vorhanden ist. Zeitliche Ausdehnung ist vielmehr etwas, was ein Gegenstand haben muß, um überhaupt ein Gegenstand zu sein und als solcher erfaßt zu werden. In den *Principia* behauptet Descartes sogar, zeitliche Ausdehnung sei ein Modus eines Gegenstandes, „unter dem wir den Gegenstand begreifen, insofern er dauerhaft existiert" (AT VIII-1, 26). Dabei versteht er unter einem Modus nicht etwas, was wir erfinden und auf den Gegenstand projizieren, sondern etwas, was der Gegenstand selbst hat. Natürlich hat jeder Gegenstand nur eine zeitliche Ausdehnung, weil Gott ihn dauerhaft in Existenz erhält. Aber trotzdem gilt, daß zeitliche Ausdehnung nicht bloß eine menschliche Illusion ist. Wann immer ein Gegenstand von Gott in Existenz erhalten wird, wird er in Zeitabschnitten, nicht in isolierten Zeitpunkten, in Existenz erhalten.

Diese Argumente verdeutlichen, daß Descartes kaum eine radikale Diskontinuitätsthese bezüglich der Zeit zugeschrieben werden darf. Er behauptet nicht, daß es in der von Gott geschaffenen Natur nur aneinandergereihte Zeitpunkte gibt. Seine These lautet vielmehr, (1) daß es in der Natur Zeitabschnitte gibt, die stets in kleinere Abschnitte zerlegt werden können, und (2) daß auf einen Abschnitt nur deshalb ein weiterer folgt, weil Gott dies so will. Der zweite Teil der These erscheint von einem modernen Standpunkt aus wohl bizarr und allzu theologisch geprägt. Er sollte bei einer Beurteilung der Cartesischen Naturphilosophie aber nicht außer acht gelassen werden. Descartes stellt seine Naturphilosophie nicht auf eine rein rationalistische, von theologischen Annahmen gesäuberte Grundlage, wie gelegentlich argumentiert wird, und er löst sich nicht vollständig von der mittelalterlichen Tradition, indem er materielle Körper nur noch als geometrisch beschreibbare Gegenstände auffaßt. Seine Erklärung der zeitlichen Ausdehnung von Körpern verdeutlicht, daß er auf theologische Thesen und Argumentationen zurückgreift, die eine lange Tradition haben (Gilson 1967, 340 ff.). Er verbindet diese Thesen und Argumente mit Thesen der neuen mechanistischen Physik und gelangt dadurch zu einer theologisch fundierten Physik. Ohne dieses theologische Fundament könnte es gar keine Cartesische Physik geben, wie D. Garber zu Recht bemerkt hat (Garber 1992, 293). Denn nur mit Hilfe theologischer Annahmen gelingt es Descartes zu zeigen, warum Körper, die ja nichts anderes als ausgedehnte Gegenstände ohne eigene Kräfte und Fähigkeiten sind, zu Bewegung und kontinuierlicher Existenz fähig sind. Sein Rekurs auf theologische Annahmen zeigt aber auch, daß er nicht nur eine „moderne" Physik geschaffen hat, sondern in ebenso starkem Maße auch auf die traditionelle Fundierung der „alten" Physik zurückgegriffen hat.

4. Naturgesetze

Bestünde die Welt nur aus Körpern mit Bewegung, so stellt Descartes in *Le Monde* fest, wäre die Welt ein großes Chaos. Die Körper würden sich ganz unkontrolliert in alle Richtungen bewegen und mehr oder weniger zufällig aufeinander prallen. Denn aus der bloßen Tatsache, daß es Bewegung gibt, folgt noch keineswegs, daß es auch *geordnete* Bewegung gibt und daß das Aufeinanderprallen der Körper nach bestimmten Regeln erfolgt. Genau um dies zu garantieren, sind Naturgesetze erforderlich. Denn die Naturgesetze „reichen aus, um zu bewirken, daß die Teile dieses Chaos sich von selbst entwirren und sich derart wohlgeordnet zusammenfügen, daß sie die Gestalt einer ganz vollkommenen Welt haben" (AT XI, 34 f.). Descartes stellt daher bereits in *Le Monde* drei Naturgesetze vor (AT XI, 38 ff.), die er in modifizierter Form auch in den späteren *Principia* diskutiert (AT VIII-1, 62 ff.). Alle drei Gesetze betreffen die Bewegung von Körpern und können folgendermaßen zusammengefaßt werden: (1) Ein Gegenstand (und zwar ein einfacher, ungeteilter Gegenstand) bleibt von sich aus immer im gleichen Zustand und verändert diesen nur aufgrund einer äußeren Ursache. Das heißt: Ein bewegter Körper bleibt in Bewegung, und ein ruhender Körper bleibt in einem Ruhezustand, außer wenn ein anderer Körper auf ihn einwirkt. (2) Jeder Materieteil hat die Tendenz, sich nur geradlinig und nicht in Kurven weiterzubewegen. (3) Wenn ein bewegter Körper auf einen anderen Körper aufprallt und weniger Kraft zur geradlinigen Weiterbewegung hat, als der andere Körper Widerstandskraft hat, dann wird er in eine andere Richtung abgelenkt. Wenn der bewegte Körper aber mehr Kraft zur geradlinigen Weiterbewegung hat, dann bewegt er den anderen Körper mit sich und gibt ihm gleich viel Bewegung, wie er selber verliert.

Descartes erörtert ausführlich die Konsequenzen, die diese Gesetze – vor allem das dritte – für die Beschreibung von Bewegungsabläufen haben, und er formuliert sieben Regeln der Statik und Mechanik, die sich aus den Gesetzen ableiten lassen. Diese Regeln, die eher von physikalischem als von philosophischem Interesse sind, sollen hier nicht diskutiert werden (vgl. eine Analyse in Garber 1992, Kap. 7–8; Gabbey 1980). Im Hinblick auf das gesamte naturphilosophische Projekt Descartes' sollen nur drei Fragen kurz untersucht werden. Wie gewinnt Descartes die drei Naturgesetze: durch Induktion oder durch Deduktion? Wie begründet er sie? Und welche Funktion schreibt er ihnen im Rahmen seiner Naturphilosophie zu?

Die erste Frage läßt sich eindeutig beantworten. Descartes gewinnt die Naturgesetze, indem er von einer theologischen These ausgeht: Gott ist einfach und unveränderlich, und er handelt daher immer auf einfache und unveränderliche Art und Weise (AT VIII-1, 63). Wenn Gott nun die Körper in Existenz erhält und ihnen Bewegung gibt, so erhält er die Körper immer mit der insgesamt gleichen Quantität an Bewegung in Existenz. Denn würde er sie einmal mit mehr Bewegung und ein andermal mit weniger Bewegung in Existenz erhalten, würde er seiner Unveränderlichkeit widersprechen. Gott versetzt auch nicht einen ruhenden Körper willkürlich in Bewegung oder einen bewegten in einen Ruhezustand, denn dies würde seiner Einfachheit widersprechen. Wenn Gott den Körpern Bewegung gibt, dann auf die einfachste Art und Weise. Er versetzt sie einmal in Bewegung und läßt sie weiterhin in Bewegung, es sei denn sie prallen auf andere Körper auf. Und er versetzt sie in eine einfache geradlinige Bewegung und nicht in eine weitaus kompliziertere Kurvenbewegung.

Descartes leitet die drei Naturgesetze offensichtlich aus einer theologischen Wahrheit ab, die als selbst-evident vorausgesetzt wird. Dies ist ein klares deduktives Vorgehen. Ob dieses Vorgehen überzeugend ist, selbst wenn der theologische Lehrsatz zugestanden wird, ist allerdings fraglich. Denn aus der

These, daß Gott immer insgesamt die gleiche Quantität an Bewegung in der Welt erhält, folgt nicht unmittelbar, wie Descartes im dritten Gesetz behauptet, daß beim Aufeinanderprallen von zwei Körpern der eine genau gleich viel Bewegung gewinnt, wie der andere verliert. Man könnte in Einklang mit der These von der Bewegungserhaltung auch behaupten, daß beide Körper Bewegung gewinnen, Gott aber bei einem dritten Körper die Bewegung reduziert und so *insgesamt* die Quantität an Bewegung gleich hält. Offensichtlich bedarf Descartes einer Zusatzprämisse, nämlich daß Gott genau bei den an einem Aufprall beteiligten Körpern (und nicht bei irgendwelchen Körpern) die Quantität an Bewegung gleich hält. Eine solche Prämisse und eine Begründung dafür fehlen aber. Descartes hält in seiner These nur fest, daß Gott „immer dieselbe Quantität an Bewegung im Universum konserviert" (AT VIII-1, 61). Es ist auch nicht unmittelbar ersichtlich, warum das zweite Naturgesetz direkt aus der Einfachheit und Unveränderlichkeit Gottes abgeleitet werden kann, wie Descartes meint. Man könnte ja auch behaupten, wie dies die Vertreter der negativen Theologie getan haben, daß Gott für uns Menschen unerkennbar und unfaßbar ist. Denn wie können wir erkennen, was für Gott eine einfache Handlung ist? Vielleicht ist es für ihn einfach, eine Billardkugel geradlinig zu bewegen. Vielleicht ist es für ihn aber auch einfach, sie ihn Kurven zu bewegen. Um beurteilen zu können, was zutrifft, müßten wir Gott gleichsam bei der Arbeit zuschauen und feststellen, was für in einfach ist und was nicht. Aber dies ist prinzipiell unmöglich. Wir können lediglich sagen, was für uns einfach ist und was nicht.

Descartes scheint sich über mögliche Einwände dieser Art keine Gedanken gemacht zu haben. Er hält es für evident, daß die drei Naturgesetze unmittelbar aus einer theologischen Wahrheit ableitbar sind und daß sie damit auch hinreichend begründet sind. Es scheint ihm auch nicht erforderlich zu sein, zusätzlich zur theologischen Begründung eine empirische zu geben. Im Gegenteil: In den *Principia* (besonders deutlich in der französischen Fassung: AT IX-2, 93) macht er sogar darauf aufmerksam, daß die Gesetze nur festlegen, was unter idealen Bedingungen der Fall ist. Unter normalen Bedingungen sind sie nur selten oder vielleicht niemals realisiert. Da die Empirie immer von einer Beobachtung der Körper unter normalen Bedingungen ausgeht, kann sie also gar nichts zur Begründung der Naturgesetze beitragen. In diesem Punkt besteht eine beträchtliche Differenz zwischen Naturgesetzen und empirischen Gesetzen: Naturgesetze im Cartesischen Sinn sind nicht nur empirisch unbegründet, sondern auch unbegründbar (prägnant Steinle 1995, 326).

Dies heißt freilich nicht, daß eine Kluft zwischen den deduktiv gewonnenen Naturgesetzen und den induktiv gewonnenen Regeln und Arbeitshypothesen besteht. Wie in den Ausführungen zur Methodologie (vgl. Kap. II.5) bereits deutlich geworden ist, wäre es unangemessen, einen Gegensatz zwischen deduktivem und induktivem Vorgehen herzustellen. In zahlreichen Fällen können die deduktiv gewonnenen Naturgesetze durch ein induktives Vorgehen durchaus bestätigt werden. Der für Descartes entscheidende Punkt ist, daß sie dadurch eben nur bestätigt und nicht begründet werden. Begründung ist allein durch ein deduktives Vorgehen möglich. Aber dies schließt nicht aus, daß ein praktizierender Naturwissenschaftler vornehmlich an einer Bestätigung oder detaillierteren Ausarbeitung der Naturgesetze interessiert ist und daher ein induktives Vorgehen wählt.

Es ist auch zu beachten, daß Descartes nur die drei genannten Gesetze als Naturgesetze einführt. Das deduktive Vorgehen ist also auf einen eng begrenzten Bereich beschränkt. Jene Gesetze, die heute häufig als Naturgesetze erwähnt werden (etwa das Gesetz vom freien Fall oder das Refraktionsgesetz), fallen nicht in den Bereich der Naturgesetze, und Descartes behauptet von ihnen auch nicht, daß sie rein deduktiv gewonnen werden. Angesichts dieser klaren Begrenzung der Naturgesetze wird deutlich, daß sie nicht dazu dienen, alle regelmäßigen Prozesse in der Natur zu erklären oder gar mit Hilfe mathematischer Modelle zu beschreiben. Naturgesetze legen nur die allgemeinsten Regeln für die Bewegung von Körpern fest. Es ist die Aufgabe der einzelnen Wissenschaften, diese Regeln im Hinblick auf konkrete Naturphänomene auszuarbeiten und durch Induktion weniger allgemeine Regeln zu etablieren. Daher kann sich ein Naturwissenschaftler nicht damit begnügen, Naturgesetze abzuleiten.

Da die Naturgesetze aus der Einfachheit und Unveränderlichkeit Gottes ableitbar sind, und da sie unmittelbar von Gott erlassen sind, wie Descartes betont (AT VI, 41), sind sie – in heutiger Terminologie ausgedrückt – realistisch und nicht bloß instrumentalistisch zu verstehen. Das heißt, Naturgesetze sind nicht bloß wissenschaftliche Hilfsmittel oder Hypothesen, die von den Menschen entwickelt wurden, um regelmäßige Prozesse in der Natur zu beschreiben. Naturgesetze gibt es in der Natur selbst. Sie bestimmen Bewegungsabläufe in der Natur unabhängig davon, wie die Menschen diese Abläufe beschreiben, ja unabhängig davon, ob die Menschen überhaupt versuchen, irgendwelche Gesetze oder Hypothesen zu formulieren.

Zum Schluß stellt sich die Frage, wie Descartes' Erklärung der Naturgesetze im historischen Kontext zu verstehen ist. Ist sie als ein Beitrag zur wissenschaftlichen Revolution zu deuten, in der die Suche nach Ursachen durch die Suche nach Naturgesetzen ersetzt worden ist? Ist sie, wie gelegentlich argumentiert wird (Drake 1981, xxv), Teil eines wissenschaftlichen Prozesses im 17. Jahrhundert, in dem die Ursachen den Naturgesetzen gewichen sind? Ich glaube nicht, daß man diese Frage einfach bejahend beantworten kann. Sie ist nur dann bejahend zu beantworten, wenn Ursachen in einem aristotelischen Sinne als Form- oder Zielursachen aufgefaßt werden. Denn Descartes weist die aristotelische Theorie der Ursachen in der Tat zurück. Er behauptet, daß man zur Erklärung eines natürlichen Prozesses nicht einfach auf Formen Bezug nehmen darf, die sich angeblich mit der Materie verbinden und das natürliche Verhalten oder Ziel der Körper bestimmen. Formen sind für ihn reine Chimären ohne jeden explanatorischen Wert. Wer etwa sagt, daß ein Stein nach unten fällt, weil eine Form ihn nach unten zieht und dadurch eine Bewegung verursacht, hat Descartes zufolge überhaupt nichts erklärt. Eine Erklärung gibt man erst dann, wenn man die Gesetzmäßigkeit beschreibt, nach der der Stein nach unten fällt, und wenn man diese Gesetzmäßigkeit unter ein Naturgesetz subsumiert.

So betrachtet ersetzt Descartes in der Tat die Suche nach *aristotelischen* Ursachen durch die Suche nach Naturgesetzen. Dies bedeutet aber nicht, daß er jede Suche nach Ursachen zurückweist und durch die Suche nach Naturgesetzen ersetzt. Denn Naturgesetze sind für ihn nichts anderes als Ursachen; in den *Principia* nennt er die Naturgesetze ausdrücklich „sekundäre und partikuläre Ursachen" (AT VIII-1, 62), die sich unmittelbar aus Gott, der „primären und allgemeinen Ursache", ergeben. Es wäre daher angemessener, von einer Umdeutung des Ursachenbegriffs zu sprechen. Wie die Autoren der aristotelisch-scholastischen Tradition ist auch Descartes der Meinung, daß man Naturphänomene erst dann korrekt erklärt, wenn man ihre Ursachen bestimmt. Daher ist die Suche nach Ursachen ein zentraler Bestandteil der Naturphilosophie. Im Gegensatz zu den aristotelisch-scholastischen Autoren vertritt Descartes aber die Ansicht, daß man die Ursachen erst dann korrekt bestimmt, wenn man zunächst auf Gott als die primäre und allgemeine Ursache zurückgeht und dann untersucht, was für sekundäre Ursachen daraus abgeleitet werden können. Die Suche nach Naturgesetzen ist also nichts anderes als die Suche nach einer bestimmten Art von Ursachen.

IV. Erkenntnistheorie und Philosophie des Geistes

1. Naturalistischer und skeptischer Ansatz

Auf seiner jahrelangen Suche nach sicherer Erkenntnis, so berichtet Descartes im autobiographisch gefärbten *Discours de la méthode*, sei er zur Einsicht gelangt, daß er sich auf keine tradierten und ungeprüften Meinungen verlassen dürfe. Er habe sich entschieden, alles als falsch zu verwerfen, „worin ich auch nur den geringsten Zweifel erahnen könnte, um zu sehen, ob in meinen Meinungen nicht etwas übrig bliebe, was ganz unbezweifelbar ist." (AT VI, 31f.) Damit legt Descartes die Grundlage für ein berühmtes und folgenreiches erkenntnistheoretisches Projekt, das von einem skeptischen Ansatz ausgeht: Wenn sichere Erkenntnis überhaupt möglich ist, dann muß sie auf einer Grundlage beruhen, die absolut unbezweifelbar ist und allen skeptischen Argumenten gegenüber standhält.

Angesichts der zentralen Bedeutung, die Descartes sowohl im *Discours* als auch in den *Meditationes* dem radikalen Zweifel und dessen Überwindung beimißt, ist es nicht erstaunlich, daß seine Erkenntnistheorie meistens als eine anti-skeptische Theorie dargestellt wird. Eine solche Darstellung übersieht jedoch, daß Descartes in seinen früheren Schriften, vor allem in den *Regulae* und in *Le Monde*, nicht die Methode des radikalen Zweifels wählt und nicht das Ziel verfolgt, eine absolut unbezweifelbare Erkenntnisgrundlage zu schaffen. Er versucht dort vielmehr, Erkenntnisprozesse im Rahmen einer bestimmten Wahrnehmungstheorie und Physiologie zu erklären. Man könnte dieses frühe Projekt, um einen Ausdruck aus der gegenwärtigen Debatte zu verwenden (Quine 1969), das Projekt einer naturalisierten oder naturalistischen Erkenntnistheorie nennen – naturalisiert deshalb, weil Erkenntnisprozesse als natürliche, wissenschaftlich zu erklärende Prozesse und nicht als zu begründende Prozesse aufgefaßt werden. Erkenntnistheorie ist dann nicht als eine philosophische Grundlagendisziplin zu verstehen, die Begründungen liefert, sondern als eine Teildisziplin der Naturwissenschaften, die auf Erklärungen abzielt. Um dieses frühe Projekt zu verstehen, aber auch um seine Grenzen zu erkennen, muß man sich zunächst das aristotelische Projekt vergegenwärtigen, das die Debatten im frühen 17. Jahrhundert dominierte und das Descartes mit seinem neuen Ansatz zu überwinden versuchte.

Die aristotelische Erkenntnistheorie geht von der These aus, daß ein materieller Gegenstand aus Materie und Form besteht und daß jemand genau dann eine Erkenntnis von einem Gegenstand gewinnt, wenn er dessen Form ohne die Materie in sich aufnimmt. Ein Erkenntnisprozeß ist also ein Prozeß der Abstraktion, bei dem die Form von der Materie abstrahiert und dem Erkennenden gleichsam eingeprägt wird, ähnlich wie sich die Form eines Siegelrings einem Wachsstück einprägt, ohne daß die Materie des Siegelrings dem Wachsstück übertragen wird (*De anima* II, 12; 424 a 17 ff.). Freilich stellt sich dann sogleich die Frage, was für physische und psychische Vorgänge für diese Abstraktion erforderlich sind. Genau dieser Frage widmeten sich die spätmittelalterlichen Aristoteles-Interpreten. Sie behaupteten, das Einprägen der Form sei als ein dreistufiger Vorgang zu verstehen. Wenn jemand beispielsweise einen Baum vor sich sieht, werden zunächst die wahrnehmbaren Eigenschaften des Baumes durch ein Medium (z.B. die Luft) dem jeweiligen Wahrnehmungsorgan übertragen. Dann werden diese Eigenschaften von den äußeren Sinnen an die inneren Sinne weitergeleitet, dort miteinander verbunden und zu einem inneren Abbild („species sensibilis") des Baumes – und zwar des konkreten wahrgenommenen Baumes – verarbeitet. Schließlich abstrahiert der Intellekt von diesem Abbild eine „species intelligibilis", die nur noch die allgemeine Form des Baumes vergegenwärtigt und sich nicht auf diesen oder jenen konkreten Baum bezieht. Hat der Intellekt diese besondere Entität gebildet, hat er die Form des Baumes vollständig in sich aufgenommen und „assimiliert", wie Thomas von Aquin und seine Nachfolger sagten (*Summa theol.* I a, q. 84; Diskussion in Spruit 1994, 156 ff.). Und genau dann hat er eine Erkenntnis vom Baum gewonnen.

Eine solche Erklärung wirft natürlich zahlreiche Fragen auf. Doch Descartes kümmert sich nicht um Detailfragen. Er verwirft das ganze aristotelisch-scholastische Projekt und mokiert sich über die Philosophen, die der irrigen Meinung sind, ein Erkenntnisprozeß werde dadurch ausgelöst, daß kleine „species" durch die Luft schwirren und dem Erkennenden übertragen werden (AT VI, 85). Warum lehnt er dieses erkenntnistheoretische Projekt ab, und warum versucht er es durch ein neues zu ersetzen? Verschiedene Gründe können angeführt werden.

(1) Ein erster Grund wird sogleich ersichtlich, wenn man die metaphysischen Voraussetzungen des aristotelisch-scholastischen Projekts betrachtet. Es baut nämlich auf dem Hylemorphismus auf, den Descartes entschieden ablehnt (vgl. Kap. III.1). Ein materieller Gegenstand ist seiner Ansicht nach nicht eine Zusammensetzung aus Form und Materie, sondern nichts anderes als ein Stück Materie. Daher kann es im Erkenntnisprozeß nicht darum gehen, die Form von der Materie zu abstrahieren und durch irgendwelche physischen und psychischen Vorgänge aufzunehmen. Formen sind „nichts als Chimären" (AT III, 212), wie Descartes polemisch bemerkt. Es wäre abwegig anzunehmen, jemand könne die Form eines Gegenstandes irgendwie assimilieren. Erkenntnis kann nicht auf einem Prozeß der Abstraktion und der Assimilation von Formen beruhen, sondern höchstens auf einer kausalen Relation zwischen dem Wahrnehmenden und einem Stück Materie.

(2) Ein weiterer Grund liegt in den physikalischen Annahmen der aristotelisch-scholastischen Theorie. Descartes weist darauf hin, daß ein materieller Gegenstand nicht – wie diese Theorie behauptet – neben den geometrischen und kinematischen Eigenschaften noch Sinneseigenschaften hat. Wenn man behauptet, daß Farbe eine reale Eigenschaft ist, die dem Wahrnehmungsorgan übertragen wird, schreibt man dem Gegen-

stand von vornherein etwas zu, was er gar nicht hat. Ein Gegenstand hat aufgrund seiner materiellen Struktur nur die Fähigkeit oder Disposition, in einem Wahrnehmenden bestimmte Empfindungen, z.B. Farbeindrücke, hervorzurufen (AT XI, 3–6).

(3) Zudem geht diese Theorie von einer falschen Annahme bezüglich des Wahrnehmungsprozesses aus. Denn ein solcher Prozeß besteht nicht in der Übermittlung irgendwelcher obskurer Entitäten, sondern ausschließlich in der Reizung von Nerven. Und diese Reizung ist ein rein mechanischer Vorgang. Descartes vergleicht die Nerven mit kleinen Fäden (AT XI, 141f.) und behauptet, das Reizen der Nerven sei nichts anderes als das Ziehen an diesen kleinen Fäden: Je stärker die Nerven gereizt werden, desto stärker wird an diesen Fäden gezogen. Wenn wir den Wahrnehmungsprozeß korrekt beschreiben wollen, müssen wir nur diese Reizung beschreiben, ohne irgendwelche zusätzliche Entitäten anzunehmen.

(4) Schließlich geht die scholastische Theorie fälschlicherweise davon aus, daß auf der Grundlage einer Wahrnehmung innere Abbilder entstehen, sogenannte „species sensibiles", die sich auf äußere Gegenstände beziehen und diesen gleichen. Descartes hält die Annahme solcher Abbilder empirisch gesehen für vollkommen überflüssig. Denn sobald ein äußerer Gegenstand auf ein Wahrnehmungsorgan einwirkt und einen Reiz auslöst, wird dieser Reiz auf mechanische Art und Weise an das Gehirn weitergeleitet. Auf der Gehirnoberfläche öffnen sich dann Poren, durch die kleine Partikel („esprits animaux") fließen. Je stärker die Nerven gereizt werden, desto mehr Partikel fließen ins Gehirn. Die Anzahl und Anordnung dieser Partikel verdeutlicht die Qualität und Stärke der Reizung. Auch theoretisch gesehen ist es Descartes zufolge abwegig, innere Bilder oder Abbilder anzunehmen. Denn wie könnte durch eine bloße äußere Reizung ein inneres Bild entstehen, das vollständig dem äußeren Gegenstand gleicht? Ein inneres Bild für einen grünen Baum müßte bei vollständiger Gleichheit ja ebenso grün sein wie der Baum. Aber das Gehirn ist keine Leinwand, auf der man mit Farben ein Bild malen könnte. Und

selbst wenn die Produktion eines Bildes möglich wäre, würde das Bild allein noch keine Wahrnehmung des äußeren Gegenstandes ermöglichen. Es müßte dann „Augen in unserem Gehirn geben" (AT VI, 130), die dieses innere Bild betrachten. Doch die Annahme solcher innerer Augen ist abwegig. Wenn jemand einen grünen Baum sieht, betrachten nicht innere Augen ein inneres Bild des Baumes. Vielmehr sieht der Wahrnehmende den äußeren Baum, sobald seine Sehnerven gereizt werden und sein Gehirn eine bestimmte Information erhält.

Aufgrund dieser empirischen und theoretischen Überlegungen verwirft Descartes entschieden die These, daß für die Wahrnehmung eines Gegenstandes innere Bilder erforderlich sind. Er betont in der *Dioptrique*, daß „es keine Bilder gibt, die in allem den Gegenständen gleichen müssen, die sie repräsentieren" (AT VI, 113). Wie ist seine Kritik an der Bildertheorie zu beurteilen? Sein empirisches Argument ist zweifellos überholt und aus heutiger Perspektive betrachtet sogar falsch. Denn die Reizung eines Wahrnehmungsorgans und die Weiterleitung des Reizes an das Gehirn kann sicherlich nicht als das Ziehen an kleinen Fäden erklärt werden; das mechanistische Modell ist durch ein biochemisches zu ersetzen. Da Descartes' physiologisches Modell überholt ist, haben sich moderne Kommentatoren kaum für seine Widerlegung der Bildertheorie interessiert. Doch die empirische Seite seiner Argumentation sollte sorgfältig von der theoretischen unterschieden werden. Denn wahrnehmungstheoretisch betrachtet weist seine Argumentation einige zentrale Punkte auf.

Descartes verdeutlicht, daß der Rekurs auf innere Bilder das Wahrnehmungsproblem nicht löst, sondern es nur auf eine andere Ebene verschiebt. Die Ausgangsfrage lautete nämlich: Wie ist die Relation zwischen dem Wahrnehmungssubjekt und dem Wahrnehmungsobjekt zu erklären? Wenn man zur Erklärung dieser Relation ein inneres Bild einführt, kann man wiederum fragen: Wie ist die Relation zwischen dem Wahrnehmungssubjekt und diesem inneren Bild zu erklären? Beantwortet man diese Frage mit einem Rekurs auf „innere Augen", stellt sich unweigerlich die Frage, was denn solche mysteriösen Augen sind. Genau auf diesen wunden Punkt legt Descartes seinen Finger. Anstatt auf eine rätselhafte Relation zwischen inneren Augen und innerem Bild zu rekurrieren, sollte man versuchen, die Relation zwischen dem Wahrnehmungssubjekt und dem äußeren Gegenstand zu erklären.

Descartes' theoretisches Argument verdeutlicht auch, daß die Annahme innerer Bilder zu einem verhängnisvollen Repräsentationalismus führt. Denn sobald man behauptet, daß lediglich innere Augen ein inneres Bild betrachten, muß man zugestehen, daß das wahrnehmende Subjekt keinen unmittelbaren Zugang zum äußeren Gegenstand hat. Das Subjekt sieht ja nicht den Gegenstand selbst, sondern kann höchstens auf dessen Existenz schließen, indem es annimmt, daß es eine äußere Ursache für das innere Bild gibt, und zwar eine Ursache, der das Bild vollkommen gleicht. Da das Wahrnehmungssubjekt aber nicht imstande ist, den äußeren Gegenstand unabhängig vom Bild zu sehen und mit dem Bild zu vergleichen, kann es niemals vollkommen gewiß sein, daß das innere Bild eine korrekte Kopie des äußeren Gegenstandes ist. Eine vollkommene Übereinstimmung von innerem Bild und äußerem Gegenstand kann höchstens angenommen, aber niemals bewiesen werden.

Genau um einen solchen verhängnisvollen Repräsentationalismus zu vermeiden, hält Descartes fest, daß es keine Ähnlichkeitsrelation zwischen einem inneren Bild und dem äußeren Gegenstand gibt, sondern nur eine *Kausalrelation*. Eine Wahrnehmung kann nur zustande kommen, wenn ein äußerer Gegenstand auf den Wahrnehmenden einwirkt und eine Reizung auslöst. Aber dieser Vorgang hat nicht zu Folge, daß ein inneres Bild produziert und von inneren Augen betrachtet wird. Der äußere Gegenstand selbst, nicht ein inneres Bild, ist das unmittelbare Wahrnehmungsobjekt.

Nun stellt sich allerdings ein Problem. Bislang hat sich erst gezeigt, daß die äußere Reizung eine bestimmte Konstellation von kleinen Partikeln im Gehirn verursacht. Doch dieser Vorgang allein ist noch kein Wahrnehmungsprozeß. Bereits in seinen frühen Schriften hält Descartes fest, daß auch der Geist, eine vom Körper distinkte Substanz, aktiv werden muß (AT X,

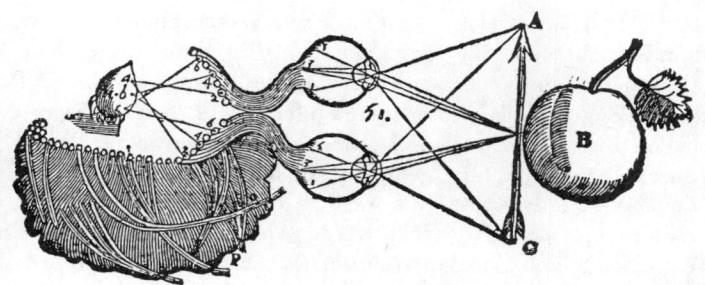

Abb. 5: Illustration der mechanistischen Wahrnehmungstheorie.
Fig. 36 aus *Traité de l'Homme* (AT XI, Anhang).

398). Welche Relation muß dann zwischen den materiellen Partikeln im Gehirn und dem Geist bestehen, damit es zu einer Wahrnehmung kommt? Im *Traité de l'Homme* findet sich eine erstaunliche Antwort auf diese Frage. Descartes hält dort fest, daß die Partikel Bilder („images") im Gehirn formen und daß es diese Bilder sind, „die die vernünftige Seele unmittelbar betrachten wird, wenn sie mit dieser Maschine [sc. dem Körper] verbunden ist und sich einen Gegenstand vorstellen oder einen Gegenstand wahrnehmen wird" (AT XI, 177). Diese Antwort ist erstaunlich, da sie auf den ersten Blick wie ein Rückfall in die Bildertheorie erscheint. Bei näherer Betrachtung zeigt sich aber, daß dies nicht der Fall ist. Descartes betont nämlich, daß es sich bei den „Bildern" nicht um innere Kopien handelt, die den äußeren Gegenständen gleichen:

„Hinsichtlich dieser Bilder, die in unserem Gehirn entstehen, müssen wir festhalten, daß es nur um die Frage geht, wie sie unsere Seele dazu veranlassen können, die verschiedenen Eigenschaften der Gegenstände wahrzunehmen, auf die sie sich beziehen. Es geht aber nicht um die Frage, wie sie an sich eine Ähnlichkeit mit ihnen haben können." (AT VI, 113)

Der entscheidende Punkt besteht darin, daß die „Bilder" im Gehirn sich nur durch eine bestimmte Funktion auszeichnen: Sie veranlassen den Geist dazu, die Eigenschaften der Gegenstände wahrzunehmen, ohne diesen jedoch zu gleichen. Es handelt sich also nicht um Bilder im wörtlichen Sinn, die in einer Ähnlichkeitsrelation zu äußeren Gegenständen stehen, sondern nur um Informationsträger. Descartes verdeutlicht dies auch in den *Regulae*, wo er folgendes Beispiel anführt (AT X, 413): Wenn im Gehirn Figuren oder „Bilder" für die Farben Weiß, Blau und Rot gebildet werden, können diese „Bilder" durch Diagramme oder geometrische Modelle dargestellt werden. So kann das „Bild" für Weiß als eine Anordnung von parallelen Geraden dargestellt werden, jenes für Blau als eine Anordnung von Quadraten und jenes für Rot als eine Anordnung von Dreiecken. Entscheidend ist dabei, daß das „Bild" für Weiß nicht selber weiß ist oder irgendwie der Farbe Weiß gleicht. Es ist vielmehr eine Art Code für Weiß, und zwar ausschließlich für Weiß. Für jede wahrnehmbare Eigenschaft gibt es einen ganz bestimmten Code. (Ob eine wahrnehmbare Eigenschaft eine reale Eigenschaft des Gegenstandes ist oder eine bloße Disposition, ist in diesem Zusammenhang nicht von Bedeutung.) Somit ist ein „Bild", das für einen wahrgenommenen Gegenstand im Gehirn entsteht, nichts anderes als ein komplexer Code, der sich aus den Codes für die einzelnen wahrgenommenen Eigenschaften zusammensetzt (zum Code ausführlich Marion 1981b, 231 ff.). Wenn die Seele die „Bilder" unmittelbar betrachtet, wie Descartes sagt, heißt dies nichts anderes, als daß sie die Codes dechiffriert. Aber zwischen den Codes und dem äußeren Gegenstand besteht keine Ähnlichkeitsrelation, und die Seele muß auch keine Ähnlichkeit feststellen.

Daß Descartes keine Ähnlichkeitsrelation annimmt, zeigt sich auch in der *Dioptrique*, wo er den Prozeß der Wahrnehmung mit Hilfe eines Vergleichs erklärt (AT VI, 85f. und 135f.). Wenn ein Blinder etwas wahrzunehmen versucht, tastet er seine Umgebung mit dem Stock ab und stellt verschiedene Grade von Widerständen fest. Dadurch ist es ihm möglich, zwischen harten und weichen Dingen zu unterscheiden und sich ein Bild von seiner Umgebung zu machen, ohne daß er über ein Abbild im wörtlichen Sinn verfügt. Vielmehr macht er sich ein Bild, indem er die Codes dechiffriert, die ihm durch die unterschiedlichen Widerstände übermittelt werden. Ähnlich gilt auch für einen Menschen mit Sehvermögen, daß ihm nichts – keine besondere Entität – von den wahrnehmbaren Gegenständen übermittelt wird und daß er nicht über ein inneres Abbild dieser Gegenstände verfügt. Durch die Reizung der Sehnerven und durch die Konstellation von Partikeln im Gehirn erhält er nur Wahrnehmungscodes. Diese Codes muß er dann dechiffrieren.

In welchem Sinn kann man hier von einem naturalistischen Ansatz in der Erkenntnistheorie sprechen, wie ich zu Beginn dieses Kapitels vorgeschlagen habe? Nun, Descartes versucht in seinen frühen Schriften noch nicht, Erkenntnis zu begründen und gegenüber skeptischen Anfechtungen zu verteidigen. Er setzt sich vielmehr das Ziel, Erkenntnis wissenschaftlich zu *erklären*, indem er natürliche Wahrnehmungsprozesse analysiert, deren Zuverlässigkeit – vorausgesetzt, es herrschen normale Wahrnehmungsbedingungen – nicht in Frage gestellt wird. Er betont, daß solche Prozesse durch Kausalrelationen zwischen einem Wahrnehmungssubjekt und einem materiellen Gegenstand zustande kommen. Wenn man Wahrnehmungsprozesse erklären will, muß man daher die Kausalrelationen analysieren. Man muß untersuchen, wie ein Gegenstand auf die Wahrnehmungsorgane einwirkt, Nerven reizt und die Entstehung von „Bildern" bzw. Codes im Gehirn verursacht. Gegenüber der aristotelisch-scholastischen Tradition hält Descartes fest, daß man sich bei dieser Untersuchung einzig und allein an die Prinzipien der mechanistischen Physiologie halten muß.

Bereits im *Discours* verwirft Descartes aber diesen Ansatz und wählt stattdessen einen skeptischen Ausgangspunkt. Er bezweifelt dort, daß Wahrnehmungsprozesse eine zuverlässige Grundlage darstellen, und fragt: Könnte es nicht sein, daß wir in diesen Prozessen getäuscht werden? Und könnte es nicht sein, daß wir auch in anderen Prozessen (z.B. im mathematischen Denken) getäuscht werden, weil wir uns in einem Traumzustand befinden oder weil ein böser Dämon uns betrügt? Mit diesen Fragen verdeutlicht Descartes, daß es nicht ausreicht, Erkenntnis zu erklären. Man muß zunächst nachweisen, daß Erkenntnis – und zwar sichere, unbezweifelbare

Erkenntnis – überhaupt möglich ist, indem man nachweist, daß es eine sichere Erkenntnisgrundlage gibt. Diese Grundlage muß durch ein methodisches Verfahren genau bestimmt werden; denn man darf nicht unkritisch auf das zurückgreifen, was gemeinhin als zuverlässige Grundlage angenommen wird.

Die einzelnen Schritte des methodischen Zweifels, mit dessen Hilfe Descartes eine sichere Erkenntnisgrundlage sucht, sind bereits erläutert worden (vgl. Kap. II.4). Allerdings stellt sich die Frage, warum Descartes es als notwendig erachtet, eine solche Grundlage zu etablieren. Warum geht er vom naturalistischen Ansatz zu einem skeptischen über? Meistens wird als Hauptgrund die Auseinandersetzung mit dem im 16. und 17. Jahrhundert wiedererstarkten Skeptizismus angegeben. Descartes war nämlich nicht nur mit der aristotelisch-scholastischen Erkenntnistheorie konfrontiert, sondern auch mit den skeptischen Schulen seiner Zeit, die bestritten, daß Erkenntnis überhaupt möglich ist. Im Anschluß an die Arbeiten R. Popkins nehmen moderne Kommentatoren meistens an, daß Descartes während seiner Pariser Zeit mit den skeptischen Schulen in Kontakt gekommen ist und um 1628–29 eine „skeptische Krise" durchgemacht hat (Popkin 1979, 174). Nach dieser Krise gab er das frühe erkenntnistheoretische Projekt auf und widmete sich eingehend einer Widerlegung des Skeptizismus.

Nun trifft es zweifellos zu, daß Descartes sich mit den skeptischen Schulen beschäftigt hat, die er verschiedentlich erwähnt (AT VII, 130, 476f.). Er hält aber ausdrücklich fest, daß er mit seinem neuen Ansatz nicht einfach die Skeptiker kopiert (AT V, 147; VI, 29; AT VII, 549). Die traditionellen, auf das antike Erbe zurückgreifenden Skeptiker wählen nämlich einen Ansatz, der die Subjektivität und Relativität von Wahrnehmungseindrücken betont. Sie stellen fest (teilweise mit Verweis auf Fälle von Sinnestäuschungen), daß wir nicht einfach von der Behauptung ‚Mir scheint der Gegenstand x die Eigenschaft F zu haben' zur Behauptung ‚Der Gegenstand x hat die Eigenschaft F' übergehen dürfen. Denn es könnte sein, daß x in einer anderen Situation ganz anders erscheint. Da wir aber nur in bestimmten Wahrnehmungssituationen Zugang zu x haben, können wir nicht wissen, wie x an sich ist. Daher dürfen wir keine Behauptungen darüber aufstellen, wie x beschaffen ist, sondern wir können nur berichten, wie uns x jeweils erscheint.

Descartes' Ansatz geht darüber hinaus. Er stellt mit seinem radikalen Zweifel nicht nur in Frage, daß wir Behauptungen über die Beschaffenheit eines Gegenstandes aufstellen können. Er stellt überdies in Frage, daß wir Behauptungen über die Existenz eines Gegenstandes machen können. Im Gegensatz zu den traditionellen skeptischen Schulen setzt er bei einem radikalen Außenwelt-Skeptizismus an, der nicht nur Wahrnehmungsurteile betrifft, sondern alle Urteile, die über eine Beschreibung eigener mentaler Zustände hinausgehen (vgl. prägnant Burnyeat 1982). Nur wenn man derart radikal zweifelt, kann man seiner Ansicht nach eine Erkenntnisgrundlage finden, die auch gegenüber den stärksten Zweifeln (z. B. der Hypothese eines bösen Dämons) immun ist.

Warum geht Descartes dann von einem naturalistischen zu einem skeptischen Ansatz über, wenn der Grund dafür nicht einfach in einer Auseinandersetzung mit dem traditionellen Skeptizismus liegt? Ein erster Grund ergibt sich unmittelbar aus einem Defizit des naturalistischen Ansatzes. In diesem Ansatz werden nämlich bestimmte Annahmen gemacht, die einer Begründung bedürfen. So wird angenommen, daß aufgrund der Kausalrelation zwischen einem Wahrnehmungssubjekt und einem materiellen Gegenstand die Nerven gereizt werden. Und es wird weiter angenommen, daß dabei Information entsteht und in codierter Form an das Gehirn weitergeleitet wird. Es ist aber nicht unmittelbar einsichtig, daß allein aufgrund einer Kausalrelation Information entsteht. Wenn eine Billardkugel eine andere anstößt, liegt auch eine Kausalrelation vor, und trotzdem entsteht keine Information. Offensichtlich muß begründet werden, warum in einem besonderen Fall von Kausalrelation – nämlich in jenem Fall, wo ein materieller Gegenstand auf einen Menschen und nicht auf einen anderen Gegenstand oder auf eine Maschine einwirkt – Information entstehen kann. Und es muß gegebenenfalls erklärt werden, was über die reine Kausalrelation hinaus erforderlich ist (z. B.

angeborene Fähigkeiten oder Begriffe, die durch Wahrnehmungseindrücke aktiviert werden). Genau dies bezweckt Descartes mit seinem radikalen Zweifel. Er entwirft ein Szenario, bei dem nicht einfach angenommen wird, daß in einer Wahrnehmungssituation Information entsteht und weitergeleitet wird. Sowohl die Existenz äußerer Wahrnehmungsgegenstände als auch jene des eigenen Körpers (einschließlich der Codes im Gehirn) wird ja bezweifelt.

Ein weiterer Grund für den Übergang zum skeptischen Ansatz liegt darin, daß der naturalistische Ansatz unkritisch von einer empiristischen Annahme ausgeht. Erkenntnis, so behauptet er, beruht auf Wahrnehmungsprozessen und ist deshalb immer mit Rekurs auf diese Prozesse zu erklären. Dabei wird übersehen, daß nicht alle Erkenntnis auf Wahrnehmungsprozessen beruht. So kann man die Existenz des eigenen Geistes, aber auch die Existenz Gottes und der mathematischen oder logischen Wahrheiten erkennen, ohne auf Wahrnehmungsprozesse zurückzugreifen. Es gibt einen bestimmten Erkenntnisbereich, der *nicht* auf der Wahrnehmung beruht und nicht mit Rekurs auf Wahrnehmungsprozesse zu erklären ist. Daher versucht Descartes durch den radikalen Zweifel, „den Geist von den Sinnen wegzuführen" (AT VII, 12) und eine neue Erkenntnisgrundlage zu schaffen. Erst wenn eine solche Grundlage besteht und wenn verschiedene Erkenntnisbereiche, nichtempirische ebenso wie empirische, bestimmt sind, darf auf die Wahrnehmungsprozesse zurückgegriffen werden.

Schließlich liegt ein dritter Grund für die Überwindung des naturalistischen Ansatzes in Descartes' metaphysischem Projekt. Der naturalistische Ansatz geht immer von den Wahrnehmungsprozessen und -codes im Körper aus, und er nimmt an, daß der Geist in der Lage ist, die Wahrnehmungscodes zu dechiffrieren. Doch er untersucht weder die Existenz des Körpers noch die Relation zwischen Körper und Geist. An dieser Schwachstelle setzt Descartes mit seinem radikalen Zweifel an. Bevor irgendeine Interaktion zwischen Körper und Geist angenommen werden darf, muß gezeigt werden, (1) daß Körper und Geist überhaupt existieren, (2) daß die Existenz des Geistes gewisser ist als jene des Körpers und (3) daß Körper und Geist real voneinander verschieden sind. Erst wenn diese drei Punkte – die Hauptpunkte des Dualismus – nachgewiesen sind, darf man wieder zu einer Analyse der Wahrnehmungsprozesse im Körper zurückkehren.

2. Das Cogito-Argument

Nachdem Descartes mit Hilfe des radikalen Zweifels alle seine Meinungen über die Gegenstände der Außenwelt, über mathematische Gegenstände, ja sogar über seinen eigenen Körper in Frage gestellt hat, kommt er zum Schluß, daß etwas Unbezweifelbares übrig bleibt: die Tatsache, daß er denkt. Und solange er denkt, so fährt er fort, ist auch die eigene Existenz gewiß. Damit ist eine absolut sichere Erkenntnisgrundlage gefunden.

Dieser berühmte Gedankengang wird in der Literatur meistens „das Cogito-Argument" genannt. Allerdings ist zu beachten, daß Descartes in den *Meditationes* nicht die viel zitierte lateinische Formulierung „Ego cogito, ergo sum" verwendet. Dort sagt er nur: „Ich bin, ich existiere; das ist gewiß." („Ego sum, ego existo; certum est." AT VII, 27). Die Standardformulierung findet sich erst in den späteren *Principia* (AT VIII-1, 7), in französischer Fassung jedoch bereits im *Discours*:

„Und als ich bemerkte, daß diese Wahrheit ,Ich denke, also bin ich' so fest und gesichert ist, daß alle noch so verrückten Annahmen der Skeptiker sie nicht zu erschüttern vermögen, urteilte ich, daß ich sie ohne Vorbehalt als das erste Prinzip der Philosophie annehmen durfte, die ich suchte." (AT VI, 32)

Die Tatsache, daß Descartes ,Ich denke' und ,Ich bin' (im Sinn von ,Ich existiere') durch ein ,also' miteinander verknüpft, deutet darauf hin, daß er ein Argument präsentieren will. Dann stellen sich aber sogleich zwei grundlegende Fragen: Um was für ein Argument handelt es sich hier? Und welche Funktion hat dieses Argument im gesamten erkenntnistheoretischen Projekt?

Betrachtet man die Struktur des Cogito-Arguments, so fällt auf, daß Descartes von einer singulären Prämisse ausgeht und zu einer Konklusion gelangt. Ein solches Vorgehen, so könnte man einwenden, ist nur dann zulässig, wenn zusätzlich zur singulären Prämisse auch eine allgemeine angenommen wird. Dann ist das Argument als ein enthymematischer (d.h. unvollständiger) Syllogismus zu verstehen, der mit ergänzter allgemeiner Prämisse folgendermaßen lautet:

allgemeine Prämisse: Alles, was denkt, existiert.
singuläre Prämisse: Ich denke.
Konklusion: Also existiere ich.

In den Erwiderungen auf die Zweiten Einwände lehnt Descartes aber eine solche Interpretation ab (AT VII, 140f). Er behauptet, daß man nicht zuerst eine allgemeine Prämisse erfasse und dann aus dieser etwas ableite. Vielmehr erkenne man „eine gleichsam selbst-evidente Sache durch eine einfache Intuition des Geistes", und man bilde erst den allgemeinen Satz, wenn man an sich selbst erfahren habe, daß man nicht denken könne, ohne zu existieren. Die Natur unseres Geistes sei nämlich derart, „daß er allgemeine Sätze aus der Erkenntnis von partikulären bildet". Damit verdeutlicht Descartes folgenden Punkt: Man kann durchaus einen allgemeinen Satz wie ‚Alles, was denkt, existiert' bilden. Aber wir verwenden diesen Satz nicht als Prämisse, wenn wir zur Konklusion ‚Ich existiere' gelangen wollen. Wir können die angebliche Prämisse erst bilden, *nachdem* wir ‚Ich denke' und ‚Ich existiere' erfaßt haben und *nachdem* wir die Verknüpfung dieser beiden singulären Sätze erkannt haben. Die angebliche Prämisse ist nur eine Verallgemeinerung dessen, was intuitiv erfaßt wird.

In dieser Argumentation zeigt sich eine Kritik am syllogistischen Verfahren, die bereits in der Methodologie (vgl. Kap. II.1) deutlich geworden ist. Descartes bestreitet, daß man durch einen Syllogismus irgend etwas beweisen und zu neuer Erkenntnis gelangen kann. In der allgemeinen Prämisse wird nämlich das, was in der Konklusion angeblich bewiesen wird, immer schon vorausgesetzt. Und ein Wissen von der allgemeinen Prämisse setzt immer schon ein Wissen von der Konklusion voraus. Denn wie sollte man zu einem Wissen von ‚Alles, was denkt, existiert' gelangen können? Nur indem man von konkreten, unmittelbar erkennbaren Fällen ausgeht, auf die dieser allgemeine Satz zutrifft. Und der einfachste, ja sogar der einzige Fall, der intuitiv erkannt wird, ist der eigene.

Nun stellt sich freilich die Frage, wie das Cogito- Argument zu verstehen ist, wenn es nicht ein Syllogismus ist. Warum ist Descartes der Auffassung, daß allein aus einer singulären Prämisse eine bestimmte Konklusion folgt? Zur Beantwortung dieser Frage muß die Prämisse näher betrachtet werden. Auf den ersten Blick mag sie unvollständig erscheinen. Denn normalerweise sagen wir nicht ‚Ich denke', sondern ‚Ich denke an etwas' oder ‚Ich denke, daß etwas der Fall ist'. Indem Descartes als Prämisse nur ‚Ich denke' formuliert, verdeutlicht er, daß es hier bloß auf den Denkakt und nicht auf den Denkinhalt ankommt. Ich mag an den Weihnachtsmann denken, oder ich mag denken, daß ein Elephant in meinem Garten steht. Woran ich denke, ist hier nicht von Bedeutung. Wichtig ist nur, daß ich einen Denkakt vollziehe. Und ein Denkakt ist für Descartes nicht nur ein kognitiver Akt einer bestimmten Art (Denken im Gegensatz zu Vermuten, Erinnern usw.), sondern jede geistige Tätigkeit. Auf die Frage, was denn ein denkendes Ding sei, antwortet er: „Etwas, was zweifelt, versteht, bejaht, verneint, will, nicht will, sich auch etwas vorstellt und empfindet" (AT VII, 28). Jeder Akt, der vom Geist allein vollzogen wird, ist ein Denkakt. (Es mag erstaunlich klingen, daß Descartes auch das Empfinden als geistigen Akt auffaßt. Streng genommen ist dies kein rein geistiger Akt, sondern ein sog. „gemischter Akt", der eine körperliche und eine geistige Komponente aufweist. Hier ist nur die geistige Komponente relevant.) Als Prämisse würde also auch ‚Ich will' oder ‚Ich empfinde' taugen. Für das Argument spielt es keine Rolle, welche Art von Denkakt in der Prämisse gewählt wird. Descartes betont freilich, daß ‚Ich spaziere' oder ‚Ich atme' nicht als Prämisse in Frage kommt (AT VII, 352; AT II, 37). Angesichts des radikalen Zweifels ist es nämlich möglich, daß ich gar nicht spaziere oder atme, sondern mir nur einbilde, zu spazieren oder zu atmen. Und vielleicht gaukelt mir der böse Dämon bloß vor, daß ich einen Körper zum Spazieren oder Atmen habe. In Tat und Wahrheit habe ich aber vielleicht gar keinen Körper. Daher ist jeder körperliche Akt dem Zweifel ausgesetzt. Einzig und allein die Tatsache, daß ich mir einbilde, zu spazieren oder zu atmen, ist auch dann unbezweifelbar, wenn ich vielleicht gar keinen Körper habe und wenn ich vielleicht gar nicht wirklich spaziere oder atme. Daher kann nur ‚Ich bilde mir ein zu spazieren bzw. zu atmen‘ als Prämisse gewählt werden.

Weiter ist zu beachten, daß nur eine Prämisse möglich ist, die im Präsens formuliert ist. Weder ‚Ich dachte‘ noch ‚Ich werde denken‘ kommt als Prämisse in Frage. Denn es ist ja möglich, daß ich gestern noch gar nicht gelebt habe. Vielleicht glaube ich nur deshalb, daß ich gestern gelebt habe, weil der böse Dämon mir Erinnerungen einflößt und mir damit eine Vergangenheit vorgaukelt. Und es ist ebenfalls möglich, daß ich morgen nicht mehr leben werde. Denn vielleicht wird mich der böse Dämon schon im nächsten Augenblick zerstören. Daß ich denke, ist nur gewiß, „solange ich denke“, wie Descartes ausdrücklich betont (AT VII, 27).

Die Prämisse kann auch nur in der ersten Person formuliert werden. ‚Hans denkt‘ wäre als Prämisse untauglich. In der radikalen Zweifelssituation weiß ich ja gar nicht, ob es irgendeinen Menschen außer mir gibt, und ich weiß noch viel weniger, ob ein anderer Mensch denkt. Würde auch ‚D. Perler denkt‘ als Prämisse in Frage kommen? Nein. Es könnte ja sein, daß der böse Dämon mir vorgaukelt, ich sei Napoleon. Somit wüßte ich nicht, daß ich der Träger des Namens ‚D. Perler‘ bin. Ebensowenig würde ‚Der Autor des Descartes-Bandes in der Beck'schen Reihe „Denker" denkt‘ als Prämisse taugen. Es könnte ja sein, daß ich nicht weiß, daß ich dieser Autor bin. Es könnte also sein, daß ich nicht weiß, (a) daß ich der Träger eines bestimmten Namens bin und (b) daß eine bestimmte Kennzeichnung auf mich zutrifft. Das einzige, was ich unbezweifelbar weiß, ist die Tatsache, daß ich (wie auch immer ich heißen mag und was für eine Kennzeichnung auch immer auf mich zutreffen mag) einen Denkakt vollziehe. Daher muß in der Prämisse ein deiktischer Ausdruck stehen, d. h. ein Ausdruck, der auf den Denkenden nur zeigt, ohne ihn zu benennen und ohne ihn zu kennzeichnen.

Bislang ist deutlich geworden, daß es sich bei ‚Ich denke‘ um eine außergewöhnliche Prämisse handelt. Sie ist erstens von besonderer Art, weil sie *unbezweifelbar* ist und dem radikalsten Zweifel gegenüber standhält. Dadurch unterscheidet sie sich von anderen Sätzen wie ‚Ich spaziere‘ oder ‚D. Perler denkt‘, die durchaus bezweifelbar sind, und sie kann daher nicht einfach durch diese ersetzt werden. Zweitens ist die Prämisse auch von besonderer Art, weil sie *selbst-verifizierend* ist. Um zu erkennen, daß ‚Ich denke‘ wahr ist, muß ich nichts anderes tun, als einen Denkakt zu vollziehen. Keine darüber hinausgehende Tat ist erforderlich. Auch darin unterscheidet sie sich von anderen Sätzen. Um z. B. zu erkennen, daß ‚Ich spaziere‘ wahr ist, muß ich feststellen, daß ich tatsächlich einen Körper habe und daß ich mich tatsächlich fortbewege. Drittens handelt es sich um eine besondere Prämisse, weil sie *selbst-evident* ist. Sie muß nicht durch einen anderen Satz oder durch eine spezielle Reflexion evident gemacht werden. Wann immer ich denke, kann ich sogleich erfassen, daß ich denke. Darin unterscheidet sie sich z. B. von ‚Der Autor des Descartes-Bandes in der Beck’schen Reihe „Denker“ denkt‘. Denn es ist keineswegs selbst-evident, daß ich dieser Autor bin. Um dies evident zu machen, muß ich erst gewisse Erkenntnisleistungen vollbringen.

Gelegentlich wird behauptet, die Prämisse sei auch unkorrigierbar (Williams 1978, 73). Dies trifft nur in einem gewissen Sinn zu. Sie ist natürlich unkorrigierbar, insofern ein Denkender nicht sagen kann: „Ach, vielleicht muß ich mein Urteil, daß ich denke, korrigieren. Vielleicht denke ich ja gar nicht!“ Würde er so etwas sagen, würde er sich in einen Selbstwiderspruch verwickeln. Denn indem er erwägt, daß er vielleicht gar nicht denkt, beweist er, daß er denkt; Erwägen ist ja eine Form von Denken. Die Prämisse ist allerdings in einem bestimmten Sinn korrigierbar. Über die Art des Denkens kann sich nämlich jemand Gedanken machen, und er kann sein entsprechendes Urteil korrigieren. Angenommen, jemand sagt: „Ich bin verliebt." Nun denkt diese Person über ihren geistigen Zustand nach und kommt zum Schluß, daß sie, auf verzweifelter Suche nach einem Partner, sich nur gewünscht oder eingebildet hat, verliebt zu sein. In Tat und Wahrheit ist sie aber nicht verliebt, sondern empfindet nur eine gewisse Sympathie für jemanden. Eine solche Person kann ihren Denkakt oder geistigen Zustand (genauer: die Kategorisierung dieses Zustandes) korrigieren. Freilich spielt diese Form von Korrigierbarkeit für das Cogito-Argument keine Rolle. Denn ob die Person nun verliebt ist oder nur Sympathie empfindet, ist hier bedeutungslos. Sie vollzieht in jedem Fall einen Denkakt.

Nun ist deutlich geworden, daß das Cogito-Argument sicherlich nicht wie jedes beliebige Argument der Form ‚p, also q' betrachtet werden kann, weil ‚Ich denke' eine besondere Prämisse ist, die besondere Charakteristika aufweist. Aber warum, so kann man fragen, folgt aus dieser Prämisse unmittelbar die Konklusion ‚Ich existiere'? Warum ist keine zusätzliche Prämisse erforderlich? Mindestens zwei Antworten bieten sich an (vgl. einen Überblick über alternative Antworten in Matthews 1992, Kap. 2; Hofmann-Riedinger 1996).

Eine erste Antwort kann beim Subjektsausdruck der Prämisse ansetzen, nämlich bei ‚ich'. Worauf nimmt dieser Ausdruck Bezug? Offensichtlich auf den Denker. Da nun die ganze Prämisse unbezweifelbar und selbst-verifizierend ist, wie bereits festgestellt wurde, muß ‚ich' auf einen Denker Bezug nehmen, der auch tatsächlich existiert. Denn wenn man fragen könnte: „Ist es möglich, daß gar nichts existiert, worauf ‚ich' Bezug nimmt? Ist es möglich, daß nur von etwas Fiktivem behauptet wird, daß es denkt?", dann wäre die Prämisse ja bezweifelbar. Und dann wäre sie auch nicht selbst-verifizierend. Man müßte dann irgendein zusätzliches Faktum anführen, das ihre Wahrheit garantiert. Sie wäre dann wie die Sätze ‚Hans denkt' oder ‚Hamlet denkt' zu behandeln. Denn diese Sätze sind in der Tat nicht unbezweifelbar und nicht selbst-verifizierend. Man kann nämlich stets fragen: „Ist es möglich, daß es nichts gibt, worauf ‚Hans‘ oder ‚Hamlet‘ Bezug nimmt? Ist es möglich, daß hier nur von etwas Fiktivem behauptet wird, daß es denkt?" In diesen Fällen muß man erst nachweisen, daß der Subjektsausdruck auf etwas Existierendes Bezug nimmt, und man muß nachweisen, daß man zu Recht ‚denkt‘ prädiziert. Genau dies ist beim Sonderfall ‚Ich denke‘ nicht erforderlich. Die besonderen Charakteristika dieses Satzes – Unbezweifelbarkeit und Selbst-Verifizierung – garantieren, daß der Subjektsausdruck auf etwas Existierendes Bezug nimmt. Man muß daher nur diese besonderen Charakteristika erfassen und kann sogleich ‚Ich existiere‘ behaupten. Die Konklusion ist sozusagen geschenkt. Hat man die Besonderheit der Prämisse erfaßt, hat man auch ohne jede Zusatzleistung die Konklusion erfaßt. Keine zusätzliche Prämisse ist erforderlich.

Eine zweite Antwort kann beim Prädikatsausdruck der Prämisse ansetzen, also bei ‚denke‘. Descartes erklärt diesen Ausdruck, indem er feststellt, „daß es Denken ohne ein denkendes Ding nicht gibt; denn das, was denkt, ist nicht nichts" (AT VII, 175). Schon die Grammatik des Ausdrucks ‚denken‘ zeigt seiner Ansicht nach, daß von Denken nur dann gesprochen werden kann, wenn auch von einem denkenden Ding – und zwar von einem existierenden denkenden Ding – gesprochen wird. Es wäre Descartes zufolge bereits aufgrund der Grammatik des Ausdrucks ‚denken‘ unmöglich, daß es (wie später Hume meinte) nur ein Bündel von Denkakten gibt. Denken ist ohne ein Ding, d. h. ohne einen Träger für die Denkakte, gar nicht möglich. Auch hier gilt wieder, daß die Konklusion sozusagen geschenkt ist. Hat jemand erfaßt, daß es Denken gibt (und zwar aktuelles Denken, nicht etwa vergangenes oder zukünftiges), hat er auch erfaßt, daß es ein denkendes Ding gibt. Und hat er erfaßt, daß er selbst denkt (er sagt ja ‚*Ich* denke‘, nicht etwa ‚Hans denkt‘ oder ‚Hamlet denkt‘), hat er auch erfaßt, daß er selbst ein existierendes denkendes Ding ist.

Dagegen könnte man allerdings einen Einwand erheben. Es trifft vielleicht zu, daß es Denken ohne ein denkendes Ding nicht gibt. Aber daraus folgt noch lange nicht, daß ich auch *weiß*, daß es Denken ohne ein denkendes Ding nicht gibt, und daß ich *weiß*, daß aus ‚Ich denke' unmittelbar ‚Ich (= denkendes Ding) existiere' folgt. Mit dem Denken könnte es sich ja wie mit einer Krankheit verhalten. Es trifft vielleicht zu, daß es eine bestimmte Krankheit ohne ein bestimmtes Virus nicht gibt. Aber das heißt noch lange nicht, daß ich auch weiß, daß es die Krankheit ohne das Virus nicht gibt. Deshalb bin ich ja auf medizinische Lehrbücher oder auf empirische Forschung angewiesen. Und deshalb kann ich nicht ohne weiteres wissen, daß aus ‚Ich habe eine bestimmte Krankheit' unmittelbar ‚Ich habe ein bestimmtes Virus' folgt.

Einen solchen Einwand würde Descartes mit einem Verweis auf das angeborene Wissen zurückweisen. In den Erwiderungen auf die Sechsten Einwände sagt er:

„Es ist freilich wahr, daß niemand gewiß sein kann, daß er denkt und daß er existiert, wenn er nicht weiß, was Denken und Existenz ist. [...] Es reicht aber völlig aus, daß er dies durch jene innere Erkenntnis weiß, die der reflexiven immer vorausgeht und die allen Menschen bezüglich des Denkens und der Existenz so angeboren ist, daß [...] wir nicht anders können, als sie zu haben. Wenn daher jemand feststellt, daß er denkt und daß daraus folgt, daß er existiert, dann kann er nicht umhin, beides ganz zu wissen, so daß er diesbezüglich ganz zufriedengestellt ist, auch wenn er vielleicht vorher niemals gefragt hat, was Denken und Existenz ist." (AT VII, 422)

Jeder verfügt über ein angeborenes Wissen von Denken und Existenz. Und jeder kann dieses angeborene Wissen ohne einen besonderen Aufwand aktivieren, wenn er denkt. Er erfaßt dann sofort, daß Denken eine Existenz des aktuell Denkenden impliziert und daß er somit existieren *muß*, wenn er aktuell denkt. Darin liegt eine beträchtliche Differenz zum Beispiel mit der Krankheit und dem Virus vor. Das medizinische Wissen ist uns nämlich nicht angeboren. Um zu wissen, daß aus ‚Ich habe eine bestimmte Krankheit' unmittelbar ‚Ich habe ein bestimmtes Virus' folgt, muß ich erst besondere Erkenntnisleistungen erbringen. Anders beim Cogito-Argument: Da ich nur angeborenes Wissen aktivieren muß, weiß ich sofort, daß aus ‚Ich denke' unmittelbar ‚Ich existiere' folgt. Entscheidend ist nur, daß ich ‚Ich denke' unmittelbar erfasse. Und dies ist durch ein besonderes Charakteristikum dieser Prämisse – die Selbst-Evidenz – garantiert. Descartes' Verweis auf das angeborene Wissen ist freilich bedeutsam. Er verdeutlicht, daß durch den radikalen Zweifel nicht restlos alles bezweifelt wird. Selbst der böse Dämon kann nicht in meinen Geist eingreifen und das angeborene Wissen tilgen oder es durch ein anderes Wissen ersetzen. Angeborenes Wissen ist immun gegen jede Zweifelsstrategie.

Die Analyse des Cogito-Arguments hat zwei Punkte gezeigt. Erstens: Aufgrund der besonderen Charakteristika der Prämisse ‚Ich denke‘ folgt allein aus dieser Prämisse – ohne jede Zusatzprämisse – die Konklusion ‚Ich existiere‘. Zweitens: Aufgrund des angeborenen Wissens weiß ich auch, daß aktuelles Denken aktuelles Existieren impliziert. Und was ich weiß, ist absolut unbezweifelbar.

Nun stellt sich allerdings die Frage, was mit dem Cogito-Argument gewonnen ist. Welche Funktion hat dieses Argument im gesamten erkenntnistheoretischen Projekt, das Descartes ausgehend von einem skeptischen Ansatz entwickelt? Die wichtigste Funktion ist bereits deutlich geworden: Durch das Cogito-Argument wird dem radikalen Zweifel Einhalt geboten. Es ist nun etwas gefunden worden, was nicht mehr bezweifelt werden kann und was den Meditierenden immunisiert gegenüber den skeptischen Angriffen. Dazu kommt noch eine weitere Funktion: Mit dem Cogito-Argument ist ein paradigmatischer Fall für etwas gefunden, was klar und deutlich erfaßt wird. Es ist daher nicht erstaunlich, daß Descartes zu Beginn der Dritten Meditation wieder auf das Cogito-Argument zurückkommt. Wenn wir uns der Wahrheit einer Sache sicher sein wollen, so stellt er dort fest, dann müssen wir untersuchen, ob wir die Sache klar und deutlich erfassen; denn es ist unmöglich, „daß etwas, was ich so klar und deutlich perzipiere, falsch sein könnte" (AT VII, 35). Das beste Beispiel dafür ist das Cogito-Argument. Es verdeutlicht, daß etwas, was klar und deutlich erfaßt wird, unmöglich falsch sein kann. Daher dient es zur Einführung der Klarheit und Deutlichkeit als Wahrheitskriterium. Schließlich kommt noch eine dritte Funktion hinzu: Durch das Cogito-Argument wird eine absolut sichere Grundlage für ein neues Wissenssystem geschaffen. Nachdem das alte System durch den radikalen Zweifel zerstört worden ist, kann nun Schritt für Schritt ein neues System aufgebaut werden.

Die dritte Funktion ist in der Literatur immer wieder als eine zentrale Funktion hervorgehoben worden. Descartes' Erkenntnistheorie, so wird häufig argumentiert (Schmitt 1986), ist eine Grundlagentheorie („foundationalism"). Denn durch das Cogito-Argument wird eine absolut sichere Erkenntnisgrundlage gelegt. Jede weitere Erkenntnis baut auf dieser auf und kann sogar von dieser abgeleitet werden. Nachdem Descartes die Unbezweifelbarkeit des eigenen Denkens und der eigenen Existenz festgestellt hat, leitet er daraus weitere unbezweifelbare Tatsachen ab, z.B. daß Gott existiert und daß Gott die Existenz der Außenwelt garantiert, und er etabliert so ein ganzes Wissenssystem.

Eine solche Darstellung ist nur teilweise korrekt. Descartes vertritt sicherlich eine Grundlagentheorie, insofern er behauptet, daß es eine sichere Grundlage für jede Erkenntnis gibt und daß jede weitere Erkenntnis auf dieser aufbaut. Dadurch grenzt er sich deutlich von einem kohärenz- oder konsenstheoretischen Ansatz ab (contra Frankfurt 1970, 25 f. und 170 f.). Er vertritt aber nicht in dem Sinne eine Grundlagentheorie, daß er behaupten würde, jede Erkenntnis könne unmittelbar aus der Unbezweifelbarkeit des „Cogito" abgeleitet werden. Erkenntnis läßt sich nicht einfach dadurch gewinnen, daß man ausgehend von einem unbezweifelbaren, grundlegenden Satz rein deduktiv weitere Sätze gewinnt. So läßt sich etwa ‚Gott existiert' nicht einfach ableiten. Gottes Existenz muß ja, wie Descartes in der Dritten und Fünften Meditation verdeutlicht, erst bewiesen werden. Und dafür sind gewisse Argumentationsschritte erforderlich, die weit über das Cogito-Argument hinausgehen (z.B. die Annahme einer Ideentheorie, die eine bestimmte Relation zwischen dem repräsentativen Gehalt einer Idee und der äußeren Ursache einer Idee annimmt). In einem Brief an Clerselier weist Descartes entschieden die Vorstellung zurück, das Cogito-Argument sei in dem Sinne das erste Prinzip oder die Grundlage, daß alles weitere daraus abgeleitet und damit bewiesen werden könne:

„Ich füge auch folgendes hinzu: Es ist keine Bedingung, daß man derart auf das erste Prinzip zurückgehen muß, daß alle anderen Propositionen auf dieses reduziert und durch dieses bewiesen werden können. Es reicht aus, daß das erste Prinzip dazu dient, mehrere Prinzipien zu finden, und daß es kein anderes gibt, von dem es abhängt, auch kein anderes, das man eher findet als dieses." (AT IV, 444)

Das Cogito-Argument ist zwar das erste Prinzip, (1) weil es in der *logischen* Abfolge aller Prinzipien das erste ist und (2) weil es in einer *erkenntnistheoretischen* Untersuchung von allen Prinzipien das erste ist, das man erfaßt. Dies heißt aber noch lange nicht, daß alle anderen Prinzipien direkt aus ihm ableitbar sind. Es dient nur als Ausgangspunkt für die Bestimmung weiterer Prinzipien. Hat man es einmal erfaßt, verfügt man über eine unbezweifelbare Grundlage für die Etablierung weiterer Prinzipien. Doch mit dem Cogito-Argument allein läßt sich noch kein Wissenssystem errichten.

3. Die Ideentheorie

Für die Errichtung eines neuen Wissenssystems reicht es nicht aus, eine absolut unbezweifelbare Grundlage zu haben. Man benötigt auch Meinungen, die auf dieser Grundlage beruhen und im Gegensatz zu den falschen und bezweifelbaren Meinungen des alten Wissenssystems wahr sind. Wie gelangt man zu solchen Meinungen? Descartes' Antwort auf diese Frage ist klar: mit Hilfe von Ideen. Denn Ideen sind die konstitutiven Bestandteile von Meinungen. Und die Wahrheit oder Falschheit einer Meinung hängt immer davon ab, ob sie auf einer korrekt oder unkorrekt repräsentierenden Idee beruht.

Angesichts dieser zentralen Bedeutung der Ideen für das gesamte Projekt einer Wissenserneuerung ist es nicht erstaunlich, daß Descartes nach der Einführung des Cogito-Arguments schrittweise eine Theorie der Ideen entwickelt. Er macht in unterschiedlichen Kontexten allerdings ganz unterschiedlichen Gebrauch vom Ausdruck ‚Idee‘ (Kemmerling 1996, 18–20; Perler 1996, 25 ff.). Deshalb empfiehlt es sich, zunächst die verschiedenen Verwendungsweisen dieses Ausdrucks näher zu betrachten.

In einem *ersten* Sinn versteht Descartes unter Ideen nichts anderes als Hirnzustände. Er behauptet, daß in der Zirbeldrüse Ideen entstehen, wenn die Nerven einen Reiz an das Gehirn weiterleiten. Und es sind genau diese Ideen, die „die vernünftige Seele unmittelbar betrachten wird“, wenn sie eine Wahrnehmung hat (AT XI, 176f). Diese Ideen sind im ersten Abschnitt dieses Kapitels bereits kurz vorgestellt worden. Es handelt sich dabei um körperliche Codes, die durch eine Kausalrelation zwischen einem Wahrnehmenden und einem Wahrnehmungsgegenstand entstehen. Descartes erwähnt sie zwar auch in seinen späteren Werken, z.B. in den *Passions* (AT XI, 353), aber sie treten dort immer mehr in den Hintergrund. Nach der Überwindung des naturalistischen Ansatzes zugunsten des skeptischen interessiert sich Descartes weniger für die körperlichen Hirnzustände als für die geistigen Akte und Zustände. Denn durch die skeptischen Argumente kann die Existenz sämtlicher körperlicher Zustände bezweifelt werden, nicht aber die Existenz der geistigen Akte und Zustände.

Betrachtet man nun den Bereich des Geistigen, so versteht Descartes in einem *zweiten* Sinn unter Ideen geistige Fähigkeiten oder Dispositionen, die zum Bilden oder Erfassen von Begriffen dienen. So stellt er in einem Brief fest, bereits ein neugeborenes Kind verfüge über eine Idee von Gott, und zwar nicht weil es aktuell an Gott denke, sondern weil es fähig sei, den Begriff von Gott zu erfassen (AT III, 423f.). In einem anderen Brief vergleicht er den Geist mit dem Licht und sagt: Genau wie das Licht immer leuchtet, ob dieses Leuchten nun gesehen wird oder nicht, hat auch der Geist immer Ideen, ob er diese Ideen nun erfaßt oder nicht (AT III, 478). Damit drückt er aus, daß der Geist nicht immer bewußt Begriffe hat oder erfaßt (z.B. wenn jemand in einem schlafenden oder bewußtlosen Zustand ist), sondern nur über die Fähigkeit verfügt, Begriffe zu erfassen. Am deutlichsten zeigt sich die Gleichsetzung von Ideen und Fähigkeiten in den *Notae in Programma* (AT VIII-2, 357 f.). Dort vergleicht Descartes Ideen mit Krankheiten und behauptet: In gewissen Familien sind Krankheiten angeboren, und zwar nicht weil alle Familienmitglieder aktuell an diesen Krankheiten leiden, sondern weil sie von Natur aus disponiert sind, diese Krankheiten einmal zu haben. Genau so sind dem Geist die Ideen angeboren; denn er ist von Natur aus disponiert, bestimmte Begriffe zu erfassen.

In dieser Bestimmung der Ideen zeigt sich deutlich ein rationalistischer Zug der Cartesischen Erkenntnistheorie. Descartes vertritt nicht nur die allgemeine These, daß alle Menschen als vernunftbegabte Lebewesen über geistige Fähigkeiten verfügen. Dies wäre eine harmlose These, der auch Empiristen ohne weiteres zustimmen könnten. Er vertritt vielmehr die These, daß alle Menschen über spezifische geistige Fähigkeiten verfügen, die zum Erfassen spezifischer Begriffe – z.B. des Begriffs von Gott – dienen. Wenn wir diese spezifischen Begriffe erfassen wollen, müssen wir nur unsere angeborenen Fähigkeiten aktivieren. Wir müssen aber nicht auf Sinneseindrücke zurückgreifen, und wir sind auch nicht auf besondere kognitive Prozesse (z.B. Prozesse der Abstraktion) angewiesen, die es mühsam zu erlernen gilt. Wir müssen nur das aktivieren, was sozusagen in unserem Geist schlummert. Und dazu ist jeder Mensch von Natur aus fähig, denn jedem Menschen sind bestimmte Begriffe gleichsam in den Geist gelegt.

Interessanterweise sagt Descartes nicht nur, daß wir über angeborene Ideen bzw. Fähigkeiten zum Erfassen von Begriffen verfügen. Er behauptet auch, daß wir angeborene Ideen von Bewegung, Schmerz, Farbe, Ton usw. haben (AT XI, 359). Auch hier, so meint er, handelt es sich in einem gewissen Sinn um Fähigkeiten oder Dispositionen, die wir von Natur aus haben und nicht erwerben. Wir bedürfen nur eines äußeren Stimulus, um diese Fähigkeiten zu aktivieren; denn alles ist bereits derart in unserem Geist, „daß es nichts gibt in unseren Ideen, was dem Geist bzw. dem Denkvermögen nicht angeboren wäre, mit Ausnahme der äußeren Bedingungen für die Erfahrung" (AT VIII-2, 358). Dies ist eine bemerkenswerte Feststellung. Offensichtlich haben wir nicht einfach dadurch eine Schmerz- oder Farbempfindung, daß ein Gegenstand auf unsere Sinnesorgane einwirkt und unsere Nerven reizt. Eine solche Kausalrelation reicht nicht aus. Es sind zusätzlich angeborene Fähigkeiten erforderlich, die durch den kausalen „input" aktiviert werden. Genau durch diese Fähigkeiten unterscheiden wir Menschen uns von Maschinen oder niederen Lebewesen. Diese können nämlich ebenfalls in einer Kausalrelation zu äußeren Gegenständen stehen. Mangels angeborener Fähigkeiten sind sie aber nicht zu einer Verarbeitung des kausalen „inputs" und damit auch nicht zu geistigen Empfindungen fähig. Descartes' Feststellung ist auch bemerkenswert, weil sie betont, daß es sich um angeborene und nicht um erworbene Fähigkeiten handelt. Wir sind nicht deshalb fähig, Schmerzempfindungen zu haben, weil wir gelernt haben, kausale „inputs" auf bestimmte Weise zu verarbeiten, oder weil wir gelernt haben, ein Schmerzverhalten zu zeigen. Wir sind immer schon in der Lage, Schmerzen zu empfinden, und wir aktivieren unsere natürliche, angeborene Fähigkeit automatisch, sobald ein kausaler „input" vorhanden ist.

In einem *dritten* Sinn – dem in den *Meditationes* vorherrschenden Sinn – versteht Descartes unter Ideen das, was aus der Aktivierung von geistigen Fähigkeiten resultiert: geistige Akte und Zustände. Diese weisen stets zwei Aspekte auf (AT VII, 8). Materiell betrachtet („materialiter") sind sie nichts anderes als geistige Vorkommnisse, d.h. Modi der Substanz Geist. Objektiv betrachtet („objective") sind sie das, was durch die geistigen Vorkommnisse jeweils repräsentiert wird. Wenn jemand etwa sagt: „Ich denke, daß die Sonne groß ist", so sind zwei Aspekte zu unterscheiden. Es gibt einerseits das geistige Vorkommnis, nämlich den Akt des Denkens. Andererseits gibt es aber auch das, was durch diesen Akt des Denkens repräsentiert wird: daß die Sonne groß ist. Man könnte diesen zweiten Aspekt den repräsentativen Gehalt des Denkaktes nennen. Descartes nennt ihn „die Idee objektiv betrachtet" oder einfach „objektive Realität" (AT VII, 40f., 161; zum mittelalterlichen

Hintergrund dieses Ausdrucks Normore 1986; Perler 1996, 100 ff.). Der repräsentative Gehalt hat allerdings nicht immer eine propositionale Struktur. Wenn jemand eine Idee von der Sonne oder von Gott hat (AT VII, 37), so vollzieht er einen Denkakt mit dem Gehalt „Sonne" oder „Gott", d. h. mit einem nicht-propositionalen, gegenständlichen Gehalt. Es wäre daher unangebracht, Ideen objektiv betrachtet einfach mit Propositionen gleichzusetzen.

Die beiden Aspekte einer Idee gehören stets zusammen, und sie müssen auch stets zusammen betrachtet werden. Denn es gibt kein geistiges Vorkommnis ohne repräsentativen Gehalt, aber auch keinen repräsentativen Gehalt ohne geistiges Vorkommnis. (Eine Ausnahme stellen lediglich bestimmte Formen von emotionalen Zuständen dar, z. B. depressiv sein oder in Furcht sein. Dies sind geistige Vorkommnisse, die keinen präzisen repräsentativen Gehalt haben. In den *Meditationes* geht Descartes jedoch nicht auf sie ein.) Mit den beiden Aspekten verhält es sich wie mit den zwei Aspekten eines Gemäldes. Einerseits gibt es kein Gemälde ohne das Material, aus dem es gemacht ist; andererseits gibt es kein Gemälde ohne das, was durch die spezifische Anordnung des Materials dargestellt wird. Daher können wir in bezug auf ein Gemälde stets zwei Fragen stellen: Woraus besteht es? Und was stellt es dar? Genau gleich können wir auch in bezug auf Ideen fragen: Woraus sind sie gemacht (was sind sie „materialiter")? Und was repräsentieren sie (was sind sie „objective")?

Der Vergleich mit einem Gemälde legt sich durch eine berühmte, oft zitierte Textstelle aus der Dritten Meditation nahe, in der Descartes behauptet, Ideen seien „gleichsam Bilder von Gegenständen" (AT VII, 37). Diese Stelle ist allerdings mit Vorsicht zu interpretieren. Descartes sagt nicht, daß Ideen geistige Bilder sind. Er stellt nur fest, sie seien *gleichsam* Bilder. Denn wie Bilder stets etwas darstellen und dadurch einen repräsentativen Gehalt aufweisen, stellen auch Ideen etwas dar und haben einen repräsentativen Gehalt.

Es ist hier entscheidend, daß Descartes Ideen nur in einer bestimmten Hinsicht mit Bildern vergleicht. Er vertritt nicht

153

die These, wie ihm gelegentlich unterstellt wird, daß Ideen innere Bilder der äußeren Gegenstände sind und daß wir höchstens einen indirekten Zugang zu den äußeren Gegenständen haben, indem wir die inneren Bilder betrachten. Ideen sind keine geistigen Entitäten, die den äußeren Gegenständen gleichen. Am Anfang der Dritten Meditation hält Descartes ausdrücklich fest, der Hauptirrtum, dem er bislang erlegen sei, bestehe darin, daß er angenommen habe, die Ideen würden den Gegenständen gleichen (AT VII, 35). Genau von diesem Irrtum versucht er sich zu befreien: Obwohl Ideen einen repräsentativen Gehalt haben, gleichen sie den jeweils repräsentierten außergeistigen Gegenständen nicht. Wie könnte auch ein inneres Bild von einem Gegenstand, z. B. von Gott, diesem Gegenstand gleichen? Jeder Eigenschaft Gottes müßte ja eine Eigenschaft des inneren Bildes entsprechen. Aber wie würde etwa die Eigenschaft Gerecht oder Allmächtig auf dem inneren Bild aussehen? Ideen, so stellt Descartes fest, werden nicht auf irgendeiner inneren geistigen Leinwand mit besonderen Eigenschaften gemalt. Sie sind auch nichts, was wir durch Introspektion betrachten können. Ideen sind vielmehr etwas, was wir *haben* oder *vollziehen*: Denkakte. Und diese Akte zeichnen sich dadurch aus, daß sie einen repräsentativen Gehalt haben. Wir können Ideen höchstens insofern „betrachten", als wir ihren spezifischen repräsentativen Gehalt erfassen können. Und wir können gegebenenfalls darüber reflektieren, wie – durch welche kognitiven Vorgänge – wir dazu gekommen sind, bestimmte Ideen zu haben.

Freilich stellen sich dann sogleich die Fragen, warum Ideen bzw. Denkakte überhaupt einen repräsentativen Gehalt haben können und wie dieser Gehalt jeweils festgelegt wird. Descartes beantwortet diese Fragen, indem er verschiedene Arten von Ideen und entsprechend verschiedene Arten von repräsentativem Gehalt unterscheidet (AT VII, 37 f.). Es gibt erstens *erworbene Ideen*, die auf Wahrnehmungsprozessen beruhen. Ihr repräsentativer Gehalt wird durch den jeweiligen Wahrnehmungsgegenstand festgelegt. Wenn ich etwa zum Himmel emporschaue und die große Sonne sehe, so bilde ich aufgrund dieser Wahrnehmung eine Idee, die den repräsentativen Gehalt „große Sonne" hat. Zweitens gibt es *selbst gemachte Ideen*, die auf der willkürlichen Verknüpfung von Wahrnehmungsgegenständen und auf bloßer Vorstellung beruhen. Ihr repräsentativer Gehalt wird durch den jeweiligen Gegenstand der Vorstellung festgelegt. Wenn ich etwa eine weiße Chimäre imaginiere, so bilde ich eine Idee, die den repräsentativen Gehalt „weiße Chimäre" hat. Drittens gibt es *angeborene Ideen*, die allein durch die Aktivierung bereits potentiell vorhandener Begriffe entstehen. Dafür ist weder eine Wahrnehmung noch ein Akt der Vorstellung erforderlich. Wenn ich etwa die Begriffe ‚Gott' oder ‚Wahrheit' erfasse, so bilde ich durch bloße Aktivierung dieser potentiell vorhandenen Begriffe Ideen. Der repräsentative Gehalt dieser Ideen wird durch die jeweiligen Begriffe festgelegt. Angeborene Ideen in diesem Sinn sind freilich von den oben erwähnten angeborenen Ideen zu unterscheiden. Denn hier (AT VII, 38) handelt es sich um eine begrenzte Klasse von Denkakten mit einem genau festgelegten repräsentativen Gehalt. Im oben erwähnten weiten Sinn, den Descartes in den *Notae in Programma* (AT VIII-2, 357f.) anführt, sind hingegen alle Ideen angeboren, wenn sie als natürliche Fähigkeiten oder Dispositionen aufgefaßt werden.

Descartes' Unterscheidung dreier Arten von Ideen zeigt, daß sich die Frage, warum ein Denkakt überhaupt einen repräsentativen Gehalt haben kann, nicht pauschal beantworten läßt. Die Antwort hängt immer davon ab, wie die jeweilige Idee gebildet wird – durch Prozesse der Wahrnehmung, der Vorstellung oder der Aktivierung von potentiell vorhandenen Begriffen. In dieser Antwort unterscheidet sich Descartes deutlich von Empiristen (z.B. Locke), die davon ausgehen, daß geistige Denkakte nur deshalb außergeistige Gegenstände repräsentieren können, weil sie auf Wahrnehmungsprozessen beruhen. Seine Unterscheidung dreier Arten von Ideen zeigt zudem, daß man nicht pauschal sagen kann, in welcher Relation die Ideen zu den außergeistigen Gegenständen stehen. Zwar stehen alle Ideen in einer Kausalrelation zu etwas, was sie hervorgebracht hat; Ideen entstehen ja nicht aus dem Nichts (AT

VII, 40). Dies heißt aber nicht, daß alle Ideen in einer unmittelbaren Kausalrelation zu außergeistigen Gegenständen stehen. Man muß hier verschiedene Fälle unterscheiden: (1) Handelt es sich um erworbene Ideen, liegt eine direkte Kausalrelation vor. So wird die Idee von der großen Sonne unmittelbar durch die auf die Wahrnehmungsorgane einwirkende Sonne verursacht. (2) Handelt es sich um eine selbst erworbene Idee, liegt nur eine indirekte Kausalrelation vor. Die Idee von einer weißen Chimäre wird nur indirekt durch die Wahrnehmung bestimmter Tiere (Löwe, Ziege) verursacht, direkt hingegen durch die willkürliche Verknüpfung dieser Tiere im Vorstellungsvermögen. (3) Handelt es sich schließlich um eine angeborene Idee, liegt überhaupt keine Kausalrelation zu etwas Außergeistigem vor (außer zu Gott natürlich, denn Gott ist als Schöpfer dafür verantwortlich, daß der menschliche Geist über eine bestimmte Menge von angeborenen Ideen verfügt). So wird etwa die Idee von einem mathematischen Objekt oder von Gott ohne irgendeine Wahrnehmung allein durch eine Aktivierung des entsprechenden angeborenen Begriffs gebildet. Angesichts dieser dreifachen Unterscheidung wäre es ebenso irreführend, die Relation zwischen Ideen und außergeistigen Gegenständen als eine direkte Kausalrelation zu erklären, wie es irreführend wäre, sie als eine Abbildrelation zu deuten. Unterschiedliche Ideen stehen in unterschiedlichen Relationen zu den außergeistigen Gegenständen. Ein zentraler Punkt der Cartesischen Ideentheorie besteht gerade darin, daß sie auf diese Vielfalt aufmerksam macht.

Bislang ist deutlich geworden, daß unter einer Idee (im dritten, geläufigsten Sinn von ‚Idee‘) ein Denkakt mit einem repräsentativen Gehalt zu verstehen ist. ‚Ich habe eine Idee von x‘ heißt nichts anderes als ‚Ich denke an x‘. Was der Gegenstand x ist, der den repräsentativen Gehalt festlegt, hängt von der jeweiligen Art der Idee ab. In zahlreichen Fällen, nämlich bei den erworbenen Ideen, ist der Denkakt unmittelbar auf einen außergeistigen Gegenstand gerichtet, und dieser Gegenstand legt den repräsentativen Gehalt fest. Wenn ich etwa eine Idee von der Sonne habe, so vollziehe ich einen Denkakt, der auf die Sonne und auf nichts anderes gerichtet ist. Und genau die außergeistige Sonne legt den repräsentativen Gehalt dieses Denkaktes fest. „Die Sonne selbst" existiert dann „objektiv" im Geist (AT VII, 102), weil genau sie – kein inneres Abbild – das Objekt des Denkaktes ist. Diese Aussage verdeutlicht, daß die Ideentheorie nicht unbedingt einen verhängnisvollen Repräsentationalismus zur Folge hat, wie gelegentlich argumentiert wird (Danto 1978, Rorty 1980, 61 ff.). Descartes behauptet nicht, daß wir nur noch einen unmittelbaren Zugang zu den repräsentierenden Ideen haben und höchstens auf die äußeren Gegenständen schließen können. Er vertritt vielmehr die These, daß wir einen Zugang zu den äußeren Gegenständen haben, indem wir unsere Denkakte auf sie ausrichten und indem wir sie dadurch zu jenen Objekten machen, die den repräsentativen Gehalt unserer Denkakte festlegen. Ideen sind das *Mittel*, das wir benötigen, um überhaupt einen Zugang zu den äußeren Gegenständen zu haben. Sie sind aber nicht die Objekte, zu denen allein wir einen unmittelbaren Zugang haben.

4. Wahrheits- und Urteilstheorie

Für die Errichtung eines neuen, zuverlässigen Wissenssystems reicht es nicht aus, irgendwelche Ideen zu haben, die ganz unterschiedliche Gegenstände – materielle, mathematische, fiktive usw. – auf unterschiedliche Weise repräsentieren. Man benötigt genau jene Ideen, die all diese Gegenstände korrekt repräsentieren. Doch wie läßt sich feststellen, wann eine Idee korrekt repräsentiert und wann nicht? Am Anfang der Dritten Meditation stellt Descartes ein Kriterium zur Verfügung. Er behauptet, man könne als allgemeine Regel aufstellen, daß „all das wahr ist, was ich sehr klar und deutlich perzipiere" (AT VII, 35). Dieses Kriterium findet sich auch in den späteren *Principia* (AT VIII-1, 21): Will man die korrekt repräsentierenden Ideen von den unkorrekt repräsentierenden unterscheiden, muß man darauf achten, ob es sich um klare und deutliche Ideen handelt. Nur auf diese Ideen, nicht etwa auf die obskuren und konfusen, darf man sich stützen, wenn man wahres Wissen gewinnen will.

Doch was heißt hier „klar und deutlich"? Descartes gibt in den *Principia* folgende Erklärung: „Klar nenne ich jene Idee, die dem aufmerksamen Geist gegenwärtig und offenkundig ist [...], deutlich aber jene, die – sofern sie klar ist – derart von allen anderen Ideen unterschieden und getrennt ist, daß sie gar nichts anderes enthält als das, was klar ist." (AT VIII-1, 22) Diese Erklärung erscheint auf den ersten Blick allerdings wenig hilfreich. Denn wie kann ich wissen, was meinem aufmerksamen Geist „gegenwärtig und offenkundig" ist und was nicht? Benötige ich dazu ein besonderes Evidenzerlebnis? Und wie kann ich wissen, ob meine Idee nur das enthält, was klar ist? Muß ich dazu in einem besonderen psychischen Zustand sein? Angesichts Descartes' vager Umschreibung ist es nicht erstaunlich, daß sein Kriterium gelegentlich als ein rein psychologisches Kriterium gedeutet wird (Loeb 1992, 201 ff.). Jemand hat genau dann eine klare und deutliche Idee, so scheint es, wenn er die Idee in einem besonderen Zustand der geistigen Aufmerksamkeit hat. Die Idee repräsentiert dann auf evidente Weise, und wer eine solche Idee hat, kann gar nicht anders, als ihr zuzustimmen.

Eine solche rein psychologische Bestimmung der Klarheit und Deutlichkeit hätte jedoch fatale Folgen. Erstens wäre es völlig unklar, wie damit ein intersubjektiv gültiges Kriterium etabliert werden könnte. Jede Person kann nämlich höchstens von sich selber sagen, daß sie in einem bestimmten Zustand der Aufmerksamkeit ist, und sie kann höchstens für sich selber die Evidenz ihrer jeweiligen Idee beschreiben. Aber sie kann nie behaupten, daß ihre Idee ebenso evident (und damit ebenso klar und deutlich) ist wie diejenige einer anderen Person. Zweitens hätte eine rein psychologische Bestimmung auch zur Folge, daß Klarheit und Deutlichkeit kein epistemisches Kriterium wäre. Das heißt, es wäre kein Kriterium, mit dessen Hilfe bestimmt werden könnte, wie sich eine Idee zum repräsentierten Gegenstand verhält. Es könnte höchstens bestimmt werden, auf welche Art und Weise eine Idee einer Person gegeben ist, nämlich mit oder ohne Evidenz. In der Dritten und Vierten Meditation hält Descartes aber eindeutig fest, daß er nach einem epistemischen Kriterium sucht. Er spricht dort sogar von einem Wahrheitskriterium (AT VII, 35, 62): Nur wenn wir lernen, die klaren und deutlichen Ideen von den obskuren und konfusen zu unterscheiden, können wir das repräsentieren, was wirklich der Fall ist. Nur dann sind wir zu wahren Repräsentationen und damit auch zum Aufbau eines zuverlässigen Wissenssystems fähig. In welchem psychischen Zustand wir dieses System aufbauen, ist von untergeordneter Bedeutung.

Aber wie soll die Klarheit und Deutlichkeit Aufschluß darüber geben, ob eine Idee korrekt repräsentiert? Diese Frage läßt sich beantworten, wenn man das Wachsbeispiel in der Zweiten Meditation näher betrachtet, mit dem Descartes das Kriterium der Klarheit und Deutlichkeit erläutert (ausführlich Wilson 1978, 76–88). Er geht von folgender Situation aus: Angenommen, vor mir liegt ein hartes, gelbes, wohlriechendes Stück Bienenwachs. Es kommt in die Nähe des Feuers und schmilzt; sein Duft verflüchtigt sich, seine Farbe ändert sich, seine Form verschwindet. Wie muß ich nun das Wachsstück erfassen, damit ich ungeachtet jeder Veränderung das erfasse, was die Natur des Wachsstücks bestimmt? Mehrere Antworten bieten sich an:

(1) Man könnte zunächst meinen, das Wachsstück sei mit den Sinnen zu erfassen. Doch diese Antwort erweist sich sogleich als falsch. Denn mit Hilfe der Sinne können nur die kontingenten, veränderbaren Eigenschaften (Farbe, Geruch usw.) des Wachsstücks erfaßt werden. Es ist aber zweifelhaft, daß genau diese Eigenschaften die Natur des Wachsstücks bestimmen. Sie können sich ja jederzeit verändern, z.B. wenn das Wachsstück erhitzt wird. (2) Man könnte weiter zur Ansicht neigen, das Wachsstück sei mit Hilfe der Vorstellungskraft zu erfassen. Doch auch diese Ansicht ist falsch. Denn man kann sich vielleicht vorstellen, daß das Wachsstück nicht viereckig, sondern rund ist, nicht gelb, sondern grün usw., aber die Vorstellungskraft ist begrenzt. Daher kann man sich stets

fragen, ob die begrenzte Vorstellungskraft vielleicht genau das nicht erfaßt, was die Natur des Wachsstücks bestimmt. (3) Schließlich läßt sich die Meinung vertreten, daß das Wachsstück einzig und allein mit dem Geist zu erfassen ist. Diese Meinung ist Descartes zufolge die einzig korrekte. Denn wie begrenzt auch die Sinneswahrnehmung und die Vorstellung sein mögen, die geistige Einsicht in die Tatsache, daß das Wachsstück eine Ausdehnung hat, ist nicht begrenzt. Und genau diese Eigenschaft bestimmt die Natur des Wachsstücks. Daher ist es „einzig und allein der geistige Einblick, der entweder unvollkommen und konfus sein kann, wie er vorher war, oder klar und deutlich, wie er jetzt ist, je nachdem, ob ich mehr oder weniger darauf achte, woraus das Wachsstück besteht." (AT VII, 31)

Offensichtlich behauptet Descartes, daß ich das Wachsstück genau dann klar und deutlich erfasse, wenn ich es nur mit jenen Eigenschaften erfasse, aus denen es besteht – mit jenen Eigenschaften, die es *wesentlich* hat und ohne die es gar nicht erfaßt werden kann. Denn wie auch immer es sich verändern mag und wie auch immer ich es wahrnehmen oder mir vorstellen mag, das Wachsstück ist immer ausgedehnt; es muß immer eine Länge, Breite und Tiefe haben. Damit zeigt sich, daß das Kriterium der Klarheit und Deutlichkeit als ein Essentialitätskriterium aufzufassen ist (Beckermann 1986, 88 f.; Perler 1996, 275): Jemand hat genau dann eine klare und distinkte Idee von einem Gegenstand, wenn er ihn nur mit seinen wesentlichen Eigenschaften erfaßt, ohne die er gar nicht erfaßt werden kann, und wenn er von den akzidentellen Wahrnehmungs- oder Vorstellungseigenschaften absieht, ohne die der Gegenstand sehr wohl erfaßt werden kann. Die Anwendung dieses Kriteriums ist als eine Art Testverfahren zu verstehen. Wenn jemand eine Menge von Ideen von einem Gegenstand hat, kann man ihn fragen: „Welche Ideen hast du lediglich aufgrund einer besonderen Wahrnehmung oder Vorstellung von diesem Gegenstand? Sondere alle diese Ideen aus und behalte nur jene zurück, ohne die du den Gegenstand gar nicht als einen distinkten Gegenstand repräsentieren kannst. Was dann übrigbleibt, sind die klaren und deutlichen Ideen. Und nur diese Ideen darfst du für den Aufbau eines neuen Wissenssystems verwenden."

Versteht man das Kriterium der Klarheit und Deutlichkeit in diesem Sinne, ist es sehr wohl ein epistemisches und nicht bloß ein psychologisches Kriterium. Denn mit Hilfe dieses Kriteriums können die Ideen, die einen Gegenstand korrekt repräsentieren (d.h. mit seinen wesentlichen Eigenschaften, die er ungeachtet jeder Wahrnehmungssituation hat), von jenen Ideen unterschieden werden, die einen Gegenstand unkorrekt oder irreführend repräsentieren. Genau diesen Punkt verdeutlicht Descartes in der Sechsten Meditation, wenn er festhält, daß die Gegenstände vielleicht nicht so existieren, wie sie in einer Wahrnehmungssituation präsent sind; denn die Wahrnehmung ist häufig konfus und obskur. „Aber wenigstens", so betont er, „findet sich all das in ihnen, was ich klar und deutlich verstehe, d.h. allgemein all das, was im Gegenstand der reinen Mathematik enthalten ist." (AT VII, 80) Nur mit Hilfe der klaren und deutlichen Ideen kann jemand die materiellen Gegenstände so erfassen, wie sie wirklich sind, nämlich als Körper mit geometrischen und kinematischen Eigenschaften. Diese Äußerung verdeutlicht, daß das erkenntnistheoretische Projekt, das Descartes mit Hilfe der Ideentheorie verfolgt, immer in engem Zusammenhang mit seinem physikalischen Projekt zu verstehen ist. Denn die Eigenschaften, die durch die klaren und deutlichen Ideen repräsentiert werden, sind genau jene Eigenschaften, die von der neuen Physik als die einzigen realen Eigenschaften von Körpern etabliert wurden.

Freilich beschränkt Descartes das Kriterium der Klarheit und Deutlichkeit nicht auf die Ideen, die Materielles repräsentieren. Es handelt sich um ein allgemeines Kriterium, das auf alle Ideen angewendet werden kann, auch auf jene von Immateriellem. So kann etwa auch die Idee von Gott oder die Idee vom eigenen Geist (oder von einem Zustand des eigenen Geistes; vgl. AT VIII-1, 33) klar und deutlich sein. Aber auch in diesen Fällen gilt: Eine Idee ist nur dann klar und deutlich, wenn sie ihren jeweiligen Gegenstand ausschließlich mit seinen wesentlichen Eigenschaften repräsentiert. Jemand hat also nur dann eine klare und deutliche Idee von seinem eigenen Geist, wenn er ihn ausschließlich als eine denkende Substanz repräsentiert.

Mit den klaren und deutlichen Ideen allein läßt sich allerdings noch kein neues Wissenssystem aufbauen. Denn ein solches System muß ja aus Meinungen oder Urteilen bestehen. Und wenn es sich um ein zuverlässiges System handeln soll, muß es ausschließlich aus wahren Urteilen bestehen. Wie kommt man aber von Ideen zu Urteilen? Und welche Bedingung muß ein Urteil erfüllen, damit es wahr ist?

Descartes widmet sich diesen Fragen in der Vierten Meditation. Er stellt dort fest, ein Urteil komme durch das Zusammenwirken von Intellekt und Wille, den beiden Vermögen des Geistes, zustande. Der Intellekt liefert die Idee, und der Wille liefert den Akt des Zustimmens oder Ablehnens. Liefert der Wille einen zustimmenden Akt für eine klare und deutliche Idee, kommt ein wahres Urteil zustande. Liefert er einen solchen Akt aber für eine konfuse und obskure Idee, kommt ein falsches Urteil zustande. Daher, so schließt Descartes, ist allein der Wille für falsche Urteile und für Irrtümer verantwortlich. Ein Irrtum entsteht genau dann, wenn „der Wille sich weiter erstreckt als der Intellekt" und willkürlich seine Zustimmung gibt (AT VII, 58).

An dieser Erklärung fällt auf, daß sie sich klar von der scholastischen Tradition absetzt, die das Bilden von Urteilen allein dem Intellekt zuschrieb (Belege in Kenny 1972). Descartes zufolge muß *zusätzlich* zum Intellekt der Wille aktiv sein, weil die Ideen, die der Intellekt liefert, ja nur Denkakte mit einem bestimmten repräsentativen Gehalt sind. Das bloße Haben von solchen Denkakten ist aber vom Urteilen grundsätzlich verschieden. So ist es eine Sache, bloß zu denken, daß die Sonne groß ist; eine ganz andere Sache ist es, zu urteilen, daß die Sonne groß ist. Ähnlich wie moderne Sprechakttheoretiker geht auch Descartes davon aus, daß man den propositionalen Gehalt eines Urteils („daß die Sonne groß ist") von der propositionalen Einstellung („Urteil") unterscheiden muß. Für die propositionale Einstellung ist ein besonderes geistiges Vermögen erforderlich.

Es ist auch bemerkenswert, daß Descartes die Wahrheit oder Falschheit von Urteilen immer mit Bezug auf die zugrundeliegende Idee bestimmt: Ein Urteil ist nur dann wahr, wenn es auf klaren und deutlichen Ideen beruht. Es ist daher nicht erstaunlich, daß er dem Kriterium der Klarheit und Deutlichkeit einen zentralen Platz in seiner Wahrheits- und Urteilstheorie einräumt. Ausgehend von der korrespondenztheoretischen Auffassung, daß unter Wahrheit nichts anderes als eine Übereinstimmung von Urteilen und beurteilten Dingen oder Sachverhalten zu verstehen ist (AT I, 296 f.), betont er, daß wir ein Kriterium benötigen, mit dessen Hilfe wir feststellen können, ob tatsächlich eine solche Übereinstimmung vorliegt. Dieses Kriterium kann nur eines sein, das etwas über die Ideen aussagt. Denn die Wahrheit eines Urteils hängt immer davon ab, ob die konstitutiven Bestandteile eines Urteils, nämlich die Ideen, korrekt oder unkorrekt repräsentieren.

In diesem Ansatz, der sich auf das Wahrheitskriterium konzentriert, zeigt sich eine folgenreiche Veränderung in der Wahrheitsdebatte (Perler 1996, 300 ff.). Während sich scholastische Autoren vornehmlich bemüht hatten, eine allgemeine Wahrheitsdefinition zu geben (etwa in Form der berühmten „adaequatio rei et intellectus"-Formel) und diese Definition metaphysisch zu begründen, setzt Descartes eine Definition oder zumindest ein allgemeines Verständnis von Wahrheit voraus. Ihn interessiert weniger die Frage, was Wahrheit *ist*, als die Frage, wie denn in einem konkreten Fall *beurteilt* werden kann, ob ein wahres oder ein falsches Urteil vorliegt. Denn nur wenn wir zu einer solchen Beurteilung in der Lage sind, können wir ein zuverlässiges Wissenssystem aufbauen.

5. Bewußtsein

Gelegentlich wird argumentiert, der moderne Bewußtseinsbegriff sei erst durch Descartes konstituiert worden (*HWPh*, Bd. 1, 890). Denn erst Descartes habe ihn von moralischen Konnotationen befreit und ausschließlich auf den denkenden Geist angewendet. Der Geist zeichne sich gemäß der Cartesischen Theorie dadurch aus, daß er immer Bewußtsein habe oder sogar nichts anderes als Bewußtsein sei. Daher müsse eine Analyse des Geistes immer beim Bewußtsein ansetzen: „Bewußtsein ist das Wesen des Geistes" (Kenny 1989, 1).

Sucht man, angeregt von solchen Aussagen, in Descartes' Texten nach einer Erklärung des Bewußtseinsbegriffs, findet man allerdings nur spärliche Bemerkungen. Er geht mit dem Begriff „conscientia" (oder „cognitio interna") äußerst sparsam um. Und wenn er ihn verwendet, charakterisiert er damit nicht den Geist, sondern das Denken, d.h. die Tätigkeit des Geistes (AT VIII-1, 7; AT VII, 246f.). Er behauptet auch nicht, Bewußtsein sei das Wesen des Geistes, sondern er sagt nur, Bewußtsein (genauer: bewußt zu sein) *folge* daraus, daß Denken das wesentliche Attribut des Geistes ist (AT III, 273). Was aber aus einem wesentlichen Attribut folgt, ist nicht mit diesem identisch. Daher empfiehlt es sich, den Bewußtseinsbegriff genauer zu betrachten. Zwei Fragen sind dabei besonders zu beachten: Wie verhalten sich Denken und Bewußtsein zueinander? Und was hat oder vollzieht jemand, wenn er Bewußtsein hat?

Für eine Beantwortung der ersten Frage ist es entscheidend, den Unterschied zwischen direktem und reflexivem Denken oder Erkennen zu beachten. In einem Brief an Arnauld (AT V, 220f.) hält Descartes fest, ein Kind, das einen Schmerz empfindet, habe eine direkte Erkenntnis („cognitio directa"). Ein Erwachsener hingegen, der darüber hinaus wahrnimmt, daß er diesen besonderen Schmerz vorher noch nicht gehabt hat, habe eine reflexive Erkenntnis („cognitio reflexiva"). Diese Gegenüberstellung kann man folgendermaßen verstehen: Ein Kind erlebt einen Schmerz bewußt; denn es ist nicht einfach eine Maschine, in der mechanistische Prozesse ablaufen. Aber das Kind konzeptualisiert seinen Schmerz nicht. Es fragt sich nicht: „Habe ich einen dumpfen oder einen stechenden Schmerz? Ist dieser Schmerz ähnlich wie der Schmerz, den ich gestern gehabt habe?" Das Kind denkt auch nicht darüber nach, daß es einen Schmerz hat. Es hat oder erlebt den

Schmerz einfach. Im Gegensatz dazu konzeptualisiert ein Erwachsener seinen Schmerz (was natürlich nicht ausschließt, daß er ihn auch erlebt), indem er ihn in Kategorien wie „dumpf" oder „stechend" einordnet und mit früheren Schmerzerlebnissen vergleicht. Und ein Erwachsener kann auch darüber nachdenken, daß er jetzt einen Schmerz empfindet, der dem Schmerz von gestern ähnlich ist.

Zieht man diese Unterscheidung in Betracht, zeigt sich, daß Descartes mit seiner These, Denken sei bewußt (AT VIII-1, 7), keineswegs behauptet, daß jeder Denkakt durch einen reflexiven Akt bewußt gemacht wird. Er will damit nur verdeutlichen, daß alle Menschen ein direktes, unmittelbares Bewußtsein haben. Was auch immer wir fühlen, erinnern, erwägen usw., wir tun dies – genau wie das Kleinkind – bewußt oder mit einer inneren Aufmerksamkeit (AT I, 413 f.). Man könnte dies in moderner Terminologie das Vigilanz-Bewußtsein nennen (Lanz 1996, 75). Wir vollziehen unsere Denkakte normalerweise in einem aufmerksamen, wachsamen Zustand. So betrachtet ist der Cartesische Bewußtseinsbegriff weder besonders brisant noch besonders innovativ. Er betont nur eine Besonderheit des Denkens, aufgrund deren sich die Denktätigkeit eines Menschen, der sich bei vollem Bewußtsein befindet, von derjenigen eines Menschen im Koma oder einer Denkmaschine unterscheidet.

Descartes räumt freilich ein, daß erwachsene, einer Sprache mächtige Menschen zusätzlich zu diesem grundlegenden Vigilanz-Bewußtsein eine Form von Bewußtsein haben, die man kognitives oder intentionales Bewußtsein nennen könnte. Denn Erwachsene können Ideen bilden, den Ideen zustimmen oder sie ablehnen, und sie können die Ideen sprachlich zum Ausdruck bringen. Sie können also die Idee von der Sonne bilden und Aussagen wie ‚Die Sonne ist groß' machen. Dies tun sie, indem sie sich bewußt – durch einen gezielten intentionalen Akt – auf die Sonne richten. Daher sind sie sich auch bewußt, daß sie eine Idee von der Sonne und von nichts anderem haben. Im Anhang zu den Zweiten Erwiderungen betont Descartes, er verstehe unter einer Idee „die Form eines beliebigen Gedankens, durch deren unmittelbare Perzeption ich mir dieses Gedankens bewußt bin" (AT VII, 160). Dies heißt nicht, daß für jede Idee ein spezieller reflexiver Akt gebildet wird, mit dem die Idee perzipiert wird. Wenn ich eine Idee von der Sonne habe, so reflektiere ich nicht gleichzeitig darüber, daß ich eine Idee von der Sonne habe. Ich habe, wie Descartes betont, eine *unmittelbare* Perzeption von der Idee und damit auch ein *unmittelbares* Bewußtsein. Denn wenn ich eine Idee von der Sonne habe, so weiß ich auch unmittelbar, daß ich eine Idee von der Sonne und von nichts anderem habe. Dazu bin ich imstande, weil ich einen intentionalen Akt vollzogen habe, der sich auf die Sonne und auf nichts anderes richtet.

Natürlich räumt Descartes ein, daß erwachsene Menschen auch darüber nachdenken können, was für eine Idee sie haben, wie sie fühlen, erinnern, erwägen usw. – kurzum, sie können reflexive Akte vollziehen. Reflexion ist aber keineswegs in jeder Situation erforderlich. Gegenüber seinem Kritiker Bourdin betont Descartes, daß Reflexion für bewußtes Denken nicht notwendig ist (AT VII, 559). Um ein denkendes Ding zu sein, reicht es aus, daß jemand aufmerksam oder wachsam denkt, genau wie es für einen erfahrenen Architekten ausreicht, daß er aufmerksam oder wachsam plant. Es ist nicht erforderlich, daß jemand stets darüber nachdenkt, daß er denkt, genau wie es auch für den erfahrenen Architekten nicht erforderlich ist, daß er darüber nachdenkt, daß er plant.

Wenn man nun fragt, was denn ein Mensch hat, wenn er Bewußtsein hat, kann man drei Antworten geben: (1) Im Normalfall hat ein solcher Mensch einfach ein Vigilanz-Bewußtsein: Er vollzieht aufmerksam oder wachsam Denkakte. Diese Art von Bewußtsein hat jeder Mensch, ein Kleinkind ebenso wie ein Erwachsener. (2) Ein erwachsener Mensch hat im Normalfall zudem ein kognitives oder intentionales Bewußtsein: Er erfaßt unmittelbar den Inhalt der Ideen bzw. Denkakte, die er vollzieht. (3) Im Ausnahmefall hat er zudem ein reflexives Bewußtsein: Er reflektiert darüber, daß er Denkakte vollzieht. Zu dieser dritten Art von Bewußtsein ist ein Mensch in der Lage, weil er über eine besondere kognitive Fähigkeit verfügt, die den Aufstieg zu höherstufigen Denkakten ermöglicht. Wann immer jemand etwas fühlt, erinnert, erwägt usw., kann er zum höherstufigen Denkakt ‚Ich denke, daß ich fühle, erinnere, erwäge usw.‘ und natürlich auch zu weiteren höherstufigen Denkakten aufsteigen (Kemmerling 1996, 181ff.). Aber ein solcher Aufstieg ist nicht zwingend, und durch ihn wird keine neue Information über den Denkakt erster Stufe oder über den eigenen Geist gewonnen. Entscheidend ist das unmittelbare Haben oder Erleben eines Denkaktes erster Stufe.

Descartes' Ausführungen über direktes und reflexives Bewußtsein sind in mehrfacher Hinsicht interessant. Sie verdeutlichen erstens, daß er unter Bewußtsein nicht eine besondere Eigenschaft des Geistes oder sogar eine besondere Entität im Geist versteht. Lockes Frage, ob wir denn nicht zwei Bewußtseine in unserem Geist haben könnten, eines bei Tag und eines bei Nacht (*Essay* II, xxvii, § 23; ed. Nidditch 1975, 344), wäre für Descartes eine ganz und gar absonderliche Frage. Es gibt nicht ein oder gar zwei Bewußtseine, die gleichsam in unserem Geist logieren. Bewußtsein ist nichts anderes als ein Vermögen, mit dessen Hilfe wir einerseits aufmerksam Denkakte erster Stufe vollziehen können, andererseits aber auch in der Lage sind, zu höherstufigen Denkakten aufzusteigen.

Zweitens verdeutlichen Descartes' Ausführungen auch, daß er unter Bewußtsein nicht – wie ihm gelegentlich unterstellt wird (Rorty 1980, 61ff.) – eine Art von Introspektion versteht. Wer einen Denkakt vollzieht, betrachtet nicht in der „inneren Arena" des Geistes eine besondere mentale Entität. Er hat diesen Denkakt einfach in einem Zustand der Aufmerksamkeit oder Wachsamkeit, und er ist bei Bedarf dazu imstande, einen höherstufigen Denkakt zu vollziehen. Aber es gibt keine besondere Entität, die er betrachten könnte. Die Existenz einer besonderen Entität ist schon aufgrund des metaphysischen Programms ausgeschlossen, das Descartes entwickelt (vgl. ausführlich Kap. V.1). Denn es gibt diesem Programm zufolge nur Substanzen und Modi, und Modi sind im Bereich des Geistigen keine Objekte oder Entitäten, auf die sich eine geistige Substanz richten könnte, sondern sie sind nichts anderes als die jeweiligen „Seinsweisen" („modi essendi") der Substanz. Wenn nun gesagt wird, eine geistige Substanz habe Bewußtsein oder sei sich ihres Denkens bewußt, heißt dies nur, daß sie den Modus des Denkens auf eine bestimmte Art und Weise hat: auf aufmerksame und nicht auf unaufmerksame Art und Weise. Man könnte hier – in moderner Terminologie ausgedrückt – von einer adverbialen Theorie des Bewußtseins sprechen: ‚Bewußt‘ ist nur ein Adverb, das ausdrückt, auf welche Art und Weise jemand denkt. Es ist kein Wort, das auf eine besondere Entität im Geist referiert, und es ist auch kein Wort, das eine besondere Relation (z.B. eine Introspektion) zwischen dem Geist und einem geistigen Objekt umschreibt.

Drittens schließlich zeigen Descartes' Ausführungen auch, daß er geschickt einer Falle entgeht, die manchen Bewußtseinstheorien droht. Würde er davon ausgehen, daß jeder Denkakt bewußt ist, weil er von einem reflexiven Akt begleitet wird, müßte er einräumen, daß auch der reflexive Akt nur bewußt ist, weil er seinerseits von einem reflexiven Akt begleitet wird. So wäre ein infiniter Regreß unvermeidbar: Für das Bewußtsein eines Denkaktes müßte eine unendliche Reihe von höherstufigen Denkakten angenommen werden. Genau diesem Regreß entgeht Descartes, indem er festhält, daß einfaches oder unmittelbares Bewußtsein nur eine bestimmte Form der Wachsamkeit, aber keine Reflexion erfordert.

Und wie steht es mit dem phänomenalen Bewußtsein, das in der modernen Debatte häufig als eine besondere Form von Bewußtsein herausgestellt wird (Lanz 1996, 71ff.)? Sieht Descartes ein Bewußtsein für die Präsenz sinnlicher Qualitäten vor, z.B. für das subjektive Empfinden einer Farbe oder eines Geruchs? In seiner Theorie des Geistes sieht Descartes kein solches Bewußtsein vor, denn sinnliche Qualitäten werden seiner Meinung nach nicht vom Geist allein, sondern von der Geist-Körper-Einheit erlebt. Sie stehen gleichsam an der Schnittstelle von Geist und Körper (AT VII, 436f.). Daher muß zuerst untersucht werden, wie Geist und Körper sich zueinander verhalten und wie aus ihrer Verbindung so etwas wie ein subjektives Erleben von Farben oder Gerüchen entstehen kann (vgl. dazu Kap. VI.1).

V. Metaphysik

1. Die Dualismus-These

Descartes' Metaphysik beruht auf einer ebenso berühmten wie berüchtigten These, die sich in wenigen Worten zusammenfassen läßt: Die von Gott geschaffene Welt besteht aus genau zwei Arten von Substanzen, nämlich erstens aus körperlichen Substanzen, die Ausdehnung als wesentliches Attribut haben, und zweitens aus geistigen Substanzen, die Denken als wesentliches Attribut haben. Diese beiden Arten von Substanzen sind real und nicht etwa nur begrifflich voneinander verschieden. Sie können aber miteinander verknüpft sein, wie das Beispiel des Menschen zeigt; denn ein Mensch ist nichts anderes als eine Verbindung aus einer körperlichen und einer geistigen Substanz. Vom *Discours* (AT VI, 32f.) über die *Meditationes* (AT VII, 78) bis zu den *Principia* (AT VIII-1, 7) und den *Passions* (AT XI, 330) zieht sich diese These wie ein Leitmotiv durch das ganze Werk Descartes'.

Diese Dualismus-These hat nicht nur moderne Kommentatoren, sondern auch Descartes' Zeitgenossen immer wieder verblüfft. Wie, so fragten Arnauld, Gassendi und andere Philosophen, kann Descartes denn beweisen, daß es genau diese beiden Arten von Substanzen gibt und daß sie real voneinander verschieden sind? Bevor man seine Beweise näher betrachtet, muß man sich allerdings vergegenwärtigen, daß Descartes eine ganz bestimmte Form von Dualismus vertritt. Er behauptet nur, daß es zwei verschiedene Arten von Substanzen gibt, die mit unterschiedlichen Attributen ausgestattet sind. Er behauptet aber nicht, wie ihm gelegentlich unterstellt wird, daß es zwei verschiedene Welten gibt, nämlich eine Welt mit geistigen Objekten (Gedanken, Empfindungen, Schmerzen usw.) und eine Welt mit körperlichen Objekten (Tische, Bäume, menschliche Körper usw.). Ein Gedanke oder ein Schmerz ist kein geistiges Objekt, sondern ein Zustand oder eine Tätigkeit einer geistigen Substanz – in Descartes' Terminologie: ein Modus einer Substanz. ‚Ich habe einen Schmerz' heißt im Rahmen des Cartesischen Dualismus also nicht ‚Ich (= geistiges Objekt₁) stehe in einer bestimmten Relation zum Schmerz (= geistiges Objekt₂)'. Diese Aussage heißt nur ‚Ich (= geistige Substanz) habe/empfinde einen Schmerz (= Modus der geistigen Substanz)'. Es gibt keine inneren Objekte, die das Ich irgendwie betrachten könnte, sondern nur geistige Tätigkeiten oder Zustände, die den jeweiligen Zustand des Ichs „modifizieren". Wenn Descartes die reale Verschiedenheit von Geist und Körper beweisen will, so will er also nicht die Verschiedenheit irgendwelcher Objekte zeigen, sondern nur die Verschiedenheit zweier Arten von Substanzen (Diskussion in Baker & Morris 1996, 11 ff.).

Es ist auch zu beachten, daß Descartes nicht die reale Verschiedenheit vollkommen unabhängiger Substanzen beweisen will. Er betont, daß es streng genommen nur eine unabhängige Substanz gibt, nämlich Gott. Alle denkenden und ausgedehnten Substanzen hängen zu jedem Zeitpunkt ihrer Existenz von Gott ab (AT VIII-1, 24). Diese Aussage verdeutlicht, daß Descartes eine zweifache Klassifizierung von Substanzen vornimmt: (a) Einerseits klassifiziert er sie hinsichtlich ihrer Existenzart. Dann gehören denkende und ausgedehnte Substanzen zusammen in eine Klasse, denn sie haben beide eine abhängige Existenz. (b) Andererseits klassifiziert er sie hinsichtlich ihres wesentlichen Attributs. Dann müssen denkende und ausgedehnte Substanzen getrennt klassifiziert werden, denn sie weisen unterschiedliche Attribute auf. Was Descartes im Rahmen seiner Dualismus-These interessiert, ist die Klassifizierung (b). Er will zeigen, daß Substanzen, die unterschiedliche wesentliche Attribute haben, real verschieden sind.

Doch warum, so kann man fragen, will Descartes dies zeigen? Betrachtet man die naturwissenschaftlichen Schriften, wird sogleich eine Motivation deutlich. Gegenüber der aristotelisch-scholastischen Tradition betont Descartes immer wieder, daß Körper nichts anderes als ausgedehnte materielle Gegenstände sind – keine Materiestücke, die von einer Form wie von einer inneren Seele gelenkt werden (AT III, 648; AT VII, 442). Erst wenn man dies eingesehen hat, kann man seiner Meinung nach zu einem korrekten Verständnis der materiellen Welt gelangen. Dies gilt auch für den menschlichen Körper. Erst wenn man eingesehen hat, daß ein solcher Körper nichts anderes als ein nach mechanistischen Prinzipien funktionierender materieller Gegenstand ist, kann man ihn korrekt beschreiben. Immer wieder weist Descartes darauf hin, daß die sog. vegetative und die sinnliche Seele, die gemäß den Aristotelikern für das Funktionieren des Organismus verantwortlich ist, ein reines Theoriegespinst ist. Der organische Körper funktioniert einzig und allein aufgrund der komplexen Anordnung der Materieteile (AT XI, 226).

Allerdings weist Descartes darauf hin, daß ein Mensch nicht nur ein funktionierender Organismus ist. Er hat auch eine unsterbliche Seele (AT VII, 2f.). Genau hier liegt eine zweite wichtige Motivation für die Dualismus-These: Die Unsterblichkeit der Seele kann nur dann gewährleistet sein, wenn zu dem vergänglichen, nach mechanistischen Prinzipien funktionierenden Körper etwas hinzukommt. Was hinzukommt, kann nicht eine besondere Eigenschaft des Körpers sein; denn jede Eigenschaft hängt von ihrem Träger ab. Und wenn der Körper als Träger zugrundegeht, geht immer auch die besondere Eigenschaft zugrunde. Also muß das, was hinzukommt, eine besondere Substanz sein, die für ihre Existenz keines Trägers bedarf.

Es ist wichtig, beide Motivationen im Blick zu haben. Descartes will mit seiner Dualismus-These seine mechanistische Physik und Physiologie metaphysisch untermauern und gleichzeitig die Unsterblichkeit der Seele gegenüber skeptischen Anfechtungen verteidigen. Doch wie beweist er diese folgenreiche These? Sucht man nach einem Beweis für die reale Verschiedenheit von geistigen und körperlichen Substanzen, wird man in *Discours* (AT VI, 33), in der Zweiten Meditation (AT VII, 26f.) und in den *Principia* (AT VIII-1, 7) fündig. Dort präsentiert Descartes einen Beweis, der gewöhnlich „das

171

Zweifelsargument" genannt wird (Beckermann 1986, 56 ff.; Cottingham 1986, 112). Er läßt sich in Kurzform folgendermaßen darstellen:

(A) Ich kann nicht daran zweifeln, daß ich ein denkendes Ding bin.
(B) Ich kann sehr wohl daran zweifeln, daß ich einen Körper habe, ja daß es überhaupt körperliche Dinge gibt.
(C) Also bin ich nur ein denkendes Ding.
(D) Also bin ich von einem körperlichen Ding (wenn es ein solches überhaupt gibt) real verschieden.

Dieser Beweis ist freilich nicht überzeugend. Bereits Leibniz stellte fest, er sei erstaunt, „wie ein ausgezeichneter Mann einem so bedeutungslosen Sophisma eine derartige Beweiskraft zuschreiben konnte" (*Animadversiones*, ed. Gerhardt IV, 357). Der Beweis ist deshalb nicht überzeugend, weil ausgehend von einer rein epistemischen Tatsache (der Möglichkeit oder Unmöglichkeit des Zweifelns) einfach auf eine metaphysische Tatsache (die Beschaffenheit von Geist und Körper) geschlossen wird. Darauf machte bereits Arnauld in seinen Einwänden aufmerksam. Er illustrierte seine Kritik mit folgendem Beispiel (AT VII, 201): Angenommen, eine Person zweifelt nicht daran, daß ein einem Kreis einbeschriebenes Dreieck, dessen Hypotenuse vom Kreisdurchmesser gebildet wird, ein rechtwinkliges Dreieck ist. Und angenommen, diese Person zweifelt daran, daß das Quadrat über der Hypotenuse dieses Dreiecks gleich den Quadraten über den beiden anderen Seiten des Dreiecks ist. Folgt daraus, daß das, was bezweifelt wird, nicht auf das Dreieck zutrifft und real von dem verschieden ist, was nicht bezweifelt wird? Keineswegs. Was jemand bezweifelt oder nicht bezweifelt, sagt nur etwas über das Wissen einer Person aus, in diesem Fall über das – relativ beschränkte – geometrische Wissen. Dies sagt aber nichts über die Beschaffenheit des geometrischen Körpers aus. Genau gleich verhält es sich auch mit dem angeblichen Beweis für die reale Verschiedenheit von Geist und Körper: Daß jemand die Existenz des Geistes nicht bezweifelt, die Existenz des Körpers aber sehr wohl, sagt nur etwas über das Wissen dieser Person aus, jedoch nichts über die Beschaffenheit von Geist und Körper.

Descartes scheint sich bewußt gewesen zu sein, daß sein Beweis nicht überzeugend ist. In der Vorrede zu den *Meditationes* betont er, daß er im *Discours* und in der Zweiten Meditation noch nicht „in der Abfolge hinsichtlich der Wahrheit der Sache" habe behaupten wollen, daß er ausschließlich ein denkendes Ding sei, sondern lediglich „in der Abfolge hinsichtlich meines Erfassens" (AT VII, 8). Dieser Hinweis verdeutlicht, wie wichtig es ist, Descartes' Argumente im Kontext zu lesen. Denn im Kontext der Zweiten Meditation steht erst fest, daß die Existenz des eigenen Geistes unbezweifelbar ist. Darüber hinaus steht noch nichts fest – kein Wahrheitskriterium und kein Gott als Wahrheitsgarant. Daher kann sich Descartes auch nur auf die Unbezweifelbarkeit des eigenen Geistes berufen und erst ein vorläufiges, wenn auch nicht endgültiges Argument für die Verschiedenheit des Geistes vom Körper liefern. Was er an dieser Stelle sagt, ist also nur das, was in der Argumentationsordnung geboten ist, keineswegs aber das, was der Sache nach endgültig geboten ist.

Seinen endgültigen und weitaus subtileren Beweis liefert Descartes am Ende der Argumentationsordnung in der Sechsten Meditation und in Kurzversion im Anhang zu den Zweiten Erwiderungen (AT VII, 78 und 169f.). Dieser Beweis wird gewöhnlich „das Argument der Klarheit und Deutlichkeit" oder auch „das epistemologische Argument" genannt (Wilson 1978, 185ff.; Beckermann 1986, 66ff.; Cottingham 1986, 113ff.). Er läßt sich folgendermaßen zusammenfassen.

(1) Alles, was ich klar und deutlich erfasse, kann von Gott so geschaffen sein, wie ich es erfasse.

(2) Wenn ich ein Ding klar und deutlich ohne ein anderes Ding erfasse, dann kann es von Gott auch ohne ein anderes Ding geschaffen sein.

(3) Ich erfasse mich selbst klar und deutlich als ein denkendes Ding, und ich erfasse den Körper klar und deutlich als ein ausgedehntes, nicht-denkendes Ding.

(4) Gott kann mich, ein denkendes Ding, auch ohne den Körper, ein ausgedehntes Ding, erschaffen [aus (2) und (3)].

(5) Wenn Gott zwei Dinge als voneinander getrennte Dinge erschaffen kann, dann sind sie real verschieden.

(6) Ich, ein denkendes Ding, bin vom Körper, einem ausgedehnten Ding, real verschieden [aus (4) und (5)].

Diese Argumentation ist formal korrekt. Aber sind die Prämissen auch wahr oder zumindest plausibel? Mehrere Einwände legen sich sogleich nahe. Erstens: In (1) wird einfach angenommen, daß das, was ich klar und deutlich erfasse, mit dem übereinstimmt, was von Gott geschaffen werden kann. Aber ist das nicht eine sehr starke Annahme? Ich mag ja alles Mögliche erfassen, und ich mag sogar zur Ansicht neigen, daß ich es auf eine bestimmte Art und Weise – klar und deutlich, nicht etwa obskur und konfus – erfasse. Aber aus dieser epistemischen Tatsache folgt nichts hinsichtlich der metaphysischen Tatsache, daß Gott die Dinge auf bestimmte Weise geschaffen hat oder erschaffen kann.

Dieser Einwand ist freilich nicht stichhaltig, wenn man den Argumentationskontext berücksichtigt. In der Dritten Meditation hat Descartes nämlich bereits gezeigt, daß genau durch die klaren und deutlichen Ideen wahres Wissen gewonnen wird (AT VII, 35). Er hat also bereits die skeptische Ansicht zurückgewiesen, daß ich alles Mögliche – ob wahr oder falsch, ob von Gott erschaffbar oder nicht – klar und deutlich erfasse. Zudem hat Descartes gezeigt, daß ich mich auf meine klaren und deutlichen Ideen verlassen kann, weil Gott mich nicht täuschen will und mich mit zuverlässigen kognitiven Fähigkeiten ausgestattet hat. Wenn ich etwas klar und deutlich erfasse, dann ist es auch so (oder zumindest so von Gott erschaffbar), wie ich es erfasse. Es ist entscheidend, daß sich Descartes erst in der Sechsten Meditation auf das klare und deutliche Erfassen beruft, *nachdem* er die Existenz Gottes und damit auch die Existenz eines Garanten für die kognitiven Fähigkeiten gezeigt hat.

Ein weiterer Einwand kann vorgebracht werden: Aus der Tatsache, daß Gott zwei Dinge getrennt voneinander erschaffen kann, folgt nicht, daß diese Dinge auch real verschieden sind, wie in (5) angenommen wird. Man kann doch das, was möglicherweise getrennt oder verschieden ist, nicht einfach mit dem gleichsetzen, was wirklich getrennt oder verschieden ist.

Auch dieser Einwand läßt sich zurückweisen, wenn man in Betracht zieht, was Descartes unter der realen Verschiedenheit („distinctio realis") versteht. Er versteht darunter nicht eine reale Getrenntheit, so wie etwa ein Tisch und ein Stuhl real voneinander getrennt sind. Seiner Ansicht nach ist ein Ding x auch dann von einem Ding y real verschieden, wenn x ohne y und y ohne x existieren kann (AT VII, 162); nur Trennbarkeit, nicht Getrenntheit ist erforderlich. Dies ist einer seiner Hauptpunkte in der Erklärung des Menschen. Obwohl der Geist eines Menschen in diesem Leben nicht real vom Körper getrennt ist, ist er trennbar und kann ohne den Körper existieren. Die reale Verschiedenheit von Geist und Körper ist schon bewiesen, wenn ihre Trennbarkeit gezeigt ist.

Weiter läßt sich ein dritter Einwand formulieren, den bereits Caterus vorgebracht hat (AT VII, 100). Wenn ich ein Ding x klar und deutlich ohne ein anderes Ding y erfasse, dann kann x nicht unbedingt getrennt von y erschaffen werden, wie in (2) behauptet wird, und dann ist x auch nicht unbedingt von y real verschieden. Es gibt nämlich nicht nur die reale Verschiedenheit, sondern auch die formale Verschiedenheit („distinctio formalis": ein auf Duns Scotus zurückgehender Fachausdruck). So kann jemand die göttliche Gerechtigkeit klar und deutlich ohne die göttliche Barmherzigkeit erfassen. Daraus folgt nicht, daß Gerechtigkeit und Barmherzigkeit real verschieden sind. Es folgt nur, daß es zwei Aspekte („rationes") gibt, die getrennt voneinander erfaßt werden können. Doch diese Aspekte existieren beide zusammen in Gott und sind nicht voneinander trennbar. Auf das Körper-Geist-Problem angewendet heißt dies: Wenn ich meinen Geist klar und deutlich ohne meinen Körper erfasse, heißt dies nicht, daß ich ein Ding erfasse, das real von einem anderen Ding verschieden ist. Vielleicht erfasse ich nur einen geistigen Aspekt, der zusammen mit dem körperlichen Aspekt in einem einzigen Ding existiert. Was sich getrennt voneinander auffassen läßt, ist nicht unbedingt real, sondern vielleicht nur formal verschieden.

In seiner Antwort auf diesen Einwand hält Descartes zunächst fest, daß die angebliche formale Verschiedenheit nichts anderes ist als eine modale Verschiedenheit, d.h. die Verschiedenheit eines Modus von einem anderen Modus (z.B. die Verschiedenheit des Modus Viereckig vom Modus Bewegt) oder die Verschiedenheit eines Modus von einer Substanz (z.B. die Verschiedenheit des Modus Viereckig von der Substanz des Wachsstücks). Doch dies, so fährt Descartes fort, ist hier nicht relevant. Denn ein Modus ist ja nur eine von einer Substanz abhängige Eigenschaft. Wenn wir aber ein Ding klar und deutlich ohne ein anderes erfassen, dann „erfassen wir jedes von ihnen als ein Ding für sich, das von jedem anderen verschieden ist" (AT VII, 120), und dazu ist eine reale Verschiedenheit erforderlich. Offensichtlich erfassen wir nicht nur irgendeine abhängige Eigenschaft oder einen Aspekt, wenn wir etwas klar und deutlich erfassen, sondern ein Ding für sich („ens per se") – ein „vollständiges Ding", wie Descartes auch sagt (AT VII, 121). Und wie, so kann man nun fragen, erfasse ich etwas als vollständiges Ding? Nicht indem ich ein Ding mit seinen kontingenten Eigenschaften erfasse, sondern indem ich es mit seinen wesentlichen Eigenschaften erfasse. Konkret heißt dies: Ich erfasse den Geist als ein vollständiges Ding, wenn ich ihn als ein denkendes Ding erfasse, und ich erfasse den Körper als ein vollständiges Ding, wenn ich ihn als ein ausgedehntes Ding erfasse (AT VII, 121). Dies ist eine wichtige Präzisierung. Offensichtlich versteht Descartes die entscheidende Prämisse (2) folgendermaßen:

(2') Wenn ich ein Ding x mit seinen *wesentlichen* Eigenschaften klar und deutlich ohne ein Ding y mit dessen wesentlichen Eigenschaften erfasse, dann kann x von Gott auch ohne y geschaffen sein [und dann ist gemäß (5) x von y real verschieden].

Diesen zentralen Punkt betont Descartes auch gegenüber Arnauld, der mit Verweis auf das bereits erwähnte Beispiel mit dem Dreieck folgenden Einwand erhoben hatte: Wenn ich eine Eigenschaft des Dreiecks (z. B. daß es rechtwinklig ist) klar und deutlich erfasse und eine andere (z. B. daß das Quadrat über der Hypotenuse den Quadraten über den beiden anderen Dreiecksseiten entspricht) nicht, dann folgt doch nicht, daß ich ein Ding erfasse, das von einem anderen Ding real verschieden ist. Es kann immer noch der Fall sein, daß das, was ich klar und deutlich erfasse, nur eine Eigenschaft ist, die zusammen mit anderen Eigenschaften in einem einzigen Ding präsent ist. Darauf erwidert Descartes, daß der Vergleich hinkt. Denn in diesem Beispiel werden nur Eigenschaften des Dreiecks, nicht aber das Dreieck selbst erfaßt, und das Dreieck wird schon gar nicht als ein *vollständiges* Ding erfaßt, d. h. als ein Ding mit allen seinen wesentlichen Eigenschaften. Genau dies, so betont Descartes (AT VII, 224), ist aber entscheidend, wenn ich mich selber klar und deutlich erfasse. Dann erfasse ich mich nicht als eine Eigenschaft, sondern als ein vollständiges Ding.

Diese Antwort verdeutlicht, daß Descartes von sehr starken Annahmen ausgeht, wenn er behauptet, daß ich mich selber klar und deutlich erfasse. Er nimmt an, (a) daß ich mich dann als ein vollständiges Ding erfasse und (b) daß ich dieses vollständige Ding mit allen seinen wesentlichen Eigenschaften, nicht etwa bloß mit kontingenten Eigenschaften, erfasse. Gestützt auf diese Annahmen kann er dann behaupten, daß dieses Ding (der Geist) von einem anderen Ding (dem Körper) real verschieden ist. Denn ein vollständiges Ding zeichnet sich gegenüber einem unvollständigen ja gerade dadurch aus, daß es nicht bloß ein Teilaspekt eines anderen Dinges ist; es ist von jedem anderen vollständigen Ding distinkt. Und wenn ich alle wesentlichen Eigenschaften dieses vollständigen Dinges erfasse, dann kann ich mir absolut sicher sein, daß ich all das erfasse, was für die unabhängige Existenz – für das reale Verschiedensein von einem anderen Ding – erforderlich ist. Dies mag durch folgenden Vergleich noch deutlicher werden: Wenn ich ein Fahrrad klar und deutlich erfasse, dann erfasse ich gemäß Descartes' Kriterien, daß dies ein vollständiges Ding ist (nicht ein Teilaspekt eines anderen Dinges oder eine bloße Eigenschaft eines Dinges), und ich erfasse, was die wesentlichen Eigenschaften sind, durch die sich das Fahrrad von anderen Fortbewegungsmitteln unterscheidet. Wäre es dann noch sinnvoll zu fragen: „Ist ein Fahrrad vielleicht kein von anderen Fortbewegungsmitteln real verschiedenes Ding?" Wohl kaum. Indem ich es als ein *vollständiges* Ding erfaßt habe, habe ich es schon als ein von anderen Dingen real verschiedenes Ding erfaßt.

Descartes' Beweis für die reale Verschiedenheit von Geist und Körper ist nur dann überzeugend, wenn man die beiden Annahmen bezüglich des klaren und deutlichen Erfassens zugesteht. Aber beide Annahmen können natürlich angefochten werden. Man kann erstens fragen: Erfasse ich mich wirklich als ein vollständiges Ding, wenn ich mich klar und deutlich erfasse? Vielleicht erfasse ich mich gar nicht als ein Ding, sondern nur als ein Bündel von geistigen Akten und Zuständen. Auf diesen wichtigen Punkt hat bereits Hume hingewiesen (*Treatise* I, iv, § 6; ed. Selby-Bigge 1978, 252). Wenn ich mich zu einem bestimmten Zeitpunkt als Denkenden erfasse, so stellte er fest, so erfasse ich nur einen aktuellen geistigen Zustand. Und zu einem anderen Zeitpunkt erfasse ich einen anderen aktuellen Zustand. Mir ist aber nicht ein besonderes Ding bzw. ein Träger für den jeweiligen geistigen Zustand zugänglich. Und selbst wenn ich mich als ein Ding erfasse, so könnte man weiter einwenden, erfasse ich mich vielleicht nicht als ein vollständiges Ding, sondern nur als Teil oder Aspekt eines Dinges, der nicht ohne einen anderen Teil existieren kann. Vielleicht erfasse ich mich selbst so, wie wir ein Sonnensystem erfassen: Nur einzelne Sterne, die nicht ohne andere Sterne oder Sonnen existieren können, sind uns zugänglich. Nie erfassen wir ein Sonnensystem als etwas Vollständiges. Daher können wir auch nur Teilbeschreibungen des Sonnensystems geben. Wäre es nicht auch denkbar, daß wir von uns selbst ebenfalls nur Teilbeschreibungen geben können? Weiter kann man fragen: Erfasse ich mich wirklich mit meiner einzigen wesentlichen Eigenschaft, wenn ich mich als etwas Denkendes erfasse? Vielleicht handelt es sich nur um eine wesentliche Eigenschaft neben anderen, die mir verborgen sind. Oder vielleicht handelt es sich um eine wesentliche Eigenschaft, die auf einer anderen wesentlichen Eigenschaft (z. B. Hirnzustände zu haben) beruht, auch wenn ich von diesem Abhängigkeitsverhältnis nichts weiß. Oder vielleicht ist es gar nicht eine wesentliche Eigenschaft, sondern nur eine, die ich für eine wesentliche halte. Denn was mir wesentlich scheint, muß nicht unbedingt wesentlich sein, es sei denn, man nimmt eine göttliche Garantie dafür an, daß das, was ich für eine wesentliche Eigenschaft halte, auch tatsächlich eine derartige Eigenschaft ist. Aber eine solche Annahme beruht natürlich auf starken Thesen bezüglich Gott, die eine Begründung erfordern.

Diese Fragen und Einwände entkräften den Cartesischen Ansatz natürlich noch nicht. Aber sie zeigen, daß die Cartesischen Annahmen keineswegs zwingend sind. Daher ist auch der darauf aufbauende Beweis keineswegs zwingend.

Schließlich stellt sich noch ein grundsätzliches Problem. Selbst wenn zugestanden wird, daß Geist und Körper real verschiedene Substanzen sind, folgt daraus nicht, daß der Geist unsterblich ist, wie Descartes behauptet; denn ‚vom Körper unabhängig sein' impliziert nicht ‚unsterblich sein'. Es könnte ja sein, daß der Geist genau dann zugrundegeht, wenn der mit ihm verbundene Körper zugrundegeht. Oder es könnte sogar sein, daß der Geist zugrundegeht, während der Körper noch weiter besteht. Descartes ist sich dieses Problems bewußt und versucht es in der Synopsis zu den *Meditationes* zu lösen (AT VII, 13 f.). Er behauptet, der Körper bestehe aus Teilen und gehe dadurch zugrunde, daß sich seine Teile verändern oder auflösen. Der Geist hingegen sei eine „reine Substanz", die nicht aus Teilen besteht und daher auch nicht zugrundegehen kann (vgl. ausführlich Markie 1994, 81 ff.).

Ob dies eine befriedigende Lösung des Problems ist, ist allerdings fraglich. Denn durch die Auflösung von Teilen zugrunde zu gehen ist nur eine Art, zugrunde zu gehen. Indem Descartes diese Art für den Geist ausschließt, schließt er noch nicht *alle* Arten des Zugrundegehens aus. So ist es denkbar, daß der Geist zugrundegeht, indem er als Ganzes zerstört wird. Sein Argument wäre erst dann überzeugend, wenn er

zeigen würde, (1) daß es nur diese eine Art des Zugrundegehens gibt oder (2) daß alle anderen Arten des Zugrundegehens
den Geist ebenfalls nicht betreffen. Doch wie auch immer sein
Argument beurteilt wird, es wirft ein interessantes Licht auf
seine Dualismus-These. Descartes geht von einer Asymmetrie
zwischen den beiden Substanzen Geist und Körper aus. Nur
der Geist ist eine „reine", nicht von Veränderung und Auflösung betroffene Substanz. Im Gegensatz dazu ist der Körper
eine „unreine", aus Teilen zusammengesetzte, Veränderung
und Zerstörung unterworfene Substanz.

2. Folgelasten der Dualismus-These

Die Dualismus-These ist seit dem 17. Jahrhundert nicht nur
wegen ihrer anfechtbaren Begründung, sondern auch wegen
ihrer Konsequenzen rege diskutiert und kritisiert worden. Eine
unausweichliche Konsequenz ist das Interaktionsproblem.
Wenn Geist und Körper real verschiedene Substanzen sind,
zusammen aber einen Menschen konstituieren, dann müssen
sie in einer besonderen Relation zueinander stehen. Und wenn
der Körper eine Wirkung auf den Geist hat (und umgekehrt),
dann muß es sich bei dieser besonderen Relation um eine Kausalrelation handeln. Konkret heißt dies: Wenn beim Anblick
eines Baumes mein Sehnerv gereizt und mein Gehirn aktiviert
wird (gemäß der Cartesischen Physiologie besteht diese Aktivierung darin, daß die Nervenreizung das Fließen von kleinen
Partikeln, sog. „esprits animaux", im Gehirn bewirkt), dann
muß es zwischen meinem Körper und meinem Geist eine Kausalrelation geben, damit mein Geist die Idee von einem Baum
bilden kann. Und wenn mein Geist den Entschluß faßt, den
Baum zu berühren, dann muß es ebenfalls eine Kausalrelation
geben, damit der Entschluß vom Körper in die Tat umgesetzt
wird. Doch wie ist diese kausale Körper-Geist und Geist-
Körper-Relation zu erklären? Wie ist es möglich, daß zwei real
verschiedene Substanzen mit unterschiedlichen Attributen in
einer Kausalrelation zueinander stehen?

Diese Problematik hat bereits Descartes' Zeitgenossen und seine unmittelbaren Nachfolger stark beschäftigt (Diskussion in Specht 1966), und sie hat wesentlich dazu beigetragen, daß der Cartesianismus im späten 17. und frühen 18. Jahrhundert immer mehr unter Beschuß geriet (Watson 1987). Denn solange nur behauptet wird, daß ein Mensch aus zwei real verschiedenen Substanzen besteht, jedoch nicht erklärt wird, wie sich diese beiden Substanzen im konkreten Fall einer Sinneswahrnehmung oder eines Willensaktes zueinander verhalten, ist der Substanzendualismus kaum eine überzeugende Theorie.

Erstaunlicherweise hat sich Descartes kaum zu dieser Problematik geäußert. Seinem Gesprächspartner Burman, der ihn explizit fragt, wie denn Geist und Körper aufeinander einwirken können, gibt er nur die knappe Antwort: „Dies ist sehr schwer zu erklären. Doch hier reicht die Erfahrung, die so klar ist, daß sie in keiner Weise geleugnet werden kann" (AT V, 163; ed. Arndt 1982, 64). Ähnlich betont er auch gegenüber Arnauld, Clerselier und der Prinzessin Elisabeth, man müsse sich nur auf die eigene Erfahrung berufen. Die Relation zwischen Körper und Geist sei eine „jener selbst-evidenten Angelegenheiten, die wir unklarer machen, wenn wir sie durch andere erklären wollen" (AT V, 222; ähnlich AT III, 693; AT IX-1, 213). Diese Auskunft ist freilich alles andere als befriedigend; denn eine praktische Erfahrung ersetzt keine theoretische Erklärung, und die angebliche Selbst-Evidenz bedarf einer Erläuterung.

Gibt Descartes keine Erklärung, weil er über keine verfügt und sich in einer theoretischen Sackgasse befindet? Einige Kommentatoren neigen zu einer solchen Einschätzung (Ryle 1949, 66; Kenny 1968, 222; Radner 1985). Betrachtet man Descartes' Texte aber genauer, zeigt sich, daß das Fehlen einer Erklärung eher darauf zurückzuführen ist, daß gemäß der Cartesischen Auffassung jene Probleme gar nicht bestehen, die von den Kommentatoren als erklärungsbedürftig angesehen werden. Vor allem zwei Probleme erweisen sich bei näherer Betrachtung als falsch gestellte Probleme.

Das erste Problem betrifft die Lokalisierung der Kausalrelation. Wo, so haben zahlreiche Kommentatoren seit Henry

More gefragt, sollen Geist und Körper denn aufeinander einwirken? Descartes sagt an mehreren Stellen, die Zirbeldrüse (eine kleine Drüse zwischen Groß- und Kleinhirn) sei der „Sitz der Seele" (AT III, 19, 47 f., 263 ff.), und er scheint damit die Kausalrelation an einem bestimmten Ort im Körper anzusiedeln. Aber dies ist ein unbefriedigender Ansatz, selbst wenn die Funktion der Zirbeldrüse noch genauer erläutert wird. Denn die Seele bzw. der Geist, der aufgrund seines wesentlichen Attributs nur denkend ist, kann nicht in einem bestimmten Körperteil angesiedelt sein. Was nicht ausgedehnt ist, kann nicht in etwas Ausgedehntem lokalisiert sein. Und wenn die beiden Substanzen nicht an einem bestimmten Ort zusammentreffen können, dann kann zwischen ihnen auch keine Kausalrelation bestehen.

Dieses Problem ist aus Descartes' Sicht falsch gestellt, weil der Geist nicht wörtlich genommen in der Zirbeldrüse angesiedelt ist. Dieser Drüse kommt nur insofern eine besondere Bedeutung zu, als in ihr alle Hirnzustände koordiniert werden. Genau diese Koordination ermöglicht es, daß der Geist auf körperliche Zustände reagieren kann. Aber die Zirbeldrüse ist nicht in einem wörtlichen Sinn der „Sitz der Seele". Descartes weist darauf hin, daß der Geist „als ganzer im ganzen Körper und in jedem beliebigen Teil des Körpers" ist (AT VII, 442). Dies ist möglich, obwohl die beiden Substanzen unterschiedliche wesentliche Attribute haben. Denn um im ganzen Körper präsent zu sein, muß der Geist mit diesem nur eine Verbindung herstellen oder eine „substantielle Einheit" bilden (AT III, 508; AT VII, 228). Der Geist muß aber nicht selbst Ausdehnung annehmen. Und er muß schon gar nicht einen bestimmten Platz im Körper einnehmen. Es gibt daher keinen besonderen Ort für die Kausalrelation zwischen Geist und Körper. Die Frage nach der Lokalisierung ist irreführend. Vielmehr sollte nach der *Bedingung* für die Geist-Körper-Relation gefragt werden: Welche von der Zirbeldrüse koordinierten Hirnzustände müssen vorliegen, damit der im ganzen Körper präsente Geist einen bestimmten Zustand haben kann?

Das zweite Problem, das von den Kommentatoren häufig als eine unüberwindbare Schwierigkeit für die Cartesische Theorie angesehen wird, betrifft die Heterogenität von Körper und Geist. Körper und Geist sind gänzlich unterschiedliche Substanzen mit unterschiedlichen Attributen; die eine Substanz ist ausgedehnt, die andere denkend. Wenn nun aber eine Kausalrelation zwischen den beiden bestünde, dann müßte doch die eine Substanz auf die andere einwirken oder ihr etwas übermitteln. Aber wie soll etwas Ausgedehntes auf etwas Denkendes einwirken oder umgekehrt? Und wie soll eine Übermittlung von etwas, z.B. von einer Eigenschaft, möglich sein? Dies ist bei zwei heterogenen Substanzen ausgeschlossen.

Auch dieses Problem ist Descartes zufolge falsch gestellt, weil es gar keine Einwirkung und keine Übermittlung irgendwelcher Entitäten gibt. Descartes hält fest, daß nicht einmal ein Körper einem anderen Körper einen seiner Modi übermitteln kann (AT V, 404). Noch viel weniger kann ein Körper einem Geist einen Modus übermitteln oder umgekehrt. Die Kausalrelation zwischen den beiden Substanzen darf nicht in einem naiven Sinn als ein physischer Kontakt verstanden werden. Wenn der Körper im Geist etwas verursacht, so heißt dies nur, daß auf einen bestimmten Zustand des Körpers ein bestimmter Zustand des Geistes folgt. In den *Principia* hält Descartes ausdrücklich fest, daß Affekte oder Gedanken des Geistes auf Hirnzustände folgen („consequentes": AT VIII-1, 316), oder daß der Geist vom Körper zu bestimmten Gedanken veranlaßt werden kann („possit impelli": AT VIII-1, 320). Im *Traité de l'Homme* sagt er sogar, daß Hirnzustände dem Geist eine Gelegenheit geben werden („donneront occasion": AT XI, 149), Gedanken zu bilden (ähnlich AT VIII-2, 359). Offensichtlich vermeidet er es, die Kausalrelation als ein Einwirken im wörtlichen Sinn zu charakterisieren. Die Frage nach einer genauen Erklärung irgendeines Einwirkens ist seiner Meinung nach falsch gestellt. Wie beim ersten Problem gilt es auch hier, zunächst die Frage korrekt zu stellen, wenn man eine informative Antwort erwartet. Die korrekt gestellte Frage muß sich auf die *Bedingung* für die Körper-Geist-Relation beziehen: Welche

Zustände müssen im Körper vorliegen, damit bestimmte Zustände im Geist „folgen" oder damit dem Geist „Anlaß gegeben wird" für die Bildung bestimmter Zustände?

Zieht man diese Fragestellung in Betracht, wird deutlich, daß Descartes dem Problem der Körper-Geist-Relation keineswegs ausweicht, wenn er sagt, daß man sich auf die Erfahrung berufen soll. Es zeigt sich nämlich genau in der Erfahrung, welche Zustände im Körper vorliegen müssen, damit darauf bestimmte Zustände im Geist folgen. So läßt sich aufgrund der Erfahrung bestimmen, was für eine Reizung des Sehnervs und was für ein Hirnzustand vorliegen muß, damit der Geist die Idee von einem Baum und nicht etwa von einem Tisch bildet. Die Bedingung für die Körper-Geist-Relation ist von Fall zu Fall empirisch zu bestimmen und läßt sich nicht ein für allemal durch einen theoretischen Satz formulieren.

Dieses Vorgehen verdeutlicht, daß die Kausalrelation zwischen den beiden Substanzen Geist und Körper als eine gegenseitige Zuordnung oder Korrelation der jeweiligen Zustände zu verstehen ist. ‚Der Körper verursacht etwas im Geist' heißt nichts anderes als ‚Wenn der körperliche Zustand x vorliegt, dann folgt im Normalfall auch der geistige Zustand y'. (Die Klausel „im Normalfall" ist erforderlich, weil Descartes auch Ausnahmefälle, z.B. den Fall des Phantomschmerzes, berücksichtigt. Selbst wenn ein Körperteil amputiert ist und keine Nervenreizung vorliegt, kann unter besonderen Umständen eine Schmerzempfindung auftreten. In diesem besonderen Fall scheint bloß eine Kausalrelation zwischen Geist und Körper vorzuliegen. In Tat und Wahrheit ist aber nur der Geist aktiv.) Eine Erklärung der Kausalrelation besteht darin, die Korrelation der beiden Arten von Zuständen in konkreten Fällen zu beschreiben und gegebenenfalls allgemeine Gesetze für diese Korrelation zu formulieren.

Nun mag man einwenden, daß es kaum ausreicht, Kausalität einfach als Korrelation zu beschreiben. Es ist nämlich möglich, daß bloß eine zufällige Korrelation vorliegt. Beispielsweise ist es möglich, daß für eine bestimmte Anzahl von beobachteten

Fällen gilt: Immer dann, wenn eine Person am linken großen Zeh gekitzelt wurde, hatte sie die Idee von einem Baum. Trotzdem würden wir wohl kaum sagen, daß das Kitzeln die Idee in irgendeiner Weise verursacht hat. Es ist ein bloßer Zufall, daß diese Person gleichzeitig mit dem Sinneseindruck von einem Baum immer auch ein Kitzeln im Zeh hatte. Nur der Sinneseindruck, nicht das zufälligerweise gleichzeitig auftretende Kitzeln, verursachte die Idee. Genau diesen Sachverhalt scheint Descartes aber nicht erklären zu können, wenn er bloß auf eine Korrelation Bezug nimmt. Denn was spricht dafür, daß zwischen dem Sinneseindruck und der Idee und nicht zwischen dem Kitzeln und der Idee ein kausaler Zusammenhang besteht, wenn doch in beiden Fällen eine Korrelation beobachtet werden kann? Descartes scheint kein Kriterium zu geben, mit dessen Hilfe eine bloß zufällige Korrelation von einer natürlichen oder gar notwendigen Korrelation unterschieden werden kann.

Ein solcher Einwand kann zurückgewiesen werden, wenn man den Kontext berücksichtigt, in dem Descartes die Korrelation von geistigen und körperlichen Zuständen erläutert. Im *Traité de l'Homme* hält er fest:

„Wenn Gott eine vernünftige Seele mit dieser Maschine [sc. dem Körper] verbinden wird, [...] wird er sie von solcher Natur gestalten, daß sie gemäß den unterschiedlichen Arten, auf die die Porenöffnungen auf der inneren Hirnoberfläche durch die Nerven geöffnet werden, auch unterschiedliche Empfindungen haben wird." (AT XI, 143)

Ähnlich hält er auch in der *Dioptrique* (AT VI, 130) und in der Sechsten Meditation (AT VII, 87f.) fest, daß die Natur von Gott derart festgesetzt wurde, daß bestimmte körperliche Zustände mit bestimmten geistigen Zuständen korrelieren. Auf das obige Beispiel angewendet heißt dies: Es liegt genau deshalb zwischen dem Sinneseindruck und der Idee – nicht etwa zwischen dem Kitzeln und der Idee – eine Kausalrelation vor, weil Gott durch eine „natürliche Festsetzung" die gegenseitige Zuordnung der beiden Zustände festgelegt hat. Wenn wir das Auftreten körperlicher und geistiger Zustände mehrfach und unter unterschiedlichen Umständen beobachten, können wir diese natürliche, von Gott verfügte Korrelation von einer zufälligen Korrelation unterscheiden.

Allerdings ist die natürliche Korrelation keine notwendige Korrelation, wie Descartes in der Sechsten Meditation betont. Gott könnte jederzeit auch eine ganz andere Zuordnung von körperlichen und geistigen Zuständen verfügen: „Die Natur des Menschen hätte von Gott auch derart festgelegt werden können, daß dieselbe Bewegung im Gehirn dem Geist etwas anderes anzeigt" (AT VII, 88). So ist es nicht notwendig, daß auf den körperlichen Sinneseindruck von einem Baum die geistige Idee von einem Baum folgt, oder daß auf eine Verletzung im Fuß eine Schmerzempfindung folgt. All diese natürlichen Korrelationen gelten nur solange, als Gott dies so will. Wenn er es wollte, könnte Gott sie aber – wie auch die logischen und mathematischen Wahrheiten (vgl. Kap. V.4) – jederzeit ändern.

Der theologische Rahmen, in den Descartes seine Diskussion der Kausalrelation zwischen Körper und Geist einfügt, verdeutlicht, daß er sehr wohl über eine theoretische Erklärung für diese Relation verfügt. Diese Erklärung beruht auf zwei Thesen: (1) Die Kausalrelation ist als eine natürliche Korrelation von körperlichen und geistigen Zuständen zu verstehen. (2) Es besteht eine solche natürliche Korrelation, weil Gott dies so verfügt hat. Allerdings ist unmittelbar einsichtig, daß diese Erklärung nur solange überzeugend ist, als man der – in der zweiten These besonders deutlichen – Annahme über die Funktion Gottes zustimmt. Sobald man an der Existenz eines die Natur regulierenden Gottes zweifelt (was bekanntlich zahlreiche Philosophen mit guten Argumenten getan haben), wird die ganze Cartesische Erklärung der Körper-Geist-Relation zweifelhaft.

Wenn Gott in Descartes' Erklärung der Körper-Geist-Relation auch eine zentrale Rolle spielt, darf diese Erklärung doch nicht im Sinne einer occasionalistischen Theorie verstanden werden (contra Baker & Morris 1996, 142ff.). Descartes behauptet nicht, daß Körper und Geist vollkommen passiv sind und daß Gott das Vorliegen körperlicher Zustände bloß als eine Gelegenheit („occasio") verwendet, um geistige Zustände hervorzubringen oder umgekehrt. So sagt er etwa in einer oft zitierten Stelle aus den *Notae in Programma* (AT VIII-2, 359), wo von einer „occasio" die Rede ist, keineswegs, daß Gott körperliche oder geistige Zustände als bloße Gelegenheit für sein eigenes Handeln verwendet. Er macht nur folgende Behauptung: Wenn materielle Dinge auf unseren Körper eingewirkt und Sinnesreize erzeugt haben, so hat dieser Vorgang dem Geist die Gelegenheit gegeben („ei dedit occasionem"), Ideen hervorzubringen. Es ist also nicht Gott, der handelt und bestimmte Zustände hervorbringt. Es sind vielmehr Körper und Geist, die aktiv sind und aufgrund ihrer gegenseitigen Zuordnung bestimmte Zustände hervorbringen. Bei Descartes findet sich noch kein Occasionalismus in bezug auf die Körper-Geist-Relation (allerdings finden sich occasionalistische Ansätze in bezug auf die Relation zwischen zwei Körpern; vgl. Garber 1993, 12ff.). Ein voll entwickelter Occasionalismus findet sich nur bei einigen Zeitgenossen und unmittelbaren Nachfolgern Descartes', z.B. bei A. Geulincx und prominenterweise bei N. Malebranche (vgl. eine Diskussion dieser Autoren in Nadler 1993).

3. Gott

Gott nimmt in Descartes' metaphysischem und erkenntnistheoretischem Projekt einen zentralen Platz ein. Dies zeigt sich im Argumentationsgang der *Meditationes* in aller Deutlichkeit. Nach dem radikalen Zweifel in der Ersten Meditation stehen nur zwei Dinge fest: (1) Es ist unbezweifelbar, daß ich denke. (2) Es ist unbezweifelbar, daß ich existiere, solange ich denke. Aber darüber hinaus steht nichts fest, weder die Existenz des eigenen Körpers, noch jene der materiellen Welt, noch jene von mathematischen und logischen Gesetzen. Um die Existenz all dieser Entitäten und Gesetze zu garantieren und um über einen solipsistischen Standpunkt hinauszukommen, beruft sich Descartes auf Gott. Sobald nämlich gezeigt ist, daß Gott existiert, ist seiner Ansicht nach auch gezeigt, daß ein allmächtiges Wesen existiert, das materielle Gegenstände und menschliche Körper zu jedem Zeitpunkt in Existenz erhält. Zudem ist dann gezeigt, daß ein Garant für die Wahrheit logischer und mathematischer Gesetze existiert. Angesichts dieser zentralen Funktionen, die Descartes Gott zuschreibt, wäre es abwegig, die Ausführungen über Gott lediglich als ein Täuschungsmanöver zu sehen, das der atheistische Descartes sich für seine theistischen Gegner ausdachte (so Caton 1973). Keine Dokumente sprechen dafür, daß er atheistische Intentionen hatte und nur zum Schein theistische Ansichten vortrug. Und wie auch immer seine persönlichen Intentionen gewesen sein mögen, in seiner philosophischen Argumentation vertritt er eindeutig eine theistische Position. Ohne Gott würde sein ganzes metaphysisches und erkenntnistheoretisches Gebäude sogleich zusammenbrechen.

Freilich stellt sich dann die Frage, auf was für Argumenten oder Beweisen die theistische Position beruht und wie überzeugend diese Beweise sind. Descartes formuliert zwei explizite Beweise für die Existenz Gottes: den ideentheoretischen Beweis in der Dritten Meditation und den ontologischen Gottesbeweis in der Fünften Meditation. Dazu kommt am Ende der Dritten Meditation noch ein kurz angedeuteter Beweis, der sich auf ein Kausalitätsargument stützt (Analyse in Curley 1978, 135 ff.). Ich beschränke mich auf eine kurze Darstellung und Diskussion des ideentheoretischen und des ontologischen Beweises.

Der ideentheoretische Gottesbeweis setzt bei einer Prämisse an, die bereits in den Ausführungen über die Ideen (vgl. Kap. IV.3) zur Sprache gekommen ist:

(1) Jede Idee hat eine objektive Realität.

Unter der objektiven Realität ist nichts anderes als der repräsentative Gehalt einer Idee zu verstehen. Genau durch diesen Gehalt unterscheiden sich die Ideen voneinander. Denn „material" betrachtet (d.h. hinsichtlich ihrer Beschaffenheit) sind sie alle gleich: Modi des Geistes. Nur „objektiv" betrachtet (d.h. hinsichtlich ihres repräsentativen Gehalts) bestehen Unterschiede. Die Tatsache, daß eine Idee einen repräsentativen Gehalt hat, sagt aber noch nichts über die Existenz irgendwelcher außergeistiger Objekte aus. Denn wir können ja viele Dinge repräsentieren (Pegasus, eine Chimäre usw.) und somit viele Ideen mit einem repräsentativen Gehalt haben, ohne daß diesem Gehalt ein außergeistiges Objekt entspricht.

Eine zweite Prämisse ist ebenfalls bereits kurz zur Sprache gekommen:

(2) Jede Idee hat eine Ursache.

Descartes beruft sich auf den Grundsatz, daß nichts aus nichts entstehen kann; es gibt keine „ex nihilo"-Schöpfung. Genauso wie ein Stein, der vorher nicht existiert hat, von etwas hervorgebracht sein muß, um jetzt existieren zu können, muß auch eine Idee, die vorher nicht existiert hat, von etwas hervorgebracht sein, um jetzt im Geist existieren zu können (AT VII, 41). Descartes begnügt sich aber nicht mit dem allgemeinen Grundsatz, daß es irgendeine Ursache geben muß. Er behauptet darüber hinaus:

(3) Jede Ursache einer Idee muß mindestens so viel formale Realität haben, wie die Idee objektive Realität hat.

Offensichtlich geht Descartes davon aus, daß es eine Übereinstimmung zwischen Ursache (formale Realität) und Wirkung (objektive Realität) gibt. Um zu verstehen, welche Art von Übereinstimmung hier gemeint ist, muß man zunächst die Gegenüberstellung „formal-objektiv" betrachten. Die formale (oder auch aktuale) Realität ist genau jene Realität, die ein Gegenstand unabhängig von jeder Erkenntnis hat. So hat etwa ein Tisch unabhängig davon, ob er von jemandem erkannt und repräsentiert wird, die formale Realität einer Substanz, und die Eigenschaft Viereckig hat unabhängig von jeder Erkenntnis die formale Realität eines Modus. Descartes zufolge gibt es drei Realitätsgrade (AT VII, 165f., 185). (a) Den untersten Grad an formaler Realität hat ein Modus (z.B. Viereckig oder Bewegt). Ein Modus setzt immer eine Substanz voraus und existiert immer in Abhängigkeit von einer Substanz. (b) Den zweiten Grad an formaler Realität hat eine geschaffene Substanz (z. B. ein Baum oder ein Tisch). Eine solche Substanz ist zwar von anderen Substanzen unabhängig, setzt aber immer die Existenz Gottes voraus. Sie kann nur existieren, wenn sie von Gott zu jedem Zeitpunkt in Existenz erhalten wird. (c) Den dritten und höchsten Grad an formaler Realität hat Gott, die einzige ungeschaffene Existenz. Er ist in seiner Existenz vollkommen unabhängig. Indem Descartes die Realitätsgrade einzig und allein gemäß dem Kriterium der Abhängigkeit bestimmt, macht er nicht die bizarre Annahme, ein Ding könne irgendwie mehr ein Ding sein als ein anderes, wie ihm sein Kritiker Hobbes vorwarf (AT VII, 185). Er macht auch nicht die neuplatonische Annahme, es gebe Stufen der Emanation, und ein Ding habe mehr Realität, insofern es auf einer höheren Stufe stehe. Er vertritt nur die These, daß Entitäten, die von anderen Entitäten abhängen, diesen auch untergeordnet sind. Je unabhängiger eine Entität ist, desto höher ist ihr Realitätsgrad.

Der entscheidende Punkt in Descartes' Argumentation besteht nun darin, daß er eine Übereinstimmung zwischen den Graden an formaler Realität und den Graden an objektiver Realität annimmt. Oder anders ausgedrückt: Es gibt seiner Meinung nach eine Übereinstimmung zwischen der Art und Weise, wie ein Objekt unabhängig von jeder Erkenntnis existiert (als Modus, geschaffene Substanz oder ungeschaffene Substanz), und der Art und Weise, wie ein Objekt in einer Erkenntnis repräsentiert wird (ebenfalls als Modus, geschaffene Substanz oder ungeschaffene Substanz). Wenn etwa jemand eine Idee von einem Tisch hat, d. h. eine Idee mit der objektiven Realität einer geschaffenen Substanz, so muß die Ursache dieser Idee mindestens auch eine geschaffene Substanz sein. Die Ursache kann nicht einen geringeren Realitätsgrad haben als die Wirkung.

Auf den ersten Blick erscheint diese Annahme einer Entsprechung oder Übereinstimmung von Realitätsgraden ziemlich seltsam. Sie mag durch folgendes vergleichendes Beispiel vielleicht etwas plausibler werden. Angenommen, wir entdek-

ken eine Höhle mit Wandmalereien von einer alten, vergangenen Kultur. Auf diesen Wandmalereien sind verschiedene Arten von Fortbewegungsmitteln dargestellt: erstens solche, die
einfach an andere Fortbewegungsmittel angehängt werden;
zweitens solche, die unabhängig sind, aber von Menschen oder
Tieren gezogen werden; und drittens solche, die an nichts angehängt sind und sich offenbar ganz von allein fortbewegen
(z.B. indem sie zwischen Wolken durch die Luft schwirren).
Aus dieser Beobachtung schließen wir, daß es sich um eine
hochentwickelte Kultur handelt, die mindestens drei Arten
von Fortbewegungsmitteln gekannt haben muß: bloße Anhän-
ger, Vehikel mit Fremdantrieb und Vehikel mit Eigenantrieb.
Indem wir so schließen, gehen wir von einer Übereinstimmung
aus zwischen der Art und Weise, wie die jeweiligen Fortbewegungsmittel dargestellt sind, und der Art und Weise, wie sie in
der fremden Kultur existiert haben oder wenigstens existiert
haben könnten. Wir nehmen an, daß die Maler dieser Kultur
die Fortbewegungsmittel gar nicht so hätten darstellen können,
wenn sie nicht entsprechende Vorlagen gehabt hätten. In ähn-
licher Weise geht auch Descartes von der Annahme aus, daß
wir gar nicht Ideen mit einem bestimmten repräsentativen Gehalt haben könnten, wenn wir nicht bestimmte Vorlagen bzw.
Ursachen für diese Ideen hätten.

Damit ist freilich noch nicht gezeigt, daß es für jede Idee mit
einem bestimmten repräsentativen Gehalt auch eine entsprechende außergeistige Ursache gibt. Der repräsentative Gehalt
einer Idee kann ja einfach ein Phantasiegebilde sein. So kann
ich eine Idee von Pegasus – eine Idee mit der objektiven Realität einer Substanz – haben, ohne daß außerhalb von mir auch
wirklich ein Pegasus mit der formalen Realität einer Substanz
existiert. Könnte es mit der Idee von Gott nicht ähnlich sein?
Könnte ich mir nicht einfach eine ungeschaffene Substanz
vorstellen, ohne daß es außerhalb von mir auch wirklich ein
Ding mit einer solchen formalen Realität gibt? Descartes weist
diesen Einwand mit folgenden Argumentationszügen zurück
(AT VII, 45 ff.):

(4) Ich habe eine Idee von Gott, d.h. eine Idee mit der objektiven Realität einer unabhängigen, unendlichen, allwissenden, allmächtigen Substanz.

(5) Ich selber habe nicht all jene vollkommenen Eigenschaften, die in der objektiven Realität der Idee von Gott enthalten sind.

(6) Ich habe nicht so viel formale Realität, wie die Idee von Gott objektive Realität hat.

(7) Ich kann nicht die Ursache der Idee von Gott sein [aus (3) und (6)].

(8) Die Idee von Gott muß eine Ursache haben, die alle vollkommenen Eigenschaften hat, damit eine Übereinstimmung zwischen formaler und objektiver Realität besteht.

(9) Die Ursache der Idee von Gott muß Gott sein, da nur Gott alle vollkommenen Eigenschaften hat.

(10) Gott existiert.

Entscheidend ist hier (6). Mit diesem Argumentationsschritt weist Descartes den Einwand zurück, die Idee von Gott könne ähnlich wie die Idee von Pegasus nur erfunden sein. Ein solcher Einwand ist seiner Ansicht nach nicht stichhaltig, weil ich nur das erfinden und in die objektive Realität einer Idee einschließen kann, was ich selber habe. So kann ich eine endliche, in ihrer Macht begrenzte Substanz erfinden, weil ich selber eine solche Substanz bin. Meine formale Realität ist dann der objektiven Realität dieser Idee angemessen. (Dies gilt natürlich auch für den oben erwähnten Vergleich mit den Wandmalereien der fremden Kultur: Aus der Tatsache, daß Fortbewegungsmittel mit Eigenantrieb abgebildet sind, folgt nicht, daß diese Kultur tatsächlich solche Vehikel hatte. Die Maler dieser Kultur könnten sie ja nur erfunden haben. Geschaffene Substanzen können jederzeit andere geschaffene Substanzen erfinden.) Aber ich kann nicht etwas erfinden, was eine ungeschaffene, unbegrenzte Substanz ist; denn dazu müßte ich mehr formale Realität haben, als ich tatsächlich habe. Ich müßte sozusagen meinen begrenzten Status einer geschaffenen Substanz transzendieren, was ausgeschlossen ist. Damit die Ursache der

Idee eine Ursache mit *adäquater* formaler Realität ist, muß sie eine ungeschaffene Substanz sein.

Wie überzeugend ist nun dieser Beweis für die Existenz Gottes? Der Beweis ist formal gültig, aber wie bei den meisten Beweisen hängt auch hier die Überzeugungskraft des ganzen Beweises von der Überzeugungskraft der einzelnen Prämissen ab. Mindestens drei Einwände können erhoben werden (weitere Einwände in Williams 1978, 142 ff.; Cottingham 1986, 50 ff.; Dicker 1993, 109 ff.).

Der erste Einwand betrifft die Prämisse (2), nämlich die These, daß jede Idee eine Ursache hat. Wie, so kann man im Anschluß an Hume (*Treatise*, I, iii, 3; ed. Selby-Bigge 1978, 78 ff.) kritisch fragen, weiß Descartes denn, daß *jede* Idee eine Ursache hat? Aus der Tatsache, daß bei einigen Ideen – oder sogar bei allen uns bekannten Ideen – eine Ursache-Wirkung-Relation vorliegt, folgt nicht, daß in jedem Fall eine solche Relation vorliegt. Wenn wir etwa feststellen, daß unsere Idee von der Sonne im Normalfall von der Sonne verursacht wurde, dürfen wir noch lange nicht behaupten, daß jede Idee – auch jene von Gott – von etwas verursacht wurde. Wir können nämlich nur die Idee selbst, die angebliche Wirkung, feststellen, aber wir können keine Ursache-Wirkung-Relation beobachten. Und selbst wenn wir eine solche Relation annehmen, sind wir nicht dazu berechtigt, von einer Relation zu sprechen, die bestehen *muß*. Denn wie können wir wissen, was in der Natur notwendig ist? Wir können höchstens Korrelationen beobachten. Das heißt: Wir können höchstens beobachten, daß immer dann, wenn ein bestimmtes Ereignis x eintritt (z.B. das Sehen der Sonne), auch ein bestimmtes Ereignis y eintritt (das Entstehen der Idee von der Sonne). Aber aufgrund dieser Beobachtung dürfen wir nicht behaupten, daß x eintreten muß, damit auch y eintritt. Unsere Beobachtung einer Korrelation berechtigt uns nicht dazu, notwendigerweise bestehende Kausalrelationen anzunehmen.

Selbst wenn man diese Humesche Argumentation zurückweist und die Prämisse (2) zugesteht, kann man noch einen weiteren Einwand erheben. Descartes spezifiziert die Kausalrelation in Prämisse (3), indem er eine Übereinstimmung in den Realitätsgraden zwischen Ursache und Wirkung annimmt. Doch wie, so kann man fragen, weiß Descartes denn, daß in jedem Fall eine solche Übereinstimmung besteht? Leider gibt er auf diese Frage keine Antwort. Er behauptet, der Begriff von der Übereinstimmung zwischen formaler und objektiver Realität gehöre zu den allgemeinen Begriffen („communes notiones": AT VII, 164f.) und er sei „ein erster Begriff, für den es keinen klareren gibt" (AT VII, 135). Dies ist eine erstaunliche Behauptung. Denn es mag in einigen Fällen klar sein, daß der Realitätsgrad einer Ursache mit demjenigen der Wirkung übereinstimmt. So ist es klar, daß nur aus Pflanzensamen eine neue Pflanze entstehen kann und daß nur ein Mensch einen Menschen zeugen kann. In diesen Fällen der natürlichen Fortpflanzung gilt in der Tat das Prinzip, daß das verursachende Lebewesen dem verursachten angemessen sein muß. Doch was in einigen Fällen gilt, muß nicht in allen Fällen gelten. Es ist von Fall zu Fall zu prüfen, wie sich Ursache und Wirkung zueinander verhalten. Daher kann höchstens „a posteriori" für eine bestimmte Klasse von Kausalrelationen ein Prinzip der Übereinstimmung oder Angemessenheit angenommen werden. Descartes hingegen geht von einem „a priori" gültigen Prinzip aus, das seiner Ansicht nach keiner weiteren Begründung bedarf. Dies ist eine sehr starke Annahme, die leicht in die Irre führen kann, wie der oben gezogene Vergleich mit den Wandmalereien der fremden Kultur zeigt.

Wenn wir bei der Betrachtung der Wandmalereien davon ausgehen, daß für die dargestellten Fortbewegungsmittel entsprechende Vorlagen in dieser Kultur vorhanden waren, so ist dies eine plausible Arbeitshypothese. Aber es ist auch nicht mehr als eine Hypothese. Es steht nämlich nicht „a priori" fest, daß die Maler nur deshalb Fortbewegungsmittel ohne Fremdantrieb darstellen konnten, weil es in ihrer Kultur solche Fortbewegungsmittel gab. Was für Fortbewegungsmittel es tatsächlich gab und in welcher Relation diese zu den dargestellten Fortbewegungsmitteln stehen, müssen wir durch weitere historische Forschungen erst noch herausfinden. Solange wir nur über die Malereien verfügen, können wir höchstens von *möglichen* Vorlagen sprechen. Ähnlich verhält es sich mit unseren Ideen. Wenn wir eine Idee von einer geschaffenen Substanz, z.B. von der Sonne, haben, ist es plausibel anzunehmen, daß das Sehen der Sonne die Ursache dafür ist. Aber dies ist auch nicht mehr als eine plausible Hypothese. Wir müssen durch genauere Untersuchungen erst feststellen, was die Ursache für unsere Idee ist und wie die Kausalrelation zustande gekommen ist. Solange wir diese Untersuchungen nicht durchgeführt haben, können wir höchstens von einer *möglichen* Ursache für unsere Idee sprechen. Und natürlich gilt auch für die Idee von Gott: Es ist vielleicht plausibel anzunehmen, daß diese Idee von Gott verursacht wurde. Aber solange wir diese Kausalrelation nicht untersucht haben (was angesichts der Immaterialität Gottes schwerlich möglich ist), können wir auch nur von einer Plausibilität sprechen. Es gibt kein „a priori" gültiges Prinzip, demzufolge die Idee von einer ungeschaffenen Substanz von einer ungeschaffenen Substanz verursacht sein *muß*. Bereits Mersenne wies darauf hin, daß auch andere Ursachen denkbar sind. Wir können die Idee von Gott einfach dadurch erworben haben, daß wir von Gott gelesen oder in Gesprächen mit Freunden von Gott gehört haben (AT VII, 124). Descartes entgegnete auf diesen Einwand, daß die Verfasser der Bücher oder die Freunde die Idee ebenfalls erwerben mußten. Wenn man in der Ursachenkette bis zur ersten Ursache zurückgehe, gelange man zu einer ungeschaffenen, vollkommenen Entität (AT VII, 136). Mit dieser Entgegnung beruft sich Descartes wiederum bloß auf ein angeblich „a priori" gültiges Prinzip der Übereinstimmung von (erster) Ursache und Wirkung. Er bleibt aber eine Begründung dieses Prinzips schuldig.

Schließlich kann noch ein dritter Einwand vorgebracht werden. Descartes stellt in (5) fest, er habe nicht alle vollkommenen Eigenschaften, die Gott hat, und er schließt in (7), er könne daher nicht die Ursache der Idee von Gott sein. Dagegen läßt sich einwenden, daß wir nicht unbedingt selber alle vollkommenen Eigenschaften haben müssen. Wir können uns ja auch bloß vollkommene Eigenschaften und einen Träger für diese Eigenschaften vorstellen. Dies gelingt uns durch einen Prozeß der Abstraktion oder Extrapolation: Wir gehen von Dingen aus, die in bestimmter Hinsicht vollkommen sind, abstrahieren von jeder Beschränkung, der diese Dinge unterworfen sind, und stellen uns dann ein Ding vor, das in jeder Hinsicht vollkommen ist. Genau dies tun wir ja, wenn wir uns allmächtige Fabelwesen vorstellen. Wieso sollte Gott nicht auch ein Produkt unserer Vorstellungskraft sein? Um uns etwas Vollkommenes vorstellen zu können, müssen wir nicht selber vollkommen sein.

Auf einen Einwand dieser Art entgegnet Descartes, man dürfe nicht glauben, „daß ich das Unendliche nicht durch eine wahre Idee erfasse, sondern lediglich durch eine Negation des Endlichen." (AT VII, 45). Das Unendliche, so betont er, wird nicht einfach durch Abstraktion vom Endlichen erfaßt. Es wird vielmehr als etwas Distinktes erfaßt. Es ist daher nicht möglich, einfach von vielen endlichen Dingen auszugehen und durch Abstraktion oder Extrapolation die Idee von Gott zu gewinnen. Diese Antwort fordert natürlich die kritische Frage heraus, warum denn das Unendliche etwas Distinktes ist. Warum ist es nicht einfach eine Kombination aller vollkommenen Eigenschaften, die sich in bestimmter Hinsicht auch bei endlichen Dingen finden? In den *Principia*, wo Descartes den Unterschied zwischen dem Unendlichen („infinitum") und dem Unbestimmten („indefinitum") erklärt, findet sich teilweise eine Erwiderung auf diese Frage (AT VIII-1, 15). Er stellt fest, daß einzig und allein Gott unendlich ist, weil wir bei Gott nicht nur keine Grenzen feststellen, sondern auch unmittelbar einsehen, daß er in keiner Hinsicht Grenzen hat. Bei endlichen Dingen hingegen stellen wir nur deshalb keine Grenzen fest, weil wir unfähig sind, ihre Grenzen zu erkennen. Wir wissen aber, daß sie Grenzen haben. Daher haben wir ganz unterschiedliche Ideen vom Unendlichen und vom Endlichen, und wir sehen ein, daß Gott allein unendlich ist, alle geschaffenen Dinge aber höchstens unbestimmt sind.

Offensichtlich geht Descartes von folgender Annahme aus: Wir erkennen von vornherein, daß Gott absolut unbegrenzt und vollkommen ist, und wir erkennen dadurch, daß er von allen endlichen Dingen kategorial verschieden ist; denn diese sind stets in irgendeiner Hinsicht begrenzt. Wegen dieser kategorialen Verschiedenheit können wir nicht von den endlichen Dingen ausgehen und von ihnen abstrahieren. Wenn wir nämlich von ihnen abstrahieren, können wir uns nur andere endliche Dinge vorstellen, aber wir können nie die kategoriale Differenz überwinden. Indem Descartes eine kategoriale Differenz annimmt, setzt er freilich genau das voraus, was der Beweis für die Existenz Gottes eigentlich zeigen sollte, nämlich daß es neben dem Endlichen etwas Unendliches gibt und daß nur dieses *distinkte* Unendliche – nicht eine Abstraktion vom Endlichen – die Ursache für die Idee vom Unendlichen sein kann. An diesem Punkt könnte ein hartnäckiger Kritiker einhaken und fragen: Wie weiß Descartes denn, daß das Unendliche tatsächlich etwas Distinktes, vom Endlichen kategorial Verschiedenes ist? Wie weiß er, daß das Unendliche mehr ist als ein Produkt der Abstraktion vom Endlichen?

Diese Einwände verdeutlichen, daß der ideentheoretische Beweis für die Existenz Gottes von Prämissen ausgeht, die keineswegs selbstverständlich sind und die angefochten werden können. Wahrscheinlich war sich Descartes bewußt, daß dieser Beweis, der starke kausaltheoretische Annahmen macht, nicht vollständig zu überzeugen vermag. Er fügte deshalb in der Fünften Meditation einen weiteren Beweis hinzu, den er schon im *Discours* kurz skizziert hatte (AT VI, 36). Seit Kant (*Kritik der reinen Vernunft* A 592-602) wird dieser Beweis gewöhnlich „ontologischer Gottesbeweis" genannt (vgl. zur Geschichte dieses Beweises Henrich 1960). Descartes selbst verwendet freilich nicht dieses Etikett. Er spricht nur von einem Beweis „a priori" (AT V, 152). Damit drückt er aus, daß dieser Beweis nicht bei der Wirkung Gottes ansetzt und auf die Ursache schließt, was ein „a posteriori"-Verfahren wäre. Er stützt sich auch nicht auf die Sinneserfahrung. Vielmehr konzentriert er sich von vornherein auf eine Analyse des Wesens Gottes, ganz unabhängig von jeder Erfahrung. Dieser Beweis ist vom ideentheoretischen unabhängig und wird in den *Principia* (AT VIII-1, 10) dem ideentheoretischen sogar vorangestellt.

Der Beweis ist so kurz und sparsam, daß er leicht für ein Sophisma gehalten werden kann, wie Descartes selbst einräumt (AT VII, 120). Er setzt bei folgender Prämisse an:

(A) Jedes Ding hat aufgrund seines Wesens notwendigerweise bestimmte Eigenschaften.

Descartes erklärt diese Prämisse anhand eines Beispiels. Jedes Dreieck hat aufgrund seines Wesens (oder seiner Natur) bestimmte Eigenschaften, z.B. die Eigenschaft, daß die Summe seiner drei Winkel zwei rechten Winkeln entspricht, oder die Eigenschaft, daß seinem größten Winkel die größte Seite gegenüberliegt. Da dies Eigenschaften sind, die jedes Dreieck *notwendigerweise* hat, können wir uns ein Dreieck gar nicht ohne diese Eigenschaften vorstellen, ganz gleichgültig, was für andere Eigenschaften ein Dreieck noch haben mag. Betrachtet man nun analog zum Wesen des Dreiecks das Wesen Gottes, so kann man Descartes zufolge sagen:

(B) Gott hat aufgrund seines vollkommenen Wesens notwendigerweise alle vollkommenen Eigenschaften.

Auch hier gilt, daß Gott diese Eigenschaften nicht nur kontingenterweise, sondern *notwendigerweise* hat, und daß wir ihn uns gar nicht ohne diese Eigenschaften vorstellen können. Doch warum, so kann man fragen, schreibt Descartes Gott ein vollkommenes Wesen zu? Er gibt dafür keine explizite Begründung, wahrscheinlich weil er davon ausgeht, daß sich dies bereits aus der Namensdefinition Gottes ergibt, die schon in der Dritten Meditation (AT VII, 45) eingeführt worden ist. ‚Gott‘ heißt ja nichts anderes als ‚vollkommenes Wesen‘. Jeder, der ‚Gott‘ versteht, versteht sogleich, daß damit ein vollkommenes Wesen gemeint ist, genauso wie jeder, der ‚Dreieck‘ versteht, sogleich versteht, daß damit eine geometrische Figur mit drei Seiten und drei Winkeln gemeint ist.

Aus dem bloßen Verstehen, daß ‚Gott‘ nichts anderes als ‚vollkommenes Wesen‘ heißt, folgt freilich noch lange nicht, daß auch ein vollkommenes Wesen existiert. Wir können ja auch verstehen, daß ‚Pegasus‘ ‚geflügeltes Pferd‘ heißt, ohne daß daraus folgt, daß auch tatsächlich ein geflügeltes Pferd existiert. Um Fälle solcher Art vom besonderen Fall Gottes zu unterscheiden, führt Descartes eine weitere – freilich nur implizite – Prämisse ein:

(C) Existenz ist eine der vollkommenen Eigenschaften.

Aus (B) und (C) folgt natürlich sogleich:

(D) Gott hat aufgrund seines vollkommenen Wesens notwendigerweise die Eigenschaft der Existenz.
(E) Gott existiert.

Wie der ideentheoretische Beweis ist auch dieser Beweis formal gültig, aber auch hier steht und fällt die Überzeugungskraft des ganzen Beweises mit jener der Prämissen. Besonders umstritten ist Prämisse (C). Bereits vor Kant (*Kritik der reinen Vernunft* A 598) wies Gassendi darauf hin, daß es keineswegs selbstverständlich ist, Existenz als eine Eigenschaft aufzufassen. Er hielt Descartes entgegen:

„Was nicht existiert, hat weder Vollkommenheit noch Unvollkommenheit. Und was existiert, hat mehrere Vollkommenheiten, aber es hat nicht Existenz als eine besondere Vollkommenheit unter den übrigen. Vielmehr hat es Existenz als das, wodurch es selbst ebenso wie die Vollkommenheiten existierend ist, und ohne das man weder von ihm selbst sagen kann, daß es Vollkommenheiten hat, noch von den Vollkommenheiten, daß sie gehabt werden.“ (AT VII, 323)

Gassendi macht hier auf einen zentralen Punkt aufmerksam. Wenn wir etwas als eine vollkommene Entität beschreiben, dürfen wir nicht sagen ‚x ist allwissend, allmächtig, gütig, … *und* existierend‘. Existenz ist keine Eigenschaft, die x neben anderen Eigenschaften hat und die wir neben den anderen auflisten können. Existenz ist vielmehr etwas, was x selber hat und was auch alle seine vollkommenen Eigenschaften haben. (In der modernen Logik wird Existenz daher durch einen Quantor symbolisiert und nicht durch einen Prädikatsausdruck, der die Eigenschaft eines einzelnen Dinges bezeichnet.)

Descartes scheint diese Schwierigkeit nicht bemerkt zu haben. Er antwortete Gassendi, er verstehe nicht, warum Existenz „nicht ebenso wie Allmacht als eine Eigenschaft bezeichnet werden kann, wenn man den Ausdruck ‚Eigenschaft‘ auf jedes Attribut anwendet bzw. auf all das, was von einem Ding prädiziert werden kann …“ (AT VII, 382f.) Descartes bemerkt nicht, daß Existenz *nicht*, wie beispielsweise Allmacht, von einem Gegenstand prädiziert wird. ‚Gott ist allmächtig‘ heißt nichts anderes als ‚Es gibt eine Entität *x*, die die Eigenschaft hat, allmächtig zu sein‘. ‚Gott existiert‘ heißt hingegen einfach ‚Es gibt Gott‘ oder ‚Der Begriff „Gott“ ist nicht leer‘ – nichts wird von einem einzelnen Gegenstand prädiziert.

Wenn nun Existenz nicht einfach eine Eigenschaft ist, die zu den übrigen Eigenschaften hinzukommt und prädiziert wird, stellt sich die Frage, wie Descartes von (B) zu (D) gelangt. Was in (B) behauptet wird, steht ja – wie bereits betont – nur aufgrund der Namensdefinition von ‚Gott‘ fest. Aber wir haben keine Garantie dafür, daß das, was wir unter dem Namen ‚Gott‘ verstehen, nämlich ein vollkommenes Wesen, auch tatsächlich ein *existierendes* vollkommenes Wesen ist. Ebenso haben wir ja auch keine Garantie dafür, daß das, was wir unter dem Namen ‚Pegasus‘ verstehen, ein existierendes geflügeltes Pferd ist.

Descartes könnte sich gegenüber diesem Einwand folgendermaßen verteidigen: Im Falle des Pegasus haben wir in der Tat keine Garantie für die Existenz, weil Existenz nicht in der Definition dieses Fabelwesens eingeschlossen ist. Im Falle Gottes hingegen ist Existenz immer schon in der Definition oder im Begriff eingeschlossen (AT VII, 166f.). ‚Gott‘ heißt nichts anderes als ‚existierende vollkommene Entität‘; denn ‚vollkommen sein‘ *impliziert* ‚existierend‘. Wir können Gott gar nicht als etwas Vollkommenes auffassen, wenn wir ihn nicht auch als etwas Existierendes auffassen. Dies liegt nicht etwa daran, daß wir ihn aufgrund unseres Vorstellungsvermögens einfach so auffassen. Der Grund dafür liegt vielmehr in dem genannten Implikationsverhältnis, das unabhängig von unseren kognitiven Fähigkeiten besteht. Daher gilt: „Es ist nicht so, daß mein Denken dies bewirkt oder irgendeinem Ding eine Notwendigkeit auferlegt. Vielmehr ist es die Notwendigkeit dieser Sache selbst, nämlich der Existenz Gottes, die mich festlegt, dies zu denken." (AT VII, 67)

Doch auch diese Verteidigung vermag nicht vollständig zu überzeugen. Selbst wenn die Analyse der Definition oder des Begriffs von Gott zeigt, daß ein bestimmtes Implikationsverhältnis vorliegt, und selbst wenn uns „die Sache selbst" dazu zwingt, Gott als eine existierende Entität zu denken, folgt daraus nur, daß wir Gott so *denken* müssen. Es folgt aber nicht, daß Gott auch unabhängig von unserem Denken existiert. Darauf hat bereits Caterus in seiner Kritik prägnant hingewiesen:

„Auch wenn angenommen wird, daß das höchste, vollkommene Wesen schon durch seinen Namen Existenz bedingt, so folgt doch nicht, daß diese Existenz in der Natur etwas Aktuelles ist. Es folgt nur, daß mit dem Begriff von einem vollkommenen Wesen der Begriff von Existenz untrennbar verbunden ist." (AT VII, 99)

Eine Analyse der Definition oder des Begriffs von Gott zeigt nur, was für begriffliche Abhängigkeiten bestehen, aber sie sagt nichts über die reale Existenz Gottes aus. Dieser zentrale Punkt mag durch einen Vergleich mit dem Pegasus-Beispiel noch deutlicher werden. Angenommen, wir verstehen unter Pegasus nicht nur ,geflügeltes Pferd', sondern ,vollkommenes geflügeltes Pferd'. Und angenommen, wir stimmen Descartes zu, daß ,vollkommen sein' ,existierend' impliziert. Aufgrund dieser Annahmen müssen wir uns Pegasus als ein existierendes, geflügeltes Pferd denken – nicht etwa, weil unsere Phantasie uns dazu verleitet, sondern weil die Definition des Pegasus uns dazu zwingt. Aber die Definition zwingt uns nur dazu, Pegasus als etwas Existierendes zu *denken*. Sie kann nichts über unser Denken hinaus bewirken und Pegasus als ein reales Wesen erschaffen. Genauso kann auch die Definition Gottes uns nur dazu zwingen, Gott als etwas Existierendes zu denken. Aber darüber hinaus kann sie nichts bewirken.

Diese Einwände verdeutlichen, daß auch der ontologische Gottesbeweis keineswegs hieb- und stichfest ist. Es können stets Zweifel an der Existenz Gottes (und damit auch an der Existenz eines Garanten für die Existenz der Außenwelt und für die Zuverlässigkeit unserer kognitiven Fähigkeiten) angemeldet werden.

4. Ewige Wahrheiten

Gott ist im Rahmen der Cartesischen Metaphysik nicht nur Garant für die Existenz der materiellen Gegenstände. Er ist stets auch Garant für die Wahrheit logischer und mathematischer Gesetze. Diese Gesetze sind nämlich von ihm geschaffen worden. In mehreren Briefen weist Descartes darauf hin, daß Gesetze wie ‚1 + 2 = 3‘ oder ‚Die Winkelsumme eines Dreiecks entspricht zwei rechten Winkeln‘ nicht deshalb ewig wahr sind, weil sie unabhängig von den materiellen Gegenständen bestehen und von Gott gleichsam betrachtet werden. Sie sind vielmehr deshalb ewig wahr, weil sie von Gott derart geschaffen worden sind (AT I, 149, 152f.; AT IV, 118f.). Gäbe es Gott nicht, gäbe es auch keine ewigen Wahrheiten. Mersenne gegenüber hält Descartes fest:

„Haben Sie bitte keine Angst, überall zu bekräftigen und öffentlich zu verkünden, daß es Gott ist, der diese Gesetze in der Natur erlassen hat, genau wie ein König Gesetze in seinem Königreich erläßt." (AT I, 145)

Da Gott wie ein allmächtiger König handelt und die logischen und mathematischen Gesetze einfach erläßt, ist er keinem Zwang unterworfen. Er hätte auch ganz andere Gesetze erlassen können als jene, die er tatsächlich erlassen hat. Das heißt, Gott hätte auch bewirken können, daß ‚1 + 2 = 3‘ falsch ist oder daß ‚Jeder Berg hat ein Tal‘ falsch ist (AT V, 224). Für Gott ist nichts absolut wahr oder absolut notwendig.

Diese These von einer göttlichen Erschaffung der logischen und mathematischen Gesetze hat unter Descartes' Zeitgenossen ebenso wie unter modernen Kommentatoren großes Erstaunen, ja Befremden ausgelöst. Wie kann Descartes diese Gesetze noch „ewige Wahrheiten" (AT I, 149) nennen, wenn sie von Gott doch zu einem bestimmten Zeitpunkt geschaffen worden sind? Was geschaffen ist, ist nicht ewig. Und wie kann er daran festhalten, daß sie notwendigerweise wahr sind? Wenn Gott sie einfach erläßt, kann er sie ja nach seinem Belieben ändern, und er kann sie zu Falschheiten werden lassen. Was aber zu einem Zeitpunkt wahr und zu einem anderen Zeitpunkt falsch ist, ist nicht notwendigerweise wahr, sondern kontingenterweise wahr oder falsch. Schließlich kann man fragen, was für eine Garantie wir Menschen dafür haben, daß das, was wir für eine logische oder mathematische Wahrheit halten, auch tatsächlich eine Wahrheit ist. Könnte es nicht sein, daß Gott die Wahrheiten einfach ändert und uns in die Irre führt? „Wenn Gott mit einem König zu vergleichen ist, der Gesetze für sein Königreich erläßt", so stellt H. Frankfurt fest, „dann kann er mit einem König verglichen werden, der äußerst launenhaft und ziemlich verrückt ist" (Frankfurt 1977, 42). Ein launenhafter Gott könnte die angeblich ewigen Wahrheiten willkürlich ändern, ohne daß wir Menschen dies bemerken. So würden wir Gesetze für wahr halten, die durch göttliches Eingreifen schon längst zu Falschheiten geworden sind.

Wenn Descartes' These auch zahlreiche Fragen aufwirft, ist sie doch nicht so bizarr und absurd, wie sie gelegentlich dargestellt wird. Um sie zu verstehen, muß man zunächst die Gründe berücksichtigen, die Descartes dazu gebracht haben, sie zu verteidigen und sich damit von einer bestimmten scholastischen Tradition abzusetzen (zur Auseinandersetzung mit dieser Tradition, die sich z.B. bei Suárez findet, vgl. Marion 1981b, 27ff.). Ein erster Grund ist theologischer Natur. Wenn Gott tatsächlich vollkommen ist, wie im ontologischen Gottesbeweis betont wird, und wenn er somit eine vollkommene Allmacht hat, dann kann seine Allmacht durch nichts eingeschränkt sein (AT IV, 118), auch nicht durch logische und mathematische Gesetze. Diese Gesetze müssen ebenfalls in seinem Allmachtbereich liegen. Denn lägen diese Gesetze außerhalb des Allmachtbereichs, hätte Gott nur eine begrenzte Allmacht und damit auch nur eine begrenzte Vollkommenheit. Man könnte sich dann ein noch vollkommeneres Wesen vorstellen, das auch über diese Gesetze verfügen kann. Ein zweiter Grund ist ebenfalls theologischer Natur (AT I, 149f.; AT IV, 119). Wenn Gott eine Einheit bildet, können Wollen und Erkennen in ihm nicht getrennt sein: Alles, was Gott erkennt, will er auch. Es ist daher ausgeschlossen, daß Gott logische und mathematische Gesetze zwar erkennt, aber nicht auch will. Schließlich ist ein dritter Grund metaphysischer Natur. Würden die logischen und mathematischen Gesetze unabhängig von Gott (und natürlich auch unabhängig von der materiellen Welt) existieren, müßte man ein besonderes „Reich ewiger Wahrheiten" annehmen und diesem einen besonderen Status zugestehen. Dies ist im Rahmen der Cartesischen Metaphysik jedoch ausgeschlossen. Es gibt neben Gott, der einzigen unabhängigen Substanz, nur zwei Arten von Substanzen (denkende und ausgedehnte) und damit auch nur zwei Arten von „Reichen". Daher kann Gott logische und mathematische Gesetze auch nicht in irgendeinem zusätzlichen „Reich" betrachten.

Diese drei Gründe verdeutlichen zwar, weshalb Descartes die These von der göttlichen Erschaffung ewiger Wahrheiten vertreten hat, aber sie bieten noch keine Antwort auf die Fragen, die diese These aufwirft. Erstens stellt sich, wie bereits erwähnt, die Frage, wie diese Wahrheiten ewig sein können, wenn sie von Gott doch geschaffen wurden. Was geschaffen ist, ist offensichtlich nicht ewig. Darauf ist zu erwidern, daß die Erschaffung der ewigen Wahrheiten nicht ein datierbares Ereignis ist. Gegenüber Burman betont Descartes: „Da Gott ja von Ewigkeit her seine Macht hatte, scheint nichts zu hindern, warum er sie nicht von Ewigkeit her ausgeübt haben sollte." (ed. Arndt 1982, 32) Gott hat sich also nicht zu einem bestimmten Zeitpunkt dafür entschieden, die Wahrheiten zu erschaffen. Es wäre unsinnig zu fragen, was Gott denn *vor* der Erschaffung der ewigen Wahrheiten getan hat, denn es gab keinen Zeitpunkt davor – Gott hat sie immer schon erschaffen, indem er immer schon seine Allmacht ausgeübt hat. Daher ist die Rede von geschaffenen ewigen Wahrheiten nicht selbst-widersprüchlich. Der Ausdruck ‚geschaffen' bezeichnet nur die (von

Ewigkeit her geltende) Abhängigkeit der Wahrheiten von Gott, nicht aber einen bestimmten Zeitpunkt des Erschaffens.

Zweitens stellt sich die Frage, wie die logischen und mathematischen Gesetze notwendigerweise wahr sein können, wenn sie doch von Gott abhängig sind und jederzeit von ihm geändert werden können. Wenn sie zu Falschheiten werden können, sind sie nur kontingenterweise und nicht notwendigerweise wahr. In einem Brief an Mersenne findet sich ansatzweise eine Antwort auf diese Frage. Descartes setzt sich dort mit möglichen Einwänden auseinander, indem er folgenden fiktiven Dialog inszeniert:

„Man wird Ihnen sagen: Wenn Gott diese Wahrheiten erlassen hätte, könnte er sie ändern wie ein König seine Gesetze. Darauf ist zu erwidern: Ja, wenn sein Wille sich ändern kann. – Aber ich verstehe sie als ewige und unveränderliche [Wahrheiten]. – Und ich urteile dasselbe in bezug auf Gott. – Aber sein Wille ist frei. – Ja, aber seine Macht ist nicht erfaßbar." (AT I, 145 f.)

Der fiktive Opponent verweist auf folgenden Punkt: Wenn Gott die Wahrheiten tatsächlich ändern könnte, so daß sie zu Falschheiten würden, dann wären sie nicht unveränderlich und damit auch nicht notwendig. Sie wären nur kontingente Wahrheiten. Darauf entgegnet Descartes, daß dies nur der Fall wäre, wenn Gott veränderlich wäre. Aber Gott ist unveränderlich. Daher ändert er nicht willkürlich seine Willensentscheidungen, und er läßt die Wahrheiten nicht willkürlich zu Falschheiten werden. Er *könnte* es zwar tun, weil seine Allmacht ja unbegrenzt ist – was er alles tun könnte, übersteigt das menschliche Denkvermögen. Doch er tut es nicht, weil er unveränderlich ist. Daher erläßt er die Wahrheiten als notwendige und nicht bloß als kontingente Wahrheiten.

Versteht man Descartes' Position in diesem Sinn, muß man zwei Arten von Notwendigkeit unterscheiden. (1) Die ewigen Wahrheiten sind notwendig, denn sie sind von Gott so erlassen worden, daß sie immer gelten und nicht zu Falschheiten werden. (2) Gottes Handeln ist jedoch nicht notwendig. Gott war nicht gezwungen, die Wahrheiten genau so zu erlassen, wie er sie einmal erlassen hat. Er war in seinem Wollen und Handeln absolut frei. Wenn er es gewollt hätte, hätte er auch ganz andere Wahrheiten erlassen können. Kurz gesagt: Die Wahrheiten sind zwar notwendig, aber nicht notwendigerweise notwendig (vgl. zur iterierten Modalität Curley 1984, 589 ff.; Barnes 1996). Diese Interpretation hat nicht nur den Vorteil, daß sie den fundamentalen Unterschied zwischen notwendigen Wahrheiten wie etwa ‚Die Winkel eines Dreiecks entsprechen zwei rechten Winkeln‘ und kontingenten Wahrheiten wie etwa ‚Sokrates sitzt‘ aufrecht erhält. Die Interpretation hat auch den Vorteil, daß sie in Einklang steht mit Descartes’ allgemeinem Gottesbegriff. Obwohl Gott absolut frei und allmächtig ist, ist er kein launenhafter, willkürlicher Despot, sondern ein gütiger, konsistent handelnder Herrscher: Was er alles tun könnte, ist nicht das, was er – nachdem er sich einmal für eine bestimmte Schöpfung entschieden hat – auch tatsächlich tut. Mit dieser Unterscheidung knüpft Descartes an eine einflußreiche mittelalterliche Tradition an (Funkenstein 1986, 117 ff.; Osler 1994, 118 ff.). Was Gott kraft seiner uneingeschränkten Allmacht („potentia absoluta“) alles tun könnte, ist nicht das, was er kraft seiner geordneten Allmacht („potentia ordinata“) tatsächlich tut. Indem er nämlich bestimmte logische und mathematische Gesetze erlassen hat, hat er sich für eine Ordnung entschieden, in die er nicht willkürlich eingreift.

Berücksichtigt man diese besondere Art der Ausübung göttlicher Allmacht, wird auch klar, wie Descartes auf die von H. Frankfurt aufgeworfenen Fragen reagieren würde. Könnte es nicht sein, daß Gott die ewigen Wahrheiten ändert, ohne daß wir Menschen dies bemerken? Und könnte es dann nicht sein, daß wir uns dauernd irren, weil das, was wir für eine ewige Wahrheit halten, schon längst zu einer Falschheit geworden ist? Descartes würde diese Fragen zurückweisen, weil er nicht, wie Frankfurt ihm dies unterstellt (Frankfurt 1977, 42), einen launenhaften Gott annimmt, der die ewigen Wahrheiten vielleicht willkürlich ändert. Gott *könnte* sie kraft seiner uneingeschränkten Allmacht zwar ändern, aber er hat sich für eine bestimmte Ordnung entschieden und ändert die Wahrheiten deshalb nicht willkürlich.

Zudem ist zu beachten, daß Gott die ewigen Wahrheiten nicht in einem fernen, den Menschen unzugänglichen „pays des possibles" erschaffen hat. Er hat sie vielmehr so erschaffen, daß es „keine im besonderen gibt, die wir nicht erfassen können, wenn unser Geist sich darauf konzentriert, sie zu betrachten – sie sind alle unserem Geist angeboren. Genauso würde ein König seine Gesetze im Herzen seiner Untertanen einprägen, wenn er die Macht dazu hätte." (AT I, 145) Offensichtlich sind wir Menschen fähig, die Wahrheiten zu erfassen, weil sie uns angeboren sind. Und in dem, was uns angeboren ist, können wir nicht in die Irre gehen. Doch wie ist hier die Redeweise von etwas Angeborenem zu verstehen? Nun, sie kann im Sinne von natürlich vorhandenen, nicht erworbenen Denkdispositionen verstanden werden: Wir alle sind von Natur aus derart disponiert, daß wir gar nicht anders können, als ‚1 + 2 = 3' oder ‚Die Winkelsumme eines Dreiecks entspricht zwei rechten Winkeln' als Wahrheiten zu erfassen. Wir müssen nur einen korrekten Gebrauch von unseren kognitiven Fähigkeiten machen und unsere entsprechenden Dispositionen aktivieren. Es gibt somit keine Kluft zwischen den von Gott erschaffenen Wahrheiten einerseits und dem menschlichen Geist andererseits. Unser Geist ist derart disponiert, daß er diese Wahrheiten erfassen *muß* und – vorausgesetzt, er geht methodisch korrekt vor – gar nicht in die Irre gehen kann. Selbst wenn unser Geist plötzlich neue Wahrheiten erfaßt (z.B. im Rahmen der nicht-euklidischen Geometrien), erfindet er damit nicht einfach neue Wahrheiten. Er aktualisiert einfach mehr von seinen Dispositionen, die immer schon vorhanden waren.

In dieser Erklärung zeigt sich ein wichtiger Grundzug des Cartesischen Rationalismus. Es ist Descartes zufolge ausgeschlossen, daß es – wie Relativisten behaupten – mehrere voneinander unabhängige Mengen von Wahrheiten oder mehrere miteinander unverträgliche „conceptual schemes" gibt. Es gibt nur *eine* Menge von ewigen Wahrheiten (auch wenn Gott kraft seiner uneingeschränkten Allmacht andere Mengen hätte erschaffen können) und *eine* Menge von Dispositionen zum Erfassen dieser Wahrheiten. Alle Menschen verfügen von Natur aus über diese Dispositionen, auch wenn individuelle und kulturelle Unterschiede in der Aktivierung der Dispositionen bestehen. Daher können alle Menschen prinzipiell dieselben Wahrheiten erfassen, und wenn sie diese Wahrheiten in unterschiedlichen Sprachen ausdrücken, sind alle Sätze prinzipiell übersetzbar.

VI. Anthropologie und Ethik

1. Zwei Substanzen und eine Person

Nachdem Descartes in der Zweiten Meditation festgestellt hat, daß er nicht an der Existenz seines eigenen Ichs zweifeln kann, fragt er: „Was bin ich nun also?" Und er antwortet sogleich: „Ein denkendes Ding. Was ist das? Ein Ding, das zweifelt, versteht, bejaht, verneint, will, nicht will, das auch Vorstellungen und Empfindungen hat." (AT VII, 28) Dies ist eine erstaunliche Antwort. Normalerweise fassen wir uns nicht einfach als denkende Dinge auf, sondern als Personen. Und als Personen schreiben wir uns nicht nur geistige Eigenschaften und Fähigkeiten zu, sondern immer auch körperliche. Wir sagen ja nicht nur, daß wir Dinge sind, die zweifeln, verstehen, bejahen usw., sondern ebenso auch Dinge, die radfahren, kochen, singen usw. Das Besondere an einer Person besteht gerade darin, daß sie ein komplexes, aber trotzdem einheitliches Ding ist, das geistige *und* körperliche Eigenschaften und Fähigkeiten hat. Genau diese komplexe Einheit scheint Descartes in seiner radikalen Trennung von Geist und Körper zu übersehen. Wenn es in seiner dualistischen Theorie überhaupt noch so etwas wie eine Person gibt, so ist sie lediglich etwas Zusammengesetztes: eine Verbindung aus zwei Substanzen. Descartes scheint sich jedoch nicht für das Zusammengesetzte zu interessieren, sondern nur für einen Bestandteil davon. Nur die denkende Substanz ist das, worauf er mit ‚ich' Bezug nimmt, und nur die denkende Substanz ist das, was seiner Meinung nach unmittelbar zugänglich ist und unmittelbar erkannt wird.

Angesichts dieser scheinbaren Vernachlässigung oder gar Leugnung der Person als einer komplexen Einheit ist es nicht erstaunlich, daß Descartes' Ansatz immer wieder kritisiert worden ist. In seiner wohlbekannten polemischen Attacke behauptete G. Ryle, eine Cartesische Person sei nur noch ein „Gespenst in einer Maschine" (Ryle 1949), jedoch kein Subjekt mit komplexen Fähigkeiten. Gelegentlich wird sogar argumentiert, der Cartesische Dualismus führe unweigerlich zum „Ende der Anthropologie" (Voss 1994). Denn eine Metaphysik, die unfähig sei, eine Person als eine Einheit aufzufassen, führe letztendlich zur Auflösung des Begriffs der Person und damit auch zur Auflösung der philosophischen Anthropologie.

Hätte die Cartesische Metaphysik tatsächlich derart dramatische Konsequenzen, könnte sie sogleich als historisches Kuriosum abgetan werden. Eine genauere Analyse der Texte zeigt jedoch, daß Descartes sehr wohl über einen Begriff der Person verfügte. Um diesen Begriff zu verstehen, muß man ihn allerdings mit dem traditionellen aristotelisch-scholastischen Begriff vergleichen, den Descartes überwinden wollte, und man muß sich vergegenwärtigen, welche Probleme er mit seinem neuen Begriff zu lösen versuchte.

Die mittelalterlichen Autoren in der aristotelischen Tradition gingen einhellig davon aus, daß eine Person eine natürliche Substanz ist, die aus Form und Materie besteht: Die Seele ist die Form, der Körper die Materie (vgl. *De anima* II, 1; 412 a 6 ff.). Dies bedeutet freilich nicht, daß die Seele eine besondere Entität ist, die dem Körper hinzugefügt wird. Die Seele als Form ist vielmehr das, was ein Stück Materie erst zu einem funktionierenden, lebendigen Körper macht – ein Lebensprinzip. Wenn man versucht, eine Person zu erklären, muß man daher immer versuchen, dieses Lebensprinzip zu erklären. Das heißt, man muß darlegen, was für ein Prinzip eine Person haben muß, damit sie überhaupt bestimmte Tätigkeiten ausführen kann (z.B. zur Ernährung, Fortbewegung, Wahrnehmung), durch die sie sich als *lebendiges* Wesen auszeichnet.

Ein solcher aristotelischer Ansatz hat den Vorteil, daß er eine Person von vornherein als eine Einheit auffaßt und sie als ein biologisches Wesen bestimmt, das genauso wie Pflanzen und Tiere bestimmte gundlegende Tätigkeiten (z.B. zur Ernährung oder zur Fortpflanzung) ausführt. Was eine Person von anderen Lebewesen unterscheidet, ist einzig die Tatsache, daß sie über ein komplexeres Lebensprinzip verfügt und dadurch auch zu komplexeren Tätigkeiten fähig ist. Allerdings hat der aristotelische Ansatz auch eine wichtige Konsequenz, wie die christlichen Kommentatoren sogleich bemerkten. Wenn eine Person nichts anderes als ein funktionierender, lebendiger Körper ist, und wenn die Seele einer Person nichts anderes als ein Lebensprinzip ist, geht die ganze Person – auch ihre Seele – zugrunde, sobald der Körper stirbt. Die Existenz einer unsterblichen Seele scheint unmöglich zu sein. Genau mit diesem Problem setzten sich die spätmittelalterlichen Aristoteliker eingehend auseinander. Sie versuchten teilweise mit Bezug auf Aristoteles' Intellekttheorie (*De anima* III, 5; 430a10ff.) und teilweise mit selbständigen Argumenten zu zeigen, daß man sorgfältig zwischen verschiedenen Teilen der Seele unterscheiden muß. Nur die niedrigeren Teile der Seele bilden das Lebensprinzip im engeren Sinn und gehen zugrunde, sobald der Körper stirbt. Der Intellekt als der erhabene Teil hingegen hat eine selbständige Existenz und geht nicht mit dem Körper zugrunde. Der Intellekt ist, wie Thomas von Aquin bemerkte, „eine durch sich selbst subsistierende Form („forma per se subsistens": *Summa theol.* Ia, q. 75, art. 6), die nicht an den Körper gebunden ist, auch wenn sie in diesem Leben zusammen mit den übrigen Teilen der Seele im Körper präsent ist.

Eine solche Erklärung zielt offensichtlich darauf ab, einerseits die aristotelische Auffassung der Person als eines einheitlichen Lebewesens aufrecht zu erhalten, andererseits aber auch die Unsterblichkeit der Seele zu verteidigen. Sie weist aber eine innere Spannung auf und ist deshalb bereits im Spätmittelalter und in der Renaissance kritisiert worden (vgl. Pluta 1986). Eine besonders deutliche und einflußreiche Kritik formulierte Pietro Pomponazzi in seiner Schrift *De immortalitate animae* („Über die Unsterblichkeit der Seele", 1516 veröffentlicht). Im Zentrum seiner Kritik steht folgender Punkt: Einerseits behaupten die Aristoteliker, allen voran Thomas von Aquin, die Seele sei nicht eine besondere Entität, sondern nichts anderes als ein Prinzip, durch das ein Körper zu einem lebendigen Körper wird. Kurzum, die Seele ist etwas, *wodurch* etwas lebendig ist – ein „quo est". Andererseits behaupten die Aristoteliker aber auch, ein Teil der Seele subsistiere oder existiere durch sich selbst, unabhängig vom Körper. Kurzum, die Seele ist etwas, *was* an sich existiert – ein „quod est". Aber wie kann die Seele gleichzeitig ein „quo est" und ein „quod est" sein? Und wie kann eine Person gleichzeitig ein einheitlicher, lebendiger Körper sein und ein Körper, dem eine selbstsubsistierende Form hinzugefügt wird? Mit einer aristotelischen Theorie der Person, so schließt Pomponazzi, kann die Unsterblichkeit der Seele nicht plausibel erklärt werden (*De immortalitate animae* VIII; ed. Mojsisch 1990, 68 und 76).

Pomponazzis Kritik löste eine heftige Kontroverse aus, die sich bis ins frühe 17. Jahrhundert fortsetzte. Ob Descartes eine unmittelbare Kenntnis von Pomponazzis Text hatte, läßt sich nicht nachweisen. Aber er war sicherlich mit der daran anschließenden Kontroverse vertraut. In seinem Brief an die Doktoren der Theologischen Fakultät von Paris bezieht er sich explizit auf die Kritiker der Unsterblichkeitsdoktrin und stellt fest: „Einige wagten gar zu behaupten, menschliche Überlegungen würden dafür sprechen, daß die Seele zugleich mit dem Körper zugrundegeht." (AT VII, 3) Diesen Kritikern hält Descartes entgegen, daß die Seele nicht einfach ein Lebensprinzip ist (der menschliche Körper ist bereits durch rein physiologische Prozesse belebt), sondern eine vom Körper distinkte Substanz. Sie hat eine vom Körper unabhängige Existenz und geht daher nicht zugrunde, wenn der Körper stirbt.

Mit einer solchen Entgegnung, die auf einer dualistischen Metaphysik beruht, vermag Descartes zwar die Unsterblichkeit der Seele zu verteidigen. Aber er scheint genau jene These aufzugeben, die für die aristotelische Position charakteristisch war: die Einheit der Person. Wenn eine Person aus zwei distinkten, voneinander unabhängigen Substanzen besteht, kann sie offensichtlich nichts Einheitliches sein. Sie ist dann höchstens ein Konglomerat aus zwei Substanzen.

Eine solche Beurteilung ist zwar naheliegend, wird der Cartesischen Theorie jedoch nicht gerecht. Obwohl Descartes darauf insistiert, daß die Seele eine eigenständige, unsterbliche

Substanz ist, will auch er – genau wie die Aristoteliker – die Einheit der Person aufrechterhalten. In der Sechsten Meditation betont er, seine Seele befinde sich nicht einfach in seinem Körper wie ein Schiffer in seinem Schiff. Seine Seele sei vielmehr „aufs engste mit dem Körper vereint" (AT VII, 81). Er weist darauf hin, daß Geist und Körper eine „substantielle Einheit" bilden (AT VII, 219, 228 und 585; AT III, 493 und 508), und an einigen Stellen sagt er sogar in Anlehnung an die aristotelische Terminologie, die Seele sei wie die Form im Körper (AT VII, 356; AT III, 503 und 505; AT IV, 373).

Wie sind diese Aussagen zu verstehen? Wie kann Descartes einen metaphysischen Dualismus verteidigen und gleichzeitig die Verbindung von Geist und Körper in aristotelischer Manier als eine substantielle Einheit bezeichnen? Diese Fragen lassen sich beantworten, wenn man berücksichtigt, daß Descartes zwar durchgehend einen Substanzendualismus vertritt, aber eine besondere Relation zwischen den beiden Substanzen annimmt (vgl. ausführlich Schütt 1990, 116ff.). Geist und Körper sind derart miteinander verbunden, daß sie eine *essentielle Einheit* bilden und als Bestandteile dieser Einheit – nicht als isolierte Substanzen – verstanden werden müssen. In einem Brief an seinen ehemaligen Schüler Regius schreibt Descartes:

„Gestehe wo auch immer sich dir die Gelegenheit dazu bietet, sei dies in einem privaten oder in einem öffentlichen Rahmen, daß du glaubst, der Mensch sei ein wahres *ens per se*, nicht ein *ens per accidens*, und der Geist sei real und substantiell mit dem Körper vereint – nicht durch seine Lage oder durch seine Disposition [...], sondern durch einen wahren Modus der Einheit ..." (AT III, 493)

Die Gegenüberstellung von „ens per se" und „ens per accidens" ist folgendermaßen zu verstehen: Wenn zwei Substanzen zufällig miteinander verbunden sind und alle ihre Funktionen auch unabhängig voneinander ausüben können, bilden sie zusammen eine akzidentelle Einheit – ein bloßes Konglomerat, das nicht mehr ist als die Summe seiner beiden Bestandteile. Wenn hingegen zwei Substanzen derart miteinander verbunden sind, daß sie nicht alle ihre Funktionen unabhängig voneinander ausüben können, bilden sie zusammen eine essentielle

Einheit – etwas Komplexes, was mehr ist als die Summe seiner Bestandteile. Genau dies ist bei der Verbindung von Körper und Geist der Fall. Denn es gibt bestimmte Funktionen (z.B. Sinneswahrnehmung und Schmerzempfindung), die weder der Geist allein noch der Körper allein ausüben kann. Nur wenn Geist und Körper miteinander verbunden sind, ist die Ausübung dieser Funktionen möglich. Daher betont Descartes, daß Geist und Körper in einem gewissen Sinn unvollständige Substanzen sind (AT III, 460; AT VII, 222). Zu vollständigen – d.h. vollständig funktionsfähigen – Substanzen werden sie erst in der essentiellen Einheit.

Descartes erläutert die Verbindung der beiden Substanzen anhand einer zentralen Funktion, der Sinneswahrnehmung. Er stellt fest, daß bei einer Analyse der Sinneswahrnehmung „drei Grade" oder Stufen voneinander zu unterscheiden sind (AT VII, 436ff.). Es gibt erstens eine rein körperliche Stufe. Diese liegt genau dann vor, wenn ein Objekt auf den Körper einwirkt und eine Nervenreizung verursacht. Sie ist bei Tieren ebenso wie bei Menschen zu finden und erfordert keine Verbindung von Körper und Geist. Zweitens gibt es eine körperlich-geistige Stufe, die Descartes folgendermaßen beschreibt:

„Der zweite [Grad] umfaßt all das, was im Geist unmittelbar daraus entsteht, daß er mit einem derart affizierten Körperorgan vereint ist. Derart sind die Perzeptionen des Schmerzes, des Kitzels, des Durstes, des Hungers, von Farben, Ton, Geschmack, Geruch, Hitze, Kälte und ähnlichem ..." (AT VII, 437)

Drittens schließlich gibt es eine rein geistige Stufe, die genau dann vorliegt, wenn ein Urteil über das äußere, auf den Körper einwirkende Objekt gebildet wird. Entscheidend ist in diesem Zusammenhang die zweite Stufe, die nur aufgrund der essentiellen Einheit von Körper und Geist möglich ist. Weder der Körper allein noch der Geist allein kann Farb-, Geruchs-, Geschmacks- und andere Empfindungen haben. Empfindungen entstehen nur dann, wenn Körper und Geist miteinander verbunden sind, und zwar nicht akzidentell (etwa wie zwei beliebige materielle Substanzen miteinander verbunden werden können), sondern essentiell. Nur eine solche Verbindung ermöglicht eine Zwischenstufe zwischen den rein körperlichen Nervenreizungen und den rein geistigen Urteilen.

Aus dieser Einführung einer körperlich-geistigen Stufe, die weder mit der rein körperlichen noch mit der rein geistigen gleichgesetzt werden darf, ergeben sich wichtige Konsequenzen für die Beschreibung einer Person. Obwohl eine Person aus den zwei Substanzen Körper und Geist besteht, dürfen nicht sämtliche Funktionen *entweder* dem Körper allein *oder* dem Geist allein zugeschrieben werden. Es gibt bestimmte Funktionen, die nur aufgrund der Verbindung von Körper und Geist möglich sind und daher auch beiden Substanzen zugeschrieben werden müssen. Somit sind drei Arten von Zuschreibungen zu unterscheiden:

(1) Rein körperliche Funktionen (z.B. Nervenreizungen, Verdauungstätigkeit) sind dem Körper zuzuschreiben.
(2) Rein geistige Funktionen (z.B. Urteilen, mathematisches Denken) sind dem Geist zuzuschreiben.
(3) Funktionen, die nur aufgrund der Verbindung von Körper und Geist möglich sind (z.B. Empfindungen), sind Körper *und* Geist zuzuschreiben.

Da es drei verschiedene Arten von Zuschreibungen gibt, sind auch drei verschiedene Grundbegriffe („notions primitives") erforderlich, wie Descartes betont (AT III, 665): ein Grundbegriff für den Körper, einer für den Geist und einer für die essentielle Einheit von Körper und Geist. Der dritte Grundbegriff ist weder mit dem ersten noch mit dem zweiten identisch. Er ist vielmehr ein eigenständiger Grundbegriff.

Mit dieser Unterscheidung dreier Grundbegriffe verdeutlicht Descartes, daß er keineswegs den Begriff der Person aufgibt oder auf denjenigen des Geistes reduziert. Obwohl Geist und Körper distinkte Substanzen sind, bilden sie eine funktionale Einheit, und für diese Einheit – die Person – ist seiner Ansicht nach ein gesonderter, nicht-reduzierbarer Begriff erforderlich. Dieser wichtige Punkt mag durch folgenden Vergleich noch deutlicher werden. (Der Vergleich ist von G. Ryle angeregt; ausführlich dazu Perler 1996, 135 f.) Wenn wir die

Universität Oxford beschreiben wollen, benötigen wir erstens einen Begriff für die Colleges in Oxford. Zweitens benötigen wir auch einen Begriff für die Lehrenden und Studierenden an diesen Colleges. Und drittens benötigen wir einen Begriff für die Universität, die funktionale Einheit. Denn nur aufgrund der Tatsache, daß die Colleges bzw. die dort Lehrenden und Studierenden in der Universität miteinander verbunden und einheitlich organisiert sind, haben sie bestimmte Rechte und Pflichten. Dies heißt freilich nicht, daß es zusätzlich zu den Colleges sowie den dort Lehrenden und Studierenden noch eine besondere Entität namens ‚Universität‘ gibt. Die Universität Oxford besteht bekanntlich aus nichts anderem als aus den Colleges und den dort Lehrenden und Studierenden. Es wäre unsinnig, nach einer Besichtigung aller Colleges zu fragen, wo denn nun die Universität sei. Obwohl es also keine dritte Art von Entität gibt, benötigen wir trotzdem einen eigenständigen Begriff für die Universität. Denn nur mit Hilfe dieses Begriffs können wir verstehen, weshalb die Verbindung aller Colleges mehr ist als ein bloßes Konglomerat und weshalb die Lehrenden und Studierenden gewisse Rechte und Pflichten haben. Ähnlich gilt auch für eine Person: Obwohl eine Person keine dritte Art von Entität ist, die zusätzlich zum Geist und zum Körper existiert, benötigen wir einen eigenständigen Begriff für die Person. Nur mit Hilfe dieses Begriffs können wir verstehen, warum die Verbindung aus Körper und Geist mehr ist als ein bloßes Konglomerat und warum Körper und Geist bestimmte Funktionen ausüben können.

Neben der funktionalen Einheit spricht noch ein weiterer Grund dafür, daß ein nicht-reduzierbarer Grundbegriff für die Person erforderlich ist. Würde man eine Person lediglich als ein Konglomerat aus zwei Substanzen auffassen, müßte man auch alle Zustände einer Person als Konglomerate von Zuständen auffassen, die sich in teils körperliche und teils geistige Zustände zerlegen lassen. So müßte man etwa sagen, ein Zahnschmerz sei nichts anderes als ein Konglomerat aus einer Nervenreizung und einer geistigen Empfindung. Dieses Konglomerat könnte in die beiden Bestandteile zerlegt werden, und jeder Bestandteil ließe sich gesondert analysieren. So könnte etwa ein Zahnarzt den körperlichen Zustand analysieren, und Gott oder ein Engel könnte den geistigen Zustand analysieren. Würde man die beiden Analysen kombinieren, hätte man vollständig verstanden, was ein Zahnschmerz ist.

Gegen ein solches Vorgehen ist aus Cartesischer Sicht einzuwenden, daß es neben dem Standpunkt der *dritten* Person, den der Zahnarzt oder Gott einnimmt, immer auch den Standpunkt der *ersten* Person gibt. Wenn ich einen Zahnschmerz habe, zerlege ich ihn nicht einfach in zwei Bestandteile, und ich analysiere die beiden Bestandteile nicht wie ein außenstehender Betrachter. Vielmehr erlebe ich den Zahnschmerz als einen einheitlichen Zustand, der Körper und Geist gleichzeitig betrifft. Daher besteht ein gravierender Unterschied zwischen mir und einem bloßen Beobachter. Ich habe ein unmittelbares Schmerzempfinden, während ein Beobachter, der meinen Geist und meinen Körper inspiziert, nur zu einer Beschreibung der jeweiligen Zustände fähig ist. Descartes vergleicht einen solchen Beobachter mit einem Engel und stellt fest:

„Wenn nämlich ein Engel in einem menschlichen Körper wäre, so würde er nicht empfinden wie wir, sondern er würde nur Bewegungen feststellen, die von äußeren Gegenständen verursacht werden, und darin würde er sich von einem wirklichen Menschen unterscheiden." (AT III, 493)

Diesen Punkt betont Descartes auch in der Sechsten Meditation, wenn er sagt: „Die Natur lehrt mich auch durch die Empfindungen des Schmerzes, des Hungers, des Durstes usw., daß ich nicht einfach meinem Körper zugesellt bin wie ein Schiffer seinem Schiff." (AT VII, 81) Diese zentrale Aussage kann folgendermaßen verstanden werden: „Ich bin nicht einfach ein Betrachter meines Körpers, denn ich inspiziere ihn nicht einfach von einem neutralen Standpunkt aus, als ob er mich nicht beträfe. Ich erlebe vielmehr unmittelbar, was in meinem Körper vorgeht, weil mein Geist zusammen mit meinem Körper eine essentielle Einheit bildet. Und was ich erlebe sowie die Qualität meines Erlebens kann ich nur von meinem Standpunkt der ersten Person aus vollständig beschreiben. Einen derartigen Standpunkt kann ich aber nur einnehmen, wenn ich mich als Person und nicht als ein bloßes Konglomerat aus zwei Substanzen verstehe." Descartes weist auch darauf hin, daß der Standpunkt der ersten Person aus pragmatischen Gründen unentbehrlich ist. Denn würde ich meine Empfindungen – vor allem meine Schmerzempfindungen – nur unbeteiligt betrachten und nicht unmittelbar erleben, würde ich auch meinen verletzten Körper nur unbeteiligt betrachten, ähnlich wie ein Schiffer sein beschädigtes Schiff begutachtet. Ich hätte dann keinen unmittelbaren Anreiz, den Körper vor Verletzungen zu schützen und Schmerzempfindungen zu vermeiden. Wenn ich hingegen den Standpunkt der ersten Person einnehme, stelle ich sogleich fest, daß es nicht irgendein Körper, sondern *mein* Körper ist, der verletzt ist und des Schutzes bedarf.

Indem Descartes auf die Besonderheiten des Standpunktes der ersten Person hinweist, macht er auf etwas aufmerksam, was gelegentlich die Kategorie des Subjektiven genannt wird: Was ich subjektiv erlebe, kann nicht mit dem identifiziert oder auf das reduziert werden, was objektiv beschreibbar ist. Allerdings empfiehlt es sich, den schillernden Ausdruck ‚subjektiv' mit Vorsicht zu verwenden. Descartes behauptet nicht, wie ihm gelegentlich unterstellt wurde (besonders in der durch Fichte geprägten Rezeption; vgl. Belege in Schütt 1991, 30 ff.), der subjektive Standpunkt sei der einzige angemessene Standpunkt und es gelte, das sich selbst erlebende Subjekt von den Zwängen der Objektivität zu befreien. Für Descartes geht der sogenannte subjektive Standpunkt der ersten Person immer mit demjenigen der dritten Person einher, und zahlreiche Zustände oder Sachverhalte können vom Standpunkt der dritten Person sogar besser beschrieben werden als von jenem der ersten Person. So kann etwa ein Zahnarzt meine verletzten Zahnnerven adäquater beschreiben als ich. Ein Ziel des naturwissenschaftlichen Projekts, das Descartes verfolgt, besteht ja darin, die Wichtigkeit und den Nutzen objektiver wissenschaftlicher Beschreibungen aufzuzeigen. Es wäre auch irreführend, unter dem Subjektiven so etwas wie einen rein privaten Bereich – gleichsam kleine Inseln im Meer des Objektiven – zu verstehen, der nur dem erlebenden Subjekt vorbehalten ist. Im Rahmen der Cartesischen Konzeption gibt es keinen besonderen Bereich, sondern zwei verschiedene *Zugänge* zu ein und demselben Bereich. Wenn ich einen Zahnschmerz habe, so hat der Zahnarzt ebenso wie ich einen Zugang zu diesem Schmerz, und zwar zu ein und demselben Schmerz. Der entscheidende Punkt ist allerdings, daß wir zwei verschiedene Arten von Zugängen haben – der Zahnarzt einen beschreibenden, ich einen erlebenden. Genau dieser erlebende Zugang ermöglicht es mir, mich selber als eine Körper-Geist-Einheit aufzufassen.

Zusammenfassend kann festgehalten werden, daß Descartes aus mindestens zwei Gründen den Begriff der Person als unabdingbar erachtet. Nur mit Hilfe dieses Begriffs können wir die Verbindung aus Körper und Geist als eine funktionale Einheit verstehen, und nur mit Hilfe dieses Begriffs können wir erklären, warum es neben dem beschreibenden Standpunkt der dritten Person auch einen erlebenden Standpunkt der ersten Person gibt. Diese beiden Gründe verdeutlichen, daß Descartes den Begriff der Person keineswegs aufgibt, auch wenn er den traditionellen, hylemorphistischen Begriff verabschiedet. Und sie zeigen auch, daß Descartes keineswegs das Ende der Anthropologie ankündigt. In verschiedenen Werken, vor allem im *Traité de l'Homme* und in den späten *Passions de l'âme*, stellt er den ganzen Menschen – nicht etwa nur den menschlichen Geist – in den Mittelpunkt seiner Untersuchungen. Er versucht dort zu erklären, was ein Mensch ist und was für Funktionen ein Mensch ausüben kann, indem er analysiert, wie Geist und Körper miteinander verbunden sind und wie aus dieser Verbindung Empfindungen und Emotionen entstehen (ausführlich Oksenberg Rorty 1986; Rodis-Lewis 1990; Kambouchner 1995, Bd. 1, 35 ff.). Dabei vermeidet er ausdrücklich ein reduktionistisches Vorgehen: Ein Mensch ist weder ein rein physiologisch beschreibbarer Körper noch ein rein psychologisch beschreibbarer Geist, sondern eine komplexe Einheit. Daher muß eine angemessene Anthropologie in gleichem Maße physiologische und psychologische Untersuchungen berücksichtigen.

2. Mitmenschen, Tiere und Maschinen

Daß jeder Mensch sich selber als eine Einheit aus Geist und Körper und somit als eine Person auffassen kann, steht für Descartes außer Zweifel. Ob jedoch auch ein anderer Mensch als eine solche Einheit aufgefaßt werden kann, ist fraglich. Denn die Zweifelsstrategie, die Descartes in der Ersten Meditation wählt, erlaubt ihm nur, die Existenz seines eigenen Geistes als etwas Unbezweifelbares herauszustellen. Sie erlaubt es ihm aber nicht, Aussagen über die Existenz eines anderen Geistes oder gar eines anderen Menschen zu machen. In der Zweifelssituation ist mit Ausnahme des eigenen Geistes ja alles zweifelhaft. Daher hält Descartes in der Zweiten Meditation fest, wenn er von seinem Fenster aus Leute auf der Straße vorbeigehen sehe, urteile er normalerweise, daß dies Menschen sind. „Doch was sehe ich außer Hüten und Kleidern, unter denen Automaten verborgen sein könnten?" (AT VII, 32) Streng genommen weiß er nicht, daß es sich um Menschen handelt; er vermutet es lediglich. Und selbst am Ende der *Meditationes*, nachdem er eine Existenzgarantie für die Außenwelt gefunden hat, verfügt Descartes über kein Wissen von der Existenz anderer Menschen. Er hat lediglich ein Wissen von der Existenz anderer Körper gewonnen. Aber wie kann er wissen, daß diese Körper mit einem Geist verbunden sind? Nur der eigene Geist ist ihm unbezweifelbar und unmittelbar zugänglich. Bei den fremden Körpern könnte es sich ja um perfekt funktionierende Automaten handeln, die ohne einen Geist existieren. Wenn Descartes aber kein Wissen von einem anderen Geist außer seinem eigenen hat, so hat er auch kein Wissen von einem anderen Menschen, d. h. von einer anderen essentiellen Einheit aus Körper *und* Geist.

Angesichts eines solchen Fazits ist es nicht erstaunlich, daß Descartes in diesem Punkt scharf kritisiert worden ist (Ryle 1949, 14; Kenny 1989, 3f.). Seine dualistische Konzeption des Menschen und seine These, daß nur der eigene Geist unmittelbar zugänglich ist, haben offensichtlich die unvermeidbare

Konsequenz, daß die Existenz eines anderen Menschen nur vermutet, aber nicht gewußt werden kann.

Eine nähere Prüfung der Texte zeigt allerdings, daß auch diese Kritik – wie bereits die Kritik bezüglich der angeblichen Auflösung der Anthropologie – kaum haltbar ist. Descartes präsentiert mindestens zwei Argumente, die zeigen, daß ein Wissen von Mitmenschen möglich ist (ausführlich dazu Matthews 1986; Perler 1995). Ein erstes Argument findet sich im fünften Teil des *Discours*, in dem Descartes die Frage erörtert, worin sich Menschen von Tieren unterscheiden. Er stellt zwei Hauptunterschiede fest: Erstens verfügen Menschen über sprachliche Kompetenz; zweitens handeln sie aufgrund des Vernunftgebrauchs, Tiere hingegen nur aufgrund der jeweiligen Anordnung und Funktion ihrer Organe (AT VI, 57). Von besonderer Bedeutung ist hier der erste Unterschied, der folgendermaßen erläutert wird:

> „Es ist nämlich eine wirklich bemerkenswerte Tatsache, daß es keine so stumpfsinnigen und dummen Menschen gibt, nicht einmal Geisteskranke ausgenommen, die nicht fähig wären, verschiedene Wörter miteinander zu verbinden und daraus Aussagen zu bilden, mit denen sie ihre Gedanken zu verstehen geben. Im Gegensatz dazu gibt es kein anderes Lebewesen, sei es auch noch so vollkommen und von Natur aus noch so begünstigt, das Ähnliches tun könnte." (AT VI, 57)

Offensichtlich besteht das besondere Charakteristikum der Menschen darin, daß sie nicht nur Wörter oder Sätze aussprechen können (dazu sind ja auch gut dressierte Papageien fähig), sondern kreativ mit der Sprache umgehen können. Sie sind in der Lage, gelernte Wörter miteinander zu verbinden und neue Sätze zu bilden. Dazu ist kein noch so gut dressierter Papagei in der Lage, denn er kann nur Gehörtes wiederholen. Natürlich bestehen beträchtliche Unterschiede im jeweiligen Grad der Kreativität. Doch jeder Mensch, so betont Descartes, verfügt über ein Mindestmaß an Kreativität, und dadurch unterscheidet er sich von dressierten Tieren oder von bloßen Sprechmaschinen.

Dieses Argument der sprachlichen Kreativität ist bereits von Descartes' Zeitgenossen Cordemoy und Arnauld als Hauptargument für das Wissen von anderen Menschen hervorgehoben worden (Belege in Perler 1995, 46). Sobald wir feststellen können, daß jemand sich kreativ der Sprache bedient, wissen wir, daß er über einen Geist verfügt. Und damit wissen wir auch (und wir vermuten nicht bloß), daß er mehr ist als ein Automat, nämlich eine essentielle Einheit aus Körper und Geist. Auch in der neueren Linguistik ist die Sprachkreativität immer wieder als besonderes Charakteristikum des Menschen hervorgehoben worden (Chomsky 1966, 3ff.). Genau die Kreativität ist nämlich etwas, was nicht imitiert und nicht von einem Automaten vorgetäuscht werden kann.

Allerdings stellt der Verweis auf die Kreativität nur einen Teil des Cartesischen Arguments dar. Wäre dies der einzige Teil, könnte das Argument leicht angegriffen werden. Es gibt nämlich Menschen (z.B. den legendären Kaspar Hauser, der immer ein und denselben Satz wiederholte), die nicht einmal über ein Mindestmaß an Sprachkreativität verfügen. In bezug auf diese Menschen vermag das Argument nicht zu zeigen, daß ein Wissen von ihrem Geist möglich ist. Zudem nimmt Descartes einfach an, daß es keine kreativen Sprechmaschinen gibt. Diese Annahme ist angesichts des begrenzten technischen Entwicklungstandes im 17. Jahrhundert zwar verständlich, kann aber aus heutiger Perspektive angefochten werden. Es lassen sich durchaus Computer konstruieren, die nicht nur eingespeicherte Wörter und Sätze reproduzieren, sondern auch selbständig Sätze bilden und sogar in eine andere Sprache übersetzen. Solange nicht präzisiert wird, was für einen kreativen Sprachgebrauch erforderlich ist (bloß lexikalische und syntaktische oder auch semantische und sprachpragmatische Kreativität?), erweist sich der Hinweis auf die Kreativität als wenig hilfreich.

Descartes beschränkt sich aber nicht auf die Sprachkreativität. Sein Argument weist noch einen anderen wichtigen Teil auf. An der oben zitierten Stelle sagt er, daß Menschen mit Hilfe sprachlicher Äußerungen „ihre Gedanken zu verstehen geben". Er geht also davon aus, daß Wörter und Sätze mit Gedanken verknüpft sind, vorausgesetzt sie werden nicht in einem schlafenden oder unbewußten Zustand gemurmelt. Und

Gedanken sind nichts anderes als geistige Repräsentationen: Ideen. Daher betont Descartes in seiner Definition der Ideen, daß jeder, der etwas verbal ausdrückt und auch versteht, was er sagt, eine Idee dessen hat, was durch seine Worte bezeichnet wird (AT VII, 160). Konkret heißt dies: Wenn jemand das Wort ‚Sonne' oder den Satz ‚Die Sonne ist groß' äußert, hat er – selbst wenn er nicht kreativ mit diesem Minimalwortschatz umgeht – eine Idee von der Sonne. Genau dadurch unterscheidet er sich von einer Sprechmaschine oder von einem dressierten Tier; denn diese sind nur fähig, Worte und Sätze zu äußern, können sie aber nicht mit Ideen verknüpfen. Und genau aufgrund der Verknüpfung können wir wissen, daß ein sprechender Mensch mehr ist als eine Sprechautomat.

Doch wie, so kann man nun einwenden, können wir denn feststellen, ob jemand eine Idee in seinem Geist hat? Eine Idee ist ja nichts öffentlich Zugängliches. Alles, was uns zugänglich ist, sind die verbalen Äußerungen. Und diesen Äußerungen ist nicht anzusehen, ob sie mit Ideen verknüpft sind oder nicht. Wie können wir beispielsweise wissen, ob jemand, der ‚Die Sonne ist groß' äußert, nur Worte äußert oder zusätzlich auch eine verborgene Idee hat?

Descartes geht nicht auf diesen gewichtigen Einwand ein. In einem Brief an Henry More stellt er nur fest, die Sprache sei „das einzige sichere Zeichen für einen im Körper versteckten Gedanken" (AT V, 278). Daß tatsächlich ein Gedanke versteckt ist und daß er mit einem sprachlichen Zeichen verknüpft ist, scheint Descartes als eine selbstverständliche Tatsache hinzunehmen. Der Rekurs auf etwas Verstecktes ist aber keineswegs selbstverständlich, wie Wittgensteins Kritik gezeigt hat (*Philosophische Untersuchungen* I, § 331 ff.). Um zu erklären, warum Sprachäußerungen mehr sind als bloße Laute, die auch von einem Automaten stammen könnten, sollte man den kontextuellen Gebrauch der Sprachäußerungen – die Verwendung von Wörtern und Sätzen in Sprachspielen – untersuchen und nicht auf irgendwelche „versteckte Gedanken" rekurrieren. Aber vielleicht könnte sich Descartes folgendermaßen gegen die Wittgensteinsche Kritik verteidigen: Wenn wir jemanden sprechen hören, nehmen wir nicht einfach an, daß er seine Äußerungen mit versteckten Gedanken verknüpft. Wir können ihn nämlich fragen, ob er Gedanken hat, was für Gedanken er hat und wie er sie mit seinen Äußerungen verknüpft. Wenn jemand etwa ‚Sonne‘ äußert, können wir ihn fragen, was für eine Idee er hat (von einem astronomischen Körper? von einem hellen Punkt am Himmel?), wie er die Idee klassifiziert (in Relation zu jener vom Mond oder zu Ideen von anderen Himmelskörpern?) und wie er die Idee sprachlich ausdrückt (nur durch das Wort ‚Sonne‘ oder auch durch andere Wörter?). Indem der Gefragte auf unsere Fragen antwortet, macht er seinen „versteckten Gedanken“ öffentlich zugänglich, und er beweist dadurch auch, daß er mehr ist als ein bloßer Sprechautomat. Denn ein Automat könnte nicht kontextbezogen auf die Fragen antworten, und er könnte auch nicht den besonderen repräsentativen Gehalt seines Gedankens bzw. seiner Idee erläutern. Ob eine Sprachäußerung mit einem Gedanken verknüpft ist, wird also immer durch die in einem Frage-Antwort-Spiel gegebenen Erklärungen deutlich. Und durch diese Erklärungen wird der Gedanke immer auch öffentlich zugänglich gemacht. Ein Gedanke ist somit nur deshalb „versteckt“, weil er im immateriellen, unsichtbaren Geist ist und durch verbale Äußerungen erst manifest gemacht werden muß. Er ist aber nicht „versteckt“, weil er etwas rein Privates wäre, das nur demjenigen zugänglich ist, der ihn hat. Im Gegenteil: Ein Gedanke zeichnet sich dadurch aus, daß er auch anderen zugänglich ist. Denn auch andere können den repräsentativen Gehalt erfassen (z.B. „daß die Sonne ein Himmelskörper ist“, „daß die Sonne leuchtet“), den der Sprecher erfaßt.

Neben dem Argument der Sprachverwendung findet sich noch ein weiteres Argument, das zeigt, weshalb ein Wissen von einem anderen Geist und damit auch von einem anderen Menschen möglich ist. Descartes unterscheidet in den *Passions de l'âme* drei verschiedene Arten von Perzeptionen und behauptet, Perzeptionen der dritten Art beziehe man „auf die Seele allein“ (AT XI, 347). Dazu zählt er Emotionen wie etwa Freude, Traurigkeit und Zorn. Obwohl diese Emotionen auf die Seele bezogen werden müssen (nicht etwa auf äußere Gegenstände oder auf den Körper) und auch unmittelbar bewußt sind, sind sie nicht ausschließlich dem zugänglich, der sie empfindet. Es gibt nämlich für alle Emotionen besondere „äußere Zeichen" (AT XI, 411), d.h. körperliche Symptome wie z. B. Erröten, Erbleichen, Zittern oder Stöhnen. Descartes diskutiert ausführlich die Frage, welches Symptom auf welche Emotion zurückzuführen ist, und er gibt eine detaillierte physiologische Beschreibung des jeweiligen Symptoms. So stellt er fest, Freude verursache das äußere Zeichen des Errötens im Gesicht, denn diese Emotion bewirke ein Öffnen der Herzgefäße, was eine bessere Durchblutung und eine kräftigere Gesichtsfarbe zur Folge habe (AT XI, 413). Im Gegensatz dazu bewirke Traurigkeit eine Verengung der Herzgefäße, eine schlechtere Durchblutung und folglich eine blassere Gesichtsfarbe (AT XI, 414).

Diese Erklärungen, die auf einer mechanistischen Physiologie beruhen, mögen von einem heutigen Standpunkt aus betrachtet vielleicht seltsam erscheinen. Sie sollten aber nicht übergangen werden, denn sie bringen zwei zentrale Punkte zum Ausdruck. Erstens zeigen sie, daß Descartes Emotionen nicht bloß als geistige Zustände auffaßt, sondern als Zustände, die immer auch mit körperlichen Zuständen verknüpft sind: Jede geistige Emotion verursacht ein körperliches Zeichen, und daher kann durch die Beobachtung eines körperlichen Zeichens stets auf die entsprechende Emotion geschlossen werden. Zweitens verdeutlichen Descartes' Ausführungen auch, daß er zwei unterschiedliche Zugänge zu den Emotionen unterscheidet. Es gibt (1) einen privilegierten Zugang für denjenigen, der eine Emotion unmittelbar erlebt, und (2) einen indirekten Zugang für jemanden, der das körperliche Zeichen beobachtet. Entscheidend ist hier der indirekte Zugang. Aufgrund dieses Zuganges können wir selbst von einem Menschen, der nicht spricht oder keinen kreativen Gebrauch von der Sprache macht, wissen, daß er einen Geist hat und somit mehr ist als ein Automat. Wenn wir ihn erröten oder erblassen sehen, wissen wir nämlich, daß diese äußeren Zeichen von einer entsprechenden Emotion im Geist verursacht sein müssen. Natürlich räumt Descartes ein, daß wir in zahlreichen Fällen nicht genau wissen, von welcher Emotion ein bestimmtes äußeres Zeichen hervorgebracht worden ist. Emotionen sind nämlich häufig komplexe geistige Zustände, die entsprechend komplexe Symptome hervorrufen. So tritt etwa Liebe häufig zusammen mit Freude und anderen Emotionen auf, was ein entsprechend komplexes Symptom zur Folge hat (AT XI, 414f.; AT IV, 408f.). Aber diese Komplexität spricht nicht prinzipiell dagegen, daß von einem äußeren Zeichen auf eine geistige Emotion (welcher Art auch immer sie sein mag) und damit auf die Existenz eines Geistes geschlossen werden kann.

Wie das Argument der Sprachverwendung vermag freilich auch dieses Argument nicht zu zeigen, daß von jedem anderen Geist und damit auch von der Existenz jedes anderen Menschen ein Wissen möglich ist. Wie können wir etwa wissen, ob ein regungsloser Mensch, bei dem kein Symptom einer Emotion erkennbar ist, auch tatsächlich ein Mensch und nicht bloß ein Automat ist? Das Argument gibt auch kein Kriterium zur Hand, mit dem sich echte Symptome von unechten unterscheiden lassen. Wie können wir etwa erkennen, ob das Erröten, das wir in einem anderen Gesicht sehen, auch tatsächlich ein Zeichen von Freude, Aufregung, Verlegenheit usw. ist, oder ob es sich nur um das äußere Erscheinungsbild eines perfekt programmierten Roboters handelt? Trotz dieser Fragen, die in Descartes' Texten offen bleiben, verdeutlicht sein Argument, daß im Rahmen seiner Theorie durchaus ein Wissen von anderen Menschen möglich ist. Dieses Wissen beruht nicht einfach auf einem Analogieschluß (contra Kenny 1989, 3); denn wir nehmen nicht einfach an, daß andere Menschen ähnlich wie wir selber einen Geist haben und dadurch mehr sind als Automaten. Das Wissen beruht vielmehr auf einer Analyse des beobachtbaren Verhaltens und der für dieses Verhalten notwendigen Bedingungen: Wenn ein anderer Mensch kreativ spricht und Gedanken äußert, dann *muß* er einen Geist haben; und wenn er Zeichen von Emotionen zu erkennen gibt, dann *muß* er (zumindest im Normalfall) einen Geist haben. Ein geistloser Automat ist weder zu kreativem Sprechen noch zur Manifestation von Emotionen fähig.

Und wie steht es mit den Tieren? Sind sie nichts anderes als Automaten? Im fünften Teil des *Discours* vergleicht Descartes Tiere in der Tat mit Automaten (AT VI, 59). Genau so wie eine Uhr lediglich aufgrund der komplexen Anordnung ihrer Teile in der Lage ist, die Zeit anzugeben, so behauptet er, vermögen auch Tiere lediglich aufgrund der komplexen Anordnung ihrer Körperteile bestimmte Bewegungen auszuführen. Was Tiere alles tun können – teilweise sogar besser als Menschen –, beweist keineswegs, daß sie einen Geist haben. Dies beweist nur, daß sie komplexe materielle Substanzen mit entsprechend komplexen Fähigkeiten sind.

Descartes' Vergleich der Tiere mit einem Uhrwerk legt natürlich nahe, Tiere als bloße Maschinen aufzufassen. Es ist daher nicht erstaunlich, daß einige seiner Zeitgenossen und unmittelbaren Nachfolger die Tiere als „bêtes-machines" definierten und sie nicht mehr – wie in der aristotelischen Tradition üblich – als Lebewesen auffaßten, die genau wie die Menschen auch eine nährende und eine wahrnehmungsfähige Seele haben (Diskussion in Rosenfield 1968). Allerdings wäre es verfehlt, bereits Descartes eine Reduzierung der Tiere auf Maschinen zu unterstellen. Er ist sich nämlich bewußt, daß Tiere nicht – wie etwa ein Uhrwerk – bloße Artefakte sind. Der Vergleich mit dem Uhrwerk zielt nur auf die funktionale Organisation der Körperteile ab. Tiere sind aber immer auch Lebewesen und dadurch mehr als aufgezogene Automaten. In einem Brief an Henry More hält Descartes fest: „Ich spreche freilich keinem Tier Leben ab, da ich ja feststelle, daß Leben einfach in der Wärme des Herzens besteht. Auch Empfindung spreche ich einem Tier nicht ab, insofern diese von einem Körperorgan abhängt." (AT V, 278) Wenn wir Tiere adäquat beschreiben wollen, müssen wir daher nicht nur die Organisation der einzelnen Teile erläutern, wie wir dies bei einem Uhrwerk tun. Wir müssen immer auch ihr spezifisches Lebensprinzip analysieren, und wir müssen erklären, wie dieses Lebensprinzip eine funktionale Organisation der einzelnen Körperteile ermöglicht. Dazu sind

227

ausgedehnte physiologische Untersuchungen erforderlich (zu den physiologischen Bedingungen vgl. Bitbol-Hespériès 1990). Descartes spricht den Tieren auch nicht jede Empfindung ab. In einem Schreiben an den Marquis von Newcastle weist er ausdrücklich darauf hin, daß Tiere Furcht, Hoffnung und Freude zeigen können (AT IV, 574f.), aber auch Schmerzen empfinden. Dadurch unterscheiden sie sich von gefühllosen Maschinen. Doch wie, so kann man nun fragen, sind Tiere in der Lage, Empfindungen zu haben, wenn Empfindungen aufgrund der Einheit von Körper und Geist entstehen? Wie kann ein reiner Körper etwas empfinden? Descartes geht nicht näher auf diese Frage ein. Aber wahrscheinlich unterscheidet er zwischen niederen Empfindungen, die nichts anderes als körperliche Reaktionen auf körperliche Zustände sind, und höherstufigen Empfindungen, die geistige Reaktionen auf körperliche und/oder geistige Zustände sind. So ist etwa ein Hungergefühl eine niedere Empfindung, die Tiere ebenso haben wie Menschen – eine rein körperliche Empfindung, die spontan ausgelöst wird und nicht einer geistigen Kontrolle unterliegt. Darüber hinaus können Menschen aber versuchen, das Hungergefühl zu unterdrücken oder sich von diesem Gefühl abzulenken. Dies ist eine geistige Reaktion auf das körperliche Gefühl, die Tieren nicht möglich ist. Und natürlich können Menschen auch versuchen, ihr Hungergefühl zu analysieren und begrifflich einzuordnen. Auch das ist den Tieren mangels geistiger Fähigkeiten nicht möglich.

Zieht man in Betracht, daß Descartes den Tieren durchaus Empfindungen zugesteht, wenn auch keine geistigen Fähigkeiten, kann man kaum behaupten, daß er Tiere als reine Maschinen auffaßt. Wenn er sie überhaupt als Maschinen versteht, so höchstens als „empfindungsfähige Maschinen" (Baker & Morris 1996, 87ff.). Man darf ihm auch nicht unterstellen, daß er Tiere zu reinen Objekten degradiert und dadurch indirekt die Mißhandlung von Tieren billigt oder „alle ethischen Bedenken gegenüber Tierversuchen beseitigt" (Hösle 1991, 54). Im Gegenteil: Gerade weil seiner Ansicht nach Tiere nur niedere Empfindungen haben, aber nicht auf sie reflektieren oder rational gegen sie angehen können, sind sie ihren Empfindungen hilflos ausgeliefert und bedürfen eines besonderen Schutzes. Die Tatsache, daß Menschen im Gegensatz zu Tieren über einen Geist und somit über ein rationales Vermögen verfügen, entbindet die Menschen nicht von jeder Verantwortung und berechtigt sie nicht dazu, Tiere einfach als beliebige Objekte zu behandeln. Aufgrund ihres rationalen Vermögens müßten die Menschen einsehen, daß sie eine besondere Verantwortung gegenüber jenen Lebewesen haben, die eines solchen Vermögens entbehren, aber trotzdem schmerzfähig sind. Wenn Descartes behauptet, daß die vernunftbegabten Menschen über „conscientia" verfügen, schreibt er ihnen nicht nur Bewußtsein zu, sondern – im traditionellen augustinischen Sinn dieses Wortes – immer auch ein moralisches Gewissen (vgl. ausführlich Baker & Morris 1996, 100ff.). Dieses Gewissen ist auch auf Tiere anzuwenden. Zwar postuliert Descartes nicht ausdrücklich eine Tierethik, aber seine These, daß nur Menschen ein rationales Vermögen haben, sollte nicht in einem negativen Sinn als eine Legitimierung des willkürlichen Gebrauchs von Tieren gelesen werden. Sie ist eher in einem positiven Sinn zu verstehen: Gerade weil Menschen rational sind und gerade weil sie daher über ein moralisches Gewissen verfügen, sind sie verpflichtet, in ihrem Verhalten – auch in jenem Tieren gegenüber – moralische Aspekte zu berücksichtigen.

Die Verpflichtung zu moralischen Erwägungen, die mit der Rationalität einhergeht, ist auch bei der Interpretation einer berühmten Stelle aus dem sechsten Teil des *Discours de la méthode* zu berücksichtigen. Descartes stellt dort fest, die Naturstudien würden uns befähigen, gleichsam Meister und Besitzer der Natur zu werden („nous rendre comme maistres & possesseurs de la Nature": AT VI, 62). Diese und ähnliche Aussagen sind gelegentlich als Ausdruck eines ungebundenen Herrschaftswillens, ja als ein „Schlüssel zum Verständnis der gegenwärtigen Verwüstung der Natur" (Hösle 1991, 54) gedeutet worden. Descartes, so wird behauptet, habe die Ausbeutung der Natur gerechtfertigt, indem er den Menschen als Herrscher über die Natur und nicht als Bestandteil der Natur definiert habe. Eine nähere Betrachtung der Textstelle zeigt jedoch, daß eine solche Lesart unhaltbar ist (vgl. ausführlich Höffe 1993, 123 ff.).

Zunächst ist der Kontext zu beachten. Descartes beabsichtigt an dieser Stelle nicht, die Stellung des Menschen in der Natur zu definieren oder dessen Verhältnis gegenüber Pflanzen und Tieren zu beschreiben. Er stellt sich im letzten Teil des *Discours* vielmehr die Frage, welchen Sinn und praktischen Nutzen denn sein Projekt der Wissenschaftserneuerung hat. Weshalb sollten er und seine Leser sich die Mühe machen, das tradierte Wissen radikal in Frage zu stellen und Stück für Stück wieder ein neues Wissenssystem aufzubauen? Wozu dient der ganze theoretische Aufwand? Genau diese Fragestellung hat er im Blick, wenn er feststellt, daß die Naturstudien uns zu Meistern der Natur machen können. Denn wenn wir uns von einer falschen (das heißt für Descartes meistens: von einer aristotelisch-scholastischen) Naturauffassung befreit haben und wenn wir durch empirische Studien sowie durch eine Erneuerung unseres naturphilosophischen Begriffsinventars eine neue Naturauffassung erworben haben, dann können wir die Natur adäquater verstehen. Wir sind dann nicht „maîtres" im Sinn von „Herrschern" oder „Herren" (es geht hier nicht um die Gegenüberstellung Herr-Sklave), sondern im Sinn von „Meistern": Wir verstehen uns auf die Natur, genau wie ein Handwerksmeister sich auf sein besonderes Handwerk versteht. Und wir sind dann auch Besitzer („possesseurs") der Natur, weil wir im Besitz jenes Wissens sind, das uns eine Einsicht in die Naturprozesse ermöglicht. Wir sind deswegen aber keineswegs Ausbeuter oder Zerstörer der Natur. Weiter ist folgender Punkt zu beachten: Wenn wir zu Meistern der Natur werden, so stellt Descartes fest, dann können wir nicht nur „die Früchte der Erde genießen und alle sich dort befindlichen Annehmlichkeiten", sondern wir können auch die Erhaltung der Gesundheit fördern, „die zweifellos das erste Gut ist und die Grundlage für alle anderen Güter in diesem Leben" (AT VI, 62). Descartes fordert offensichtlich nicht zu einer Ausbeutung der Natur auf. Er hat vielmehr etwas im Auge, was man eine humanitäre Absicht nennen könnte. Ein adäquateres Verständnis der Natur soll uns dazu befähigen, die natürlichen Güter und Ressourcen besser zum Wohle der Menschen einzusetzen (vornehmlich durch einen Fortschritt in den landwirtschaftlichen Methoden) und die Lebensbedingungen zu verbessern (vornehmlich durch einen Fortschritt in der Medizin). Daß dies auf Kosten der Pflanzen und Tiere gehen soll, wird keineswegs behauptet; es wird nicht einmal angedeutet. Schließlich darf ein weiterer Punkt nicht außer acht gelassen werden: Descartes trifft die Aussage über die Menschen als „Meister der Natur" im sechsten und letzten Teil des *Discours*, nachdem er im dritten Teil bereits seine provisorische Moral eingeführt hat. Er kann an dieser Stelle also voraussetzen, daß seine Leser bereits mit den ethischen Grundregeln vertraut sind und daß sie wissen, wie diese anzuwenden sind – auch im Umgang mit der Natur. Es wäre daher abwegig, ihm zu unterstellen, daß er ethische Bedenken in bezug auf die Natur ausblendet.

3. Die provisorische Moral

In der Vorrede zur französischen Ausgabe der *Principia*, in der Descartes sein Wissenschaftsverständnis erläutert, sagt er, die Wissenschaft finde ihren Höhepunkt in der „höchsten und vollkommensten Moral, die eine vollständige Kenntnis der anderen Wissenschaften voraussetzt und den letzten Grad an Weisheit darstellt." (AT IX-2, 14) Mit dieser Aussage betont er, daß eine Theorie moralischen Handelns nicht einfach als eine Theorie neben anderen Theorien (z.B. metaphysischen und physikalischen) zu verstehen ist. Eine solche Theorie baut vielmehr auf allen anderen wissenschaftlichen Theorien auf und kann deshalb nicht unabhängig von ihnen entwickelt werden. Es gibt keine vollständig autonome Theorie moralischen Handelns.

Eine solche Aussage weckt natürlich die Erwartung, daß Descartes nun erklärt, was die Prinzipien dieser Moraltheorie sind, wie diese Prinzipien von jenen der übrigen wissenschaftlichen Theorien abhängen und wie sie auf konkrete Fälle – etwa auf moralische Dilemmata – anzuwenden sind. Kurzum, man erwartet eine genauere formale und inhaltliche Bestimmung der „höchsten und vollkommensten Moral". Diese Erwartung wird jedoch enttäuscht. Weder in den *Principia* noch in anderen Werken entwickelt Descartes eine endgültige Theorie moralischen Handelns. Im dritten Teil des *Discours*, der rund zehn Jahre vor der französischen Ausgabe der *Principia* entstanden ist, erläutert er jedoch seine Vorstellungen einer „provisorischen Moral", an die man sich halten soll, solange eine endgültige Theorie fehlt. Diese provisorische Moral besteht aus vier Maximen (AT VI, 22–28): (1) Man soll sich an die Gesetze und Gebräuche seines Landes halten und jene Religion bewahren, mit der man aufgewachsen ist. (2) Man soll in seinen Handlungen so entschlossen und konsequent wie möglich vorgehen, auch wenn man noch über kein absolut sicheres Wissensfundament verfügt. (3) Man soll danach streben, sich selber und nicht etwa das Schickal unter Kontrolle zu haben, und man soll versuchen, die eigenen Begierden und nicht die Ordnung der Welt zu ändern. (4) Man soll die eigene Vernunft entwickeln und nach der Erkenntnis der Wahrheit streben.

Diese vier sehr allgemein formulierten Maximen lassen kaum eine Theorie moralischen Handelns erkennen. Es fehlt jede formale oder inhaltliche Bestimmung moralischer Grundprinzipien und jede Begründung solcher Prinzipien. Auch nach einer Erklärung moralischer Grundbegriffe – etwa der Begriffe ‚gut' oder ‚gerecht' – sucht man vergeblich. Auf den ersten Blick erscheinen die Maximen eher wie allgemeine Lebensweisheiten oder Erziehungsgrundsätze, die in der populären moralischen Literatur weit verbreitet waren (vgl. zu dieser Literatur im 17. Jahrhundert Schobinger 1993, 170ff.). Bei näherer Betrachtung zeigt sich aber, daß die Maximen trotz ihres vagen Charakters einige interessante Punkte aufweisen.

Zunächst fällt auf, daß Descartes sich in keiner der Maximen auf ein theologisches Fundament für die Moral beruft. Die provisorische Moral konzentriert sich ausschließlich auf die Handlungsgrundsätze für ein Individuum. Sie befaßt sich aber nicht mit der Relation zwischen einem Individuum und Gott, und sie befaßt sich auch nicht mit den Konsequenzen, die sich aus dieser Relation im Hinblick auf moralisches Handeln ergeben. In dieser Ausklammerung jeder theologischen Komponente grenzt sich Descartes klar von einer einflußreichen mittelalterlichen und frühneuzeitlichen Tradition ab. Diese Tradition ging stets vom Grundsatz aus, daß das Lebensziel, das jeder Mensch von Natur aus anstrebt, in der Erreichung des glückseligen Lebens nach dem Tod (der „beatitudo") besteht; alle anderen Lebensziele sind diesem untergeordnet. Daher ist auch moralisches Handeln immer auf dieses eine Lebensziel auszurichten (vgl. Thomas von Aquin, *Summa theol.* I–IIae, qq. 2–3). Demgegenüber nimmt Descartes einen dezidiert weltlichen Standpunkt ein: Entscheidend für moralisches Handeln ist die Entwicklung des eigenen Charakters und der rechte Gebrauch der eigenen Vernunft, nicht aber die Ausrichtung auf ein (theologisch verstandenes) glückseliges Leben. Dieser weltliche Standpunkt zeigt sich auch deutlich in Descartes' Umschreibung von Glück („béatitude"). Er versteht darunter nicht einen besonderen glückseligen Zustand, der im jenseitigen Leben erreicht wird, sondern einen Zustand im diesseitigen Leben. „Glück", so schreibt er der Prinzessin Elisabeth, „besteht in einer vollkommenen Zufriedenheit des Geistes und in einem inneren Wohlbefinden." (AT IV, 264)

Weiter fällt der äußerst moderate, zurückhaltende Grundton auf, der besonders die erste Maxime prägt. Die provisorische Moral dient dazu, bestehende Gesetze und Gebräuche zu bewahren, nicht etwa dazu, sie radikal in Frage zu stellen und zu verändern. Dies mag von einem heutigen Standpunkt aus betrachtet allzu konservativ erscheinen. Descartes scheint zu übersehen, daß eine Moral oder Moraltheorie, sei sie auch nur provisorischer Art, immer auch ein kritisches Potential hat. Durch die Ausformulierung und Begründung von Gerechtigkeitsprinzipien könnte sie ja immer auch auf die Veränderung und Beseitigung ungerechter Gesetze und Gebräuche abzielen. Warum läßt Descartes dies außer acht? Ein erster Grund liegt sicherlich in seiner allgemeinen Grundhaltung, die stets die Theorie und nicht die Praxis in den Vordergrund stellt. Er versucht, „eher Betrachter als Handelnder in allen Komödien dieser Welt" zu sein, wie er im *Discours* gesteht (AT VI, 28). Daher interessiert er sich mehr für die Analyse menschlicher Handlungen im Rahmen bestehender Gesetze und Gebräuche als für deren aktive Veränderung. Ein zweiter Grund ist theoretischer Natur: Wer bestehende Praktiken kritisieren und gegebenenfalls verändern will, muß begründen, weshalb die postulierten Praktiken besser sind als die bestehenden. Eine solche Begründung ist aber – zumindest in menschlicher Perspektive – nicht von einem absoluten Standpunkt aus möglich. Auch wer kritisiert und Neues vorschlägt, geht immer von einem bestimmten Standpunkt aus und macht bestimmte Annahmen, z.B. darüber, wie eine gerechte Gesellschaftsordnung idealerweise aussieht. Aber wie kann man denn gewiß sein, daß dieser Standpunkt jenem überlegen ist, der kritisiert wird? Um eine derartige Gewißheit zu erreichen, müßte man die beiden Standpunkte von einem neutralen Standpunkt aus miteinander vergleichen und auswerten. Dies ist uns Menschen aber unmöglich. Daher ist es angemessener, zunächst von jenem Standpunkt – einschließlich der damit verbundenen Sitten und Gebräuche – auszugehen, der sich in einer Gesellschaft weitgehend bewährt hat. Schließlich könnte ein dritter Grund für den konservativen Grundton auch im historischen Kontext liegen. Mitten im Dreißigjährigen Krieg, der auf die mit Waffen erzwungene Veränderung von Gesetzen und Gebräuchen abzielt, weist Descartes darauf hin, daß die gewaltsame Veränderung nicht unbedingt der friedlichen Bewahrung vorzuziehen ist.

Die zweite Maxime, in der Descartes entschlossenes und konsequentes Handeln fordert, verdeutlicht, daß er sich von einem umfassenden, auch die Lebenspraxis betreffenden Zweifel abgrenzen will, wie er in einigen skeptischen Kreisen seiner Zeit Mode war. Wenn wir an allem zweifeln können und kein sicheres Wissensfundament haben, so lautete der Grundtenor dieser skeptischen Strömung, können wir keine fundierten Meinungen haben. Aber wie können wir dann noch versuchen, Meinungen in die Tat umzusetzen und zu handeln? Wäre es nicht besser, von jeder Meinung und von jeder Handlung abzusehen? Descartes ist sich bewußt, daß er aufgrund seiner Zweifelsmethode mit diesen radikalen Skeptikern verwechselt werden könnte. In einem Brief schreibt er, man habe ihm vorgeworfen, „daß dieser allgemeine Zweifel eine große Unentschlossenheit und eine umfassende Auflösung der Sitten hervorrufen kann." (AT II, 35) Er verteidigt sich gegenüber diesem Vorwurf, indem er darauf hinweist, daß der *theoretische* Zweifel, den er zur Etablierung eines neuen Wissenssystems einführt, nicht einfach mit einem *praktischen* Zweifel gleichgesetzt werden darf. Obwohl wir im Rahmen einer theoretischen Untersuchung, die auf absolute Gewißheit abzielt, alles bezweifeln müssen, können und müssen wir im täglichen Leben handeln. Und wir können nur dann erfolgreich handeln, wenn wir entschlossen und konsequent vorgehen. Freilich können sich die Meinungen, auf denen unsere Handlungen beruhen, bei näherer Betrachtung als bezweifelbar oder unbegründet herausstellen. Aber trotzdem sind wir auf sie angewiesen, wenn wir nicht einfach zur Untätigkeit verdammt sein wollen. Im täglichen Leben benötigen wir keine absolute Gewißheit, sondern nur eine „moralische Gewißheit". In den *Principia* (AT VIII-1, 327f.) erklärt Descartes diese Art von Gewißheit anhand eines Beispiels. Wenn jemand einen Brief lesen will, der mit einem Code verschlüsselt ist, gewinnt er eine ausreichende „moralische Gewißheit", sobald es ihm gelingt, den Code zu entschlüsseln. Ob die Entschlüsselung nur auf einer Vermutung oder auf einem absolut sicheren Wissen von dem Code beruht, spielt keine Rolle. Wichtig ist nur, daß eine Gewißheit besteht, die zur Lektüre des Briefes ausreicht. Genauso benötigen wir in zahlreichen Situationen bloß eine moralische Gewißheit, die uns zu konkreten Handlungen befähigt, ganz gleichgültig wie bezweifelbar die epistemische Grundlage dafür ist. Es wäre abwegig, in jeder Situation jene Art von Gewißheit zu fordern, die in der Situation des theoretischen Zweifels gefordert wird. Genau diesen Punkt übersehen die radikalen Skeptiker, gegen die sich Descartes in der zweiten Maxime wendet.

In der dritten und vierten Maxime wird schließlich noch ein

weiterer Punkt deutlich. Descartes weist darauf hin, daß moralisches Handeln auf eine Entwicklung und Verbesserung des eigenen Charakaters und des eigenen Vernunftgebrauchs abzielen sollte, nicht auf eine Veränderung der äußeren Bedingungen, auf die man nur schwerlich Einfluß nehmen kann. Diesen Punkt betont er auch in seiner Korrespondenz mit der Prinzessin Elisabeth (AT IV, 264f.). Entscheidend für moralisches Handeln ist nicht, ob jemand reich oder arm, gesund oder gebrechlich geboren ist. Entscheidend ist vielmehr, was jemand aus seiner jeweiligen Situation macht. Nur wenn er von seinen eigenen, wie auch immer begrenzten Fähigkeiten so weit wie möglich Gebrauch macht, kann er innere Zufriedenheit erreichen. Und nur wenn er sich von seiner eigenen Vernunft leiten läßt, kann er einsehen, was in konkreten Handlungssituationen geboten ist.

Eine solche Position, die nicht die äußeren Handlungsbedingungen, sondern die individuellen Handlungsmöglichkeiten in den Vordergrund stellt, gibt freilich zu zahlreichen Fragen Anlaß. Hängt der Gebrauch der eigenen Vernunft nicht immer mit den äußeren Handlungsbedingungen zusammen? Ist die Vernunft durch diese Bedingungen nicht immer in gewisser Weise konditioniert oder gar determiniert? Wer sich aufgrund einer bestimmten Erziehung und eines bestimmten sozialen Hintergrundes gewisse Werte angeeignet hat, macht doch bei der Beurteilung einer konkreten Handlungssituation ganz andere Überlegungen als jemand, der eine ganz andere Erziehung und einen anderen sozialen Hintergrund hat. Es ist kaum überzeugend, von *der* Vernunft zu sprechen, von der Gebrauch gemacht werden soll.

Descartes würde wohl zugestehen, daß es einen unterschiedlichen Vernunftgebrauch gibt und daß der jeweilige Kontext den Gebrauch beeinflußt. Der Kontext determiniert den Vernunftgebrauch aber nicht. Descartes geht von der Annahme aus, daß jeder einen angemessenen Vernunftgebrauch machen kann, wie auch immer sein sozialer Hintergrund sein mag. Gegenüber der Prinzessin Elisabeth betont er, die erste Regel der Moral bestehe darin, „... daß man versuchen sollte, sich so gut wie möglich seines Geistes zu bedienen, um das zu erkennen, was man in allen Lebenslagen tun soll oder nicht tun soll." (AT IV, 265) Er zweifelt nicht daran, daß trotz unterschiedlicher sozialer Kontexte und trotz unterschiedlicher individueller Begabung jeder Mensch in der Lage ist, das zu erkennen, was jeweils geboten ist. Ebensowenig zweifelt er daran, daß jeder Mensch aufgrund des Vernunftgebrauchs in der Lage ist, die jeweils richtigen Handlungen zu wählen. Er betont, man müsse nur standhaft dem folgen, was die Vernunft gebietet: „Wenn wir immer alles tun, was uns unsere Vernunft gebietet, werden wir niemals Grund zur Reue haben" (AT IV, 266). In dieser Aussage kommt eine rationalistische Grundhaltung zum Ausdruck, die Descartes' gesamte Handlungstheorie und Ethik prägt.

Bislang hat sich gezeigt, daß die vier Maximen der provisorischen Moral nicht bloß allgemeine Lebensweisheiten oder populäre Erziehungsgrundsätze sind, wie sie auf den ersten Blick vielleicht erscheinen. Sie bringen ein rationalistisches Konzept moralischen Handelns zum Ausdruck, das eine theologische Fundierung vermeidet. Dieses Konzept bleibt im *Discours* jedoch skizzenhaft und wird in den späteren Schriften nicht ausgearbeitet. Es stellt sich daher die Frage, weshalb Descartes die provisorische Moral nicht zu einer endgültigen Moral bzw. zu einer Moraltheorie ausgearbeitet hat, die ähnlich wie die Physik und die Metaphysik auf einer festen, unbezweifelbaren Grundlage beruht.

Verschiedene Antworten bieten sich an. Vielleicht fehlt eine endgültige Moral, weil Descartes sich vor allem einer Ausarbeitung der Metaphysik und der Physik gewidmet hat. Die vier Teile der *Principia* befassen sich ausschließlich mit diesen Disziplinen, die im „Baum der Wissenschaften" die Wurzeln (Metaphysik) und den Stamm (Physik) bilden (AT VIII-1, 14). Oder vielleicht fehlt eine endgültige Moral, weil Descartes sich nicht in politische und religiöse Kontroversen verstricken wollte. In einem Brief an Chanut gesteht er, er verzichte darauf, seine moralischen Ansichten zu veröffentlichen, denn „es gibt kaum ein Gebiet, in dem verschlagene Leute leichter einen

Vorwand finden können, um jemanden zu verleumden." (AT V, 87)

Es gibt jedoch noch einen tieferliegenden Grund für das Fehlen einer endgültigen Moral (vgl. alternative oder ergänzende Erklärungen in Gilson 1967, 231 ff.; Gueroult 1968, Bd. 2, 240 ff.; Klemmt 1971, 164). Wie bereits deutlich geworden ist, vertritt Descartes die These, daß man ausschließlich dem folgen soll, was die Vernunft gebietet. Was dies genau ist, läßt er aber offen. Er formuliert keine ersten, allgemeinen Handlungsprinzipien. Dies liegt vor allem daran, daß Handlungsprinzipien immer im Hinblick auf individuelle Menschen mit unterschiedlichen Fähigkeiten und Voraussetzungen zu formulieren sind. Es kann keine endgültige Theorie geben, die ein für allemal für alle Menschen Handlungsprinzipien festlegt, denn jeder Mensch muß gemäß seiner je eigenen Natur handeln. Dies bringt Descartes in den *Passions* deutlich zum Ausdruck:

„Denn wir nennen gewöhnlich das gut oder schlecht, was unsere inneren Sinne oder unsere Vernunft als unserer Natur zuträglich oder abträglich beurteilt." (AT XI, 391)

In dieser Aussage manifestiert sich ein Grundprinzip der stoischen Ethik: Gut ist das, was der eigenen Natur zuträglich ist, und gut handeln heißt folglich, derart handeln, daß es der eigenen Natur zuträglich ist (vgl. zur Entstehung dieses Prinzips Striker 1996; zum Neostoizismus in der frühen Neuzeit Abel 1978). Was die eigene Natur ist und was dieser Natur zuträglich ist, muß von Fall zu Fall bestimmt werden. Es kann daher nicht das Ziel einer Moral oder Moraltheorie sein, erste allgemeine Prinzipien zu bestimmen und daraus weitere abzuleiten. Ihr Ziel sollte eher darin bestehen, Maximen oder Regeln zu formulieren, mit deren Hilfe jemand lernen kann, in Einklang mit der eigenen Natur zu handeln. Moral ist weniger ein System von allgemeinen Normen oder Prinzipien als ein Unternehmen mit therapeutischem Charakter – ein Unternehmen, das ein Individuum dazu befähigt, zu erkennen, was der eigenen Natur zuträglich und abträglich ist.

Daß Descartes von dieser stoischen Grundhaltung geprägt war, zeigt sich in seinen Briefen an die Prinzessin Elisabeth, in denen er Senecas *De vita beata* („Über das glückliche Leben") zur Lektüre empfiehlt und besonders die stoischen Grundsätze dieser Schrift hervorhebt (AT IV, 252 f., 263 ff., 271 ff.). Er betont, man könne erst dann glücklich leben, wenn man einen geistigen Zustand der Ausgeglichenheit und Zufriedenheit gefunden habe. Und einen solchen Zustand könne man nur erreichen, wenn man durch den richtigen Vernunftgebrauch das erkannt habe, was aufgrund der „Bedingung der Natur" geboten sei (AT IV, 267).

Die stoische Prägung zeigt sich aber auch in der Spätschrift *Passions de l'âme*, die weitgehend eine therapeutische Abhandlung darstellt: eine Abhandlung über die Art und Weise, wie wir mit unseren Emotionen umgehen sollen und wie wir dadurch lernen sollen, in Einklang mit unserer Natur zu leben. Aufgrund unserer Natur, so stellt Descartes fest, sind wir Menschen nämlich immer komplexe Lebewesen, die aus Geist und Körper bestehen. Körperliche Vorgänge rufen im Geist bestimmte Emotionen hervor, und umgekehrt beeinflussen oder verursachen Emotionen körperliche Vorgänge. Wenn etwa jemand etwas Furchteinflößendes sieht und darauf mit einer erhöhten Pulsfrequenz reagiert, so kann dieser körperliche Vorgang das Gefühl der Furcht im Geist verursachen (AT XI, 356). Und wenn umgekehrt jemand in einem Zustand der Verliebtheit ist, so kann diese Emotion zu einer intensiveren Durchblutung des Gesichts und somit zu einer kräftigeren Gesichtsfarbe führen (AT XI, 402). Descartes diskutiert ausführlich diese physiologisch-psychologischen Wechselwirkungen. Dabei geht es ihm nicht einfach um eine naturwissenschaftliche Analyse der Kausalrelation zwischen den jeweiligen körperlichen und geistigen Zuständen. Er will auch darlegen, wie wir auf die Wechselwirkungen Einfluß nehmen können und wie wir dadurch lernen können, unsere Emotionen zu steuern. Eine solche Steuerung, so behauptet er, ist möglich, weil wir über einen Willen verfügen, der „seiner Natur nach derart frei ist, daß er niemals gezwungen werden kann" (AT

XI, 359). Mit Hilfe unseres Willens können wir versuchen, bestimmte geistige Zustände hervorzurufen, die ihrerseits bestimmte körperliche Zustände zur Folge haben, und wir sind in der Lage, auf körperliche Zustände nicht einfach spontan, sondern überlegt zu reagieren. Durch ein solches kontrolliertes, willentliches Vorgehen sind wir imstande, unserer Emotionen Herr zu werden. Und genau dadurch sind wir auch imstande, das zu wählen, was uns zuträglich ist. Wir sind unseren körperlichen Zuständen dann nicht mehr ausgeliefert, wie Tiere ihnen ausgeliefert sind. Descartes behauptet, es gebe keine Seele, „die so schwach ist, daß sie nicht, wenn sie richtig geleitet wird, eine absolute Macht über ihre Emotionen erlangen kann." (AT XI, 368) Das Ziel der Therapie, die in den *Passions* erläutert wird, besteht darin, nach und nach eine solche Macht zu erlangen.

Auf den ersten Blick scheint Descartes' These, jeder könne durch den richtigen Gebrauch des Willens eine absolute Macht über seine Emotionen erreichen, ziemlich abwegig zu sein. Bereits Spinoza stellte voller Verwunderung fest, er könne kaum glauben, daß ein so bedeutender Mann wie Descartes sie vertreten habe (*Ethica* V, Vorrede; ed. Gebhardt 1925, Bd. 2, 279). Wie soll etwa jemand seine Emotion kontrollieren, wenn plötzlich ein furchteinflößender Tiger vor ihm steht, sein Blutdruck rasant steigt und er von Furcht gepackt wird? Der Wille vermag in einer solchen Situation keinen Einfluß auf die Emotion zu nehmen; die Furcht ist eine spontane, nicht rational kontrollierbare Reaktion. Descartes scheint in diesem Punkt von überzogenen rationalistischen Annahmen auszugehen.

Ein solcher Einwand greift allerdings zu kurz. Descartes ist sich nämlich bewußt, daß nicht alle Emotionen einer direkten rationalen Kontrolle unterliegen. Im ersten Teil der *Passions* hält er fest:

„Unsere Emotionen können durch die Tätigkeit unseres Willens weder direkt hervorgebracht noch beseitigt werden, aber sie können es indirekt durch die Repräsentation der Dinge, die gewöhnlich mit jenen Emotionen verbunden sind, die wir haben wollen, und die jenen entgegengesetzt sind, die wir zurückdrängen wollen." (AT XI, 362 f.)

Konkret heißt dies: Wenn ich vor einem brüllenden Tiger stehe, kann ich meine spontan entstehende Furcht nicht einfach durch einen willentlichen Akt beseitigen. Ich kann aber versuchen, meine Furcht abzuschwächen, indem ich mir einrede, daß ein gut dressierter Zirkustiger vor mir steht. Dadurch rufe ich willentlich eine entgegengesetzte Emotion hervor (nämlich Freude oder Bewunderung für die Dressurleistung) und dränge die spontane Emotion der Furcht zurück. Dieses und ähnliche Beispiele zeigen, daß es unangebracht wäre, Descartes eine streng rationalistische Theorie der „absoluten Macht" über Emotionen zu unterstellen. Descartes behauptet nicht, daß wir unsere Emotionen in jedem Fall unmittelbar kontrollieren können. Er behauptet nur, daß wir – im Gegensatz zu den Tieren – über einen freien Willen verfügen und dadurch versuchen können, rational auf unsere spontanen Emotionen zu reagieren. Dadurch sind wir in der Lage, überlegt und kontrolliert zu handeln.

Welche Konsequenzen ergeben sich nun aus diesen Ausführungen über die Emotionen für eine Moral oder Moraltheorie? Eine erste Konsequenz wird sogleich deutlich, wenn man den stoischen Hintergrund berücksichtigt: Wenn ‚gut leben' nichts anderes heißt als ‚in Einklang mit der eigenen Natur leben', dann muß die Suche nach dem guten Leben zunächst bei der eigenen Natur ansetzen. Diese Natur ist wesentlich durch körperlich-geistige Wechselwirkungen geprägt. Also muß man versuchen, diese Wechselwirkungen zu verstehen und – insbesondere im Falle von Emotionen – Einfluß auf sie zu nehmen. Nur dann ist ein Mensch in der Lage, aktiv unter Berücksichtigung der eigenen Natur zu handeln und nicht bloß passiv körperlich-geistige Zustände zu erleiden.

Eine zweite Konsequenz deutet Descartes im zweiten Teil der *Passions* an: Wer gelernt hat, seine Emotionen mit Hilfe des freien Willens zu kontrollieren, und wer aufgrund dessen auch gelernt hat, sich als ein autonom Handelnder zu verstehen, hat den Zustand der Selbstachtung und des Edelmutes („générosité": AT XI, 445 f.) erreicht. Eine solche Person ist in der Lage, auch andere Personen als freie, selbständig handelnde Wesen zu achten:

„Diejenigen, die über diese Erkenntnis [sc. der „générosité"] und dieses Gefühl ihrer selbst verfügen, überzeugen sich leicht davon, daß jeder andere Mensch es auch von sich haben kann, weil es da nichts gibt, was von etwas anderem abhinge. Deshalb verachten sie niemals jemanden." (AT XI, 446)

Aus der Selbstachtung, die durch ein gezieltes Kontrollieren und Beherrschen der eigenen Emotionen erreicht wird, entsteht die Achtung für andere Menschen. Dies ist die Grundlage für jedes moralische Handeln. Denn nur wer gelernt hat, andere Menschen als autonome Wesen zu achten und nicht bloß als Mittel zum Zweck zu gebrauchen, ist in der Lage, moralisch zu handeln.

Eine auf Selbst- und Fremdachtung abzielende Moraltheorie wird in den *Passions* freilich nur angedeutet und nicht theoretisch begründet. Descartes formuliert kein explizites Argument, das zeigt, weshalb die Kontrolle der Emotionen und die Ausübung des freien Willens den Zustand der Selbstachtung hervorbringen. Und er erklärt auch nicht, weshalb aus der Selbstachtung tatsächlich die Achtung für andere folgt. Es ist ja nicht unmittelbar einsichtig, daß jemand bloß aufgrund der Einsicht in die eigene Willensfreiheit und Handlungsautonomie auch andere Menschen als willensfreie, autonome Handelnde akzeptiert. Trotz derartiger Argumentationslücken ist in den *Passions* (in einer lateinischen Übersetzung von 1719 bezeichnenderweise *Ethica cartesiana* genannt) die allgemeine Ausrichtung der Cartesischen Moraltheorie deutlich sichtbar. Es handelt sich nicht um eine Theorie, die in einem ersten Schritt allgemeine moralische Prinzipien begründet, um dann weitere Prinzipien abzuleiten und sie auf konkrete Fälle (z.B. moralische Dilemmata) anzuwenden. Vielmehr handelt es sich um eine Theorie, die bei einer Analyse der menschlichen Natur – der Einheit von Geist und Körper – ansetzt und zu zeigen versucht, wie aus einem besseren Verständnis dieser Natur eine bessere Einsicht in die eigenen und fremden Handlungsmöglichkeiten folgt.

Angesichts dieses theoretischen Ansatzes ist es nicht erstaunlich, daß Descartes seine im *Discours* skizzierte provisorische Moral nie durch eine „endgültige Moral" ersetzt hat. Denn es kann keine „endgültige Moral" geben, wie es etwa eine endgültige Physik oder eine endgültige Metaphysik geben kann (zumindest in Cartesischer Sicht). Eine derartige Moral müßte ja von ersten allgemeinen Prinzipien ausgehen, die mit Evidenz erkannt werden. Genau dies schließt der Cartesische Ansatz aus. Es kann höchstens eine Moral geben, die ausgehend von einer Analyse der menschlichen Natur einige Handlungsregeln oder Maximen formuliert. Mit Hilfe dieser Maximen läßt sich besser bestimmen, wie ein Mensch seine Emotionen kontrollieren und Selbstachtung (und dadurch auch Achtung für andere Menschen) gewinnen kann. Aber mehr ist darüber hinaus nicht möglich.

VII. Descartes in der Wirkungsgeschichte und heute

1. Ausbreitung des Cartesianismus und erste Kritik

Wer sich heute mit Descartes beschäftigt, kommt kaum darum herum, sich mit der langen, komplexen Wirkungsgeschichte seines Denkens auseinanderzusetzen. Denn die Descartes-Bilder, die im Verlauf der Jahrhunderte entstanden sind, prägen noch heute die Rezeption. Als besonders einflußreich hat sich jenes Bild erwiesen, das bereits im 18. Jahrhundert entstanden ist: Descartes als „Vater der modernen Philosophie". Diese Formulierung, die auf Th. Reids *Inquiry into the Human Mind* (1764) und L.-S. Merciers *Eloge de René Descartes* (1765) zurückgeht, wurde in zahlreichen philosophiehistorischen Darstellungen wiederholt und prägte nachhaltig die Interpretation der Cartesischen Texte (vgl. Schütt 1991, 33f.; Rodis-Lewis 1993, 335ff.). Immer wieder wurde Descartes als ein Philosoph dargestellt, der radikal mit der mittelalterlichen Tradition gebrochen und eine neue Ära in der Philosophie eingeleitet hat – eine Ära, in der nicht mehr Gott oder das Seiende, sondern das erkennende Subjekt den Ausgangspunkt philosophischer Untersuchungen bildet. Eine solche Darstellung führte natürlich dazu, daß Descartes vornehmlich als Erkenntnistheoretiker (nicht etwa als Mathematiker, Naturwissenschaftler oder Naturphilosoph) gelesen wurde. Diese Lektüre wurde durch das Bild von Descartes als einem dezidierten Rationalisten noch verstärkt. Seine Hauptthese, so wurde seit dem frühen 18. Jahrhundert immer wieder behauptet, besteht darin, daß er Erkenntnis mit Rekurs auf angeborene Ideen erklärt und begründet hat. Besonders deutlich zeigt sich diese Einschätzung bei Voltaire, der spöttisch bemerkte: „Unser Descartes war dazu geboren, die Irrtümer der Antike aufzudecken, um sie durch seine eigenen zu ersetzen [...]. Er behauptete, man denke zu jedem Zeitpunkt, und die Seele komme mit allen metaphysischen Begriffen ausgestattet im Körper an. Sie habe eine Kenntnis von Gott, vom Raum, vom Unendlichen, verfüge über alle abstrakten Ideen und sei so mit wunderschönen Kenntnissen gefüllt, die sie leider vergißt, wenn sie den Mutterleib verläßt." (*Lettres philosophiques* XIII; ed. van den Heuvel 1965, 38).

Bei diesem Bild – oder eher Zerrbild – vom rationalistischen Vater der Moderne handelt es sich freilich um das Produkt einer bestimmten Wirkungsgeschichte in der französischen und deutschen Philosophie des 18. Jahrhunderts (vgl. ausführlich Schütt 1997). Daß es sich dabei nur um *ein* Descartes-Bild handelt, wenn auch um ein besonders einflußreiches, zeigt bereits ein kurzer Blick auf die Rezeption im 17. Jahrhundert.

Nach Einschätzung des Biographen A. Baillet war es schon wenige Jahre nach Descartes' Tod kaum eher möglich, dessen Schüler zu zählen als die Sterne am Himmel oder die Sandkörner am Meeresstrand (Baillet 1691, Bd. 2, 449). Dies ist natürlich eine rhetorische Übertreibung. Aber sie verdeutlicht prägnant, welch starke Wirkung Descartes' Denken auf die philosophischen und naturwissenschaftlichen Diskussionen im 17. Jahrhundert ausübte. Innerhalb und außerhalb der Universitäten wurden seine Schriften dank der Editionstätigkeit von C. Clerselier rasch verbreitet und rege rezipiert. Besonders intensiv war die Rezeption in den Niederlanden. Die junge Universität Breda war von Anfang an eine Hochburg des Cartesianismus, und auch in den Universitäten von Utrecht, Groningen und Leiden fanden Descartes' Ideen eine starke Verbreitung. Allerdings ging die enthusiastische Descartes-Rezeption immer mit energischer Kritik einher. Bereits zu Descartes' Lebzeiten hatte der calvinistische Theologe G. Voetius, der an der Universität Utrecht lehrte, die Cartesische Lehre scharf verurteilt. Seine Kritik richtete sich vor allem gegen den ehemaligen Descartes-Schüler Regius, der ebenfalls in Utrecht als Professor für theoretische Medizin und Botanik dozierte. Voetius' Attacken lösten eine heftige Kontroverse aus und führten im Jahr 1643 zu einer offiziellen Verurteilung des

Cartesianismus an der Universität Utrecht (vgl. Verbeek 1988, 83 ff.). 1647 folgte eine Verurteilung an der Universität Leiden. Voetius bezichtigte die Cartesianer verschiedener Irrlehren, unter anderem des Atheismus und des Skeptizismus. Um sich gegen diese Anschuldigungen zu verteidigen, veröffentlichte Descartes 1643 einen offenen Brief an Voetius, in dem er entschieden den Vorwurf des Atheismus zurückwies. Zudem distanzierte er sich 1648 in den *Notae in Programma* von Regius, der durch seine Vernachlässigung metaphysischer Fragen tatsächlich den Eindruck erweckt hatte, der Cartesianismus kümmere sich nicht um die Existenz Gottes.

Voetius' Kritik weist neben zahlreichen Fehldeutungen und polemischen Bemerkungen auch zwei Punkte auf, die für die philosophische Rezeption folgenreich waren. Zum einen warf er den Cartesianern (im besonderen Regius) vor, daß sie mit ihrem Substanzendualismus den Menschen auf ein bloßes „ens per accidens" – eine akzidentelle Kombination von zwei Substanzen – reduzieren und damit die Einheit des Menschen preisgeben. Descartes verteidigte sich zwar gegen diesen Vorwurf, indem er betonte, daß Körper und Geist zusammen nicht eine akzidentelle, sondern eine essentielle Einheit bilden (vgl. Kap. VI.1); er wies Regius ausdrücklich an, den Menschen als ein „ens per se" zu definieren. Mit dieser Verteidigung war das Problem allerdings noch nicht gelöst. Es stellte sich nach wie vor die Frage, wie denn zwei unterschiedlich geartete Substanzen, eine denkende und eine ausgedehnte, eine essentielle Einheit bilden können. Wie kommt eine solche Einheit zustande, und worin unterscheidet sie sich von einer beliebigen Verbindung oder Einheit zweier unterschiedlicher Substanzen? Und was garantiert die Identität einer solchen Einheit: der Körper, der Geist oder beides zusammen? Angesichts dieser Fragen ist es nicht erstaunlich, daß sich das Problem der Körper-Geist-Einheit zu einem der Hauptprobleme des Cartesianismus im 17. Jahrhundert entwickelte. Es wurde bereits von Descartes' ersten Nachfolgern thematisiert, z.B. von L. de la Forge im *Traité de l'esprit de l'homme* („Abhandlung über den Geist des Menschen", 1665/66) und von G. de Cordemoy in *Le discer-*

nement du corps et de l'âme („Die Unterscheidung von Körper und Seele", 1666).

Eng damit verknüpft war das umstrittene Interaktionsproblem. Denn wenn Körper und Geist tatsächlich eine Einheit bilden, müssen sie irgendwie aufeinander einwirken können und zusammen bestimmte Zustände (z.B. Wahrnehmungszustände, Empfindungen) hervorbringen. Doch wie kann eine ausgedehnte Substanz auf eine denkende einwirken oder umgekehrt? Auch diese Frage wurde unter den Cartesianern zum Gegenstand ausführlicher Debatten. Schon sehr früh entwickelten einige Autoren (zunächst L. de La Forge und A. Geulincx, dann N. Malebranche) ein occasionalistisches Modell, demzufolge keine Interaktion im strengen Sinn stattfindet. Körper und Geist sind lediglich derart aufeinander abgestimmt, daß Gott immer dann, wenn der Körper in einem bestimmten Zustand ist, einen entsprechenden Zustand im Geist hervorbringt. Wenn etwa ein Körperteil verletzt wird und eine Nervenreizung erfolgt, verursacht Gott eine Schmerzempfindung im Geist. Der körperliche Zustand ist lediglich eine Gelegenheit („occasio") für das göttliche Handeln. Dieses Modell hatte zwar den Vorteil, daß es eine mysteriöse Kausalrelation zwischen einer ausgedehnten und einer denkenden Substanz vermied. Es wies aber den entscheidenden Nachteil auf, daß nun sämtliche kausalen Kräfte Gott zugeschrieben wurden. Körper und Geist wurden zu vollständig passiven Substanzen degradiert, die zu jedem Zeitpunkt auf Gottes Handeln angewiesen sind. Daher wurde das occasionalistische Modell schon sehr früh kritisiert und teilweise durch andere Modelle – etwa durch Leibnizens Modell einer prästabilierten Harmonie von Körper und Geist – ersetzt (vgl. Specht 1966 und Analysen einzelner Autoren in Nadler 1993).

Voetius' Kritik am Cartesianismus weist noch einen weiteren Punkt auf, der für die Wirkungsgeschichte im 17. Jahrhundert bedeutungsvoll war. In seiner Abhandlung *De rerum naturis et formis substantialibus* („Über die Naturen und substantiellen Formen der Dinge", 1641) warf er Descartes und seinen Schülern vor, daß sie durch die Leugnung substan-

tieller Formen das gesamte metaphysische und naturphilosophische Fundament zerstören (ausführlich van Ruler 1995,
9ff.). Voetius zufolge können wir nur dann erklären, warum
ein Gegenstand zu einer bestimmten natürlichen Art gehört,
warum er sich auf bestimmte Art und Weise entwickelt und
warum er bestimmte Fähigkeiten oder Vermögen hat, wenn
wir auf seine substantielle Form rekurrieren. So ist etwa die
substantielle Form eines Pferdes dafür verantwortlich, daß es
ein Lebewesen einer bestimmten Art ist, daß es in bestimmter
Weise wächst und daß es eine Menge von spezifischen Fähigkeiten (zu wiehern, zu galoppieren usw.) hat. Und nur wenn
wir auf die substantielle Form rekurrieren, sind wir in der Lage, ein Pferd als etwas Einheitliches zu erklären, was trotz
wechselnder akzidenteller Eigenschaften seine Identität be-
wahrt. Voetius warf den Cartesianern vor, daß ihr mechanistisches Modell keine derartigen Erklärungen zuläßt. Denn im
Rahmen dieses Modells können wir einen Gegenstand nur erklären, indem wir auf dessen geometrische und kinematische
Eigenschaften Bezug nehmen. Dies sind aber erstens nur akzidentelle Eigenschaften, die keine Identität garantieren. Und
zweitens gewährleisten sie auch nicht die Zugehörigkeit zu einer bestimmten Art; denn verschiedene Gegenstände können
hinsichtlich ihrer Länge, Breite, Tiefe und Bewegung übereinstimmen und dennoch zu ganz unterschiedlichen Arten gehören.

Voetius schmückte seine Kritik mit zahlreichen Bibelzitaten
aus, die belegen sollten, daß jeder Gegenstand eine substantielle Form hat. Descartes wies diese Kritik mit der ironischen
Bemerkung zurück, all diese Zitate würden nicht mehr die
Existenz substantieller Formen beweisen als Zitate, in denen
Schnee erwähnt wird, beweisen, daß Schnee schwarz ist (AT
VIII-2, 62). Trotzdem blieb das sachliche Problem bestehen,
das Descartes nicht zu lösen vermochte, und es wurde von seinen Nachfolgern eingehend diskutiert. Wie lassen sich Artzu-
gehörigkeit, Einheit und Identität eines Gegenstandes erklären,
wenn er nichts anderes als ein Stück Materie mit geometrischen und kinematischen Eigenschaften ist? Einige Autoren –

neben Voetius eine Reihe von orthodoxen Schulphilosophen (vgl. Schobinger 1993, 42ff.) – behaupteten, diese Frage lasse sich nur mit Hilfe der aristotelisch-scholastischen Metaphysik beantworten. Andere Autoren vermieden einen derartigen Rückschritt, wiesen aber darauf hin, daß die Cartesische Theorie ergänzungsbedürftig ist. So behauptete Leibniz, auch wenn man die aristotelisch-scholastische Tradition ablehne und der mechanistischen Physik zustimme, sei der Begriff der substantiellen Form unentbehrlich. Denn nur mit Hilfe dieses Begriffs könne man über die akzidentelle Beschaffenheit eines Gegenstand hinaus dessen Einheit und Identität erklären (*Discours de métaphysique* X-XI; ed. Gebhardt IV, 434ff.). Diese Stellungnahme verdeutlicht, daß die Reaktion auf die Cartesische Naturphilosophie und Metaphysik vielschichtig ausfiel. Während dogmatische Aristoteliker sie mit Verweis auf ungelöste Probleme pauschal ablehnten, versuchten einige Philosophen, die der neuen Physik gegenüber aufgeschlossen waren, diese Probleme durch eine Erweiterung und Modifikation des Cartesischen Systems zu lösen.

Descartes wurde nicht nur an den niederländischen Universitäten von calvinistischen Theologen wie Voetius (in Utrecht), Revius und Triglandius (beide in Leiden) attackiert. Sehr früh setzte auch die Kritik von katholischer Seite ein. Im Zentrum dieser Kritik stand ein Problem, auf das bereits A. Arnauld in seinen Einwänden zu den *Meditationes* aufmerksam gemacht hatte (AT VII, 217): das Problem der Transsubstantiation. Es stellte sich die Frage, ob die Cartesische Auffassung von körperlichen Substanzen mit der Lehre der Kirche vereinbar ist, derzufolge Leib und Blut Christi in der Eucharistiefeier real – nicht etwa nur symbolisch – im Brot und im Wein präsent sind. Auf diese Frage schien kaum eine positive Antwort möglich zu sein. Denn gemäß der Cartesischen Physik ist eine körperliche Substanz, z.B. ein Stück Brot, nichts anderes als ein Stück Materie mit einer bestimmten Ausdehnung. Wenn sich nun die Substanz des Brotes in die Substanz des Leibes Christi verwandelt, muß sich auch die Ausdehnung des Brotes in die Ausdehnung des Leibes Christi verwandeln.

Genau dies bestreitet aber die katholische Lehre. Sie besagt, daß sich ausschließlich die Substanz verwandelt, während die spezifische Ausdehnung ebenso wie die qualitative Beschaffenheit des Brotes unverändert bleibt. Offensichtlich operiert die Kirchendoktrin mit einem metaphysischen Modell, das die Substanz als einen auswechselbaren, von der Ausdehnung distinkten Kern eines Gegenstandes auffaßt.

Descartes war sich bewußt, daß er in diesem Punkt von der offiziellen Lehre abwich. Er wollte aber eine Auseinandersetzung mit der Kirche vermeiden und versicherte Arnauld gegenüber, sein Substanzmodell lasse sich durchaus mit der Lehre von der Transsubstantiation vereinbaren. Denn in der Eucharistiefeier werde durch göttliches Einwirken die Substanz des Brotes derart in die Substanz des Leibes Christi verwandelt, daß der Leib Christi in derselben materiellen Oberfläche enthalten sei wie das Brot. Daher bleibe auch die Ausdehnung unverändert (AT VII, 248 ff.). Diese Erklärung ist aber höchst unbefriedigend. Denn wie ist eine wundersame Verwandlung möglich, wenn die Oberfläche doch nichts anderes ist als die Begrenzung einer körperlichen Substanz, d.h. eines Stücks ausgedehnter Materie? Sobald sich die Substanz verändert, ändert sich immer auch die Ausdehnung und damit die Oberfläche. Selbst Gott kann durch sein Eingreifen nicht etwas bewirken, was prinzipiell unmöglich ist.

Trotz dieser offensichtlichen Schwierigkeit versuchte Descartes in einem späteren Brief an Mesland nochmals, eine Kompatibilität zwischen seinem Substanzmodell und der Lehre von der Transsubstantiation nachzuweisen (AT IV, 163 ff.). Der Brief blieb unveröffentlicht, zirkulierte aber unter den ersten Cartesianern und entfachte eine Transsubstantiationsdebatte, an der sich immer mehr auch Anti-Cartesianer beteiligten (vgl. Armogathe 1977). Diese Auseinandersetzung führte schließlich dazu, daß die Kirchenbehörden Descartes' Lehre als häretisch beurteilten und seine Schriften 1663 auf den Index der verbotenen Bücher setzten. Zu diesem kirchlichen Verbot kamen sehr früh staatliche Sanktionen hinzu. Als Descartes' Leiche 1667 von Stockholm nach Paris überführt und wiederbestattet wurde, unterbrachen die Behörden im letzten Moment die Feier und verboten eine öffentliche Ansprache. 1671 wurde das Verbreiten Cartesischer Lehren an der Universität von Paris durch ein königliches Dekret untersagt. Kurz darauf wurde der Cartesianismus auch aus anderen französischen Universitäten verbannt. So mußte etwa B. Lamy, ein Cartesianer an der Universität Angers, die Stadt verlassen und wurde mit einem Lehrverbot im ganzen Land bestraft.

Trotz kirchlicher und staatlicher Sanktionen ließ sich die Verbreitung des Cartesianismus in Frankreich nicht aufhalten. Namhafte Theologen – unter ihnen A. Arnauld – setzten sich für Descartes ein, und es entstanden erste inoffizielle Zentren des Cartesianismus. Aber auch in diesen Zentren, z.B. in Port-Royal, wurde der Cartesianismus nicht uneingeschränkt unterstützt. Während Descartes' Ideen- und Sprachtheorie rege rezipiert wurde (an prominenter Stelle in A. Arnaulds und P. Nicoles *Logique ou l'art de penser*), stießen Teile seiner Physik und Metaphysik durchaus auf Kritik (vgl. Nadler 1988).

Descartes erfuhr nicht nur wegen seiner Innovationen im Bereich der Physik und der Metaphysik Kritik. Ebenso stark wurde er wegen seines angeblichen Mangels an Innovationen attackiert. Als besonders einflußreich erwies sich P.-D. Huets polemische Schrift *Censura Philosophiae Cartesianae* ("Kritik der Cartesischen Philosophie", 1689). Huet behauptete, Descartes habe sämtliche Elemente seiner Philosophie von früheren Autoren übernommen: die Zweifelsmethode von den antiken Skeptikern, das Cogito-Argument von Augustinus, den ontologischen Gottesbeweis von Anselm von Canterbury usw. Descartes habe bloß vorgetäuscht, mit der Tradition gebrochen zu haben, in Tat und Wahrheit habe er jedoch nur alten Wein in neue Schläuche gegossen. Huet übersah in seiner Kritik zwar, daß Descartes teilweise einen neuen Gebrauch alter Argumente gemacht hatte, und er ignorierte einfach jene Elemente, die tatsächlich neu waren. Aber seine Streitschrift verdeutlicht trotzdem einen interessanten Punkt: Im 17. Jahrhundert wurde Descartes nicht einfach als der radikale Erneuerer und Begründer der modernen Philosophie wahrgenommen. Er galt in einigen Kreisen vielmehr als ein unorigineller, eklektischer Denker, der zwar die aristotelisch-scholastische Tradition ablehnte, dafür aber an andere Traditionen anknüpfte.

Die Descartes-Rezeption im 17. Jahrhundert zeigt, daß das Bild vom rationalistischen „Vater der modernen Philosophie", das im 18. Jahrhundert geprägt wurde und bis ins 20. Jahrhundert hinein einflußreich blieb, in mehrfacher Hinsicht unausgewogen ist. Denn in diesem Bild wird Descartes fast ausschließlich als Erkenntnistheoretiker dargestellt, der in Opposition zum Empirismus steht. Und er wird als ein Denker präsentiert, der radikal mit der Tradition gebrochen hat. Seine philosophische Anthropologie, seine Naturphilosophie und sein Verhältnis zur traditionellen Theologie – jene Bereiche, die in den Debatten des 17. Jahrhunderts im Vordergrund standen – bleiben dabei fast vollständig ausgeblendet. Weshalb wurde Descartes so einseitig rezipiert? Verschiedene Gründe können angeführt werden.

Ein erster Grund hängt mit dem Einfluß Lockes auf die Entwicklung der Philosophie im späten 17. und frühen 18. Jahrhundert zusammen. Im ersten Buch seines *Essay concerning Human Understanding* (1689 publiziert) hatte Locke die Theorie angeborener Ideen und Prinzipien einer harschen Kritik unterworfen. Er hatte behauptet, jede Idee beruhe auf der Erfahrung und auch die angeblich angeborenen Prinzipien würden sich bei näherer Betrachtung als erworbene Prinzipien herausstellen. Ob Lockes Kritik gegen Descartes gerichtet war, ist zwar zweifelhaft (vgl. Specht 1989, 44 ff.). Unzweifelhaft ist aber, daß durch diese Kritik und durch Leibnizens Replik in den *Nouveaux essais sur l'entendement humain* (1703/05; 1765 publiziert) die Frage nach dem Status von Ideen und Prinzipien in den Mittelpunkt der philosophischen Debatten rückte. Es bildeten sich nach und nach zwei Lager: Die Empiristen, die sämtliche Ideen und Prinzipien als erworben betrachteten, bekämpften die Rationalisten, die einige Ideen und Prinzipien als angeboren auffaßten, und umgekehrt (vgl. zur Entstehung dieses Gegensatzes Cottingham 1988, 1 ff.). Diese Opposition dominierte die Diskussionen im gesamten 18. Jahrhundert. So vertrat etwa auch Kant die Meinung, Locke und Leibniz seien „die größten und verdienstvollsten Reformatoren der Philosophie zu unsern Zeiten" (*Logik*; Akademie-Ausgabe IX, 32), und die Herausbildung von Rationalismus und Empirismus sei die größte Innovation der modernen Philosophie. Im Zuge dieser Polarisierung wurde Descartes natürlich dem Lager der Rationalisten zugeteilt. Daß die Theorie der angeborenen Ideen nur einen Teil (und nicht unbedingt den wichtigsten Teil) seiner Erkenntnistheorie ausmachte und daß Descartes neben rationalistischen Elementen auch ausdrücklich empiristische berücksichtigte (vgl. Kap. II.5), wurde dabei weitgehend außer acht gelassen.

Ein zweiter Grund hängt ebenfalls mit der Entwicklung der Philosophie im 18. Jahrhundert zusammen. Unter dem Einfluß der Erkenntnistheorien von Malebranche, Locke und Leibniz wurde die Ideentheorie als Kernstück der modernen Philosophie betrachtet. Besonders deutlich zeigt sich dies bei Reid, der behauptete, die moderne Philosophie sei im Grunde genommen „the ideal philosophy" (*Inquiry into the Human Mind* II, 3; ed. Hamilton 1895, 106), freilich nur im Sinne einer Ideen-Philosophie, nicht etwa im Sinne einer idealen Philosophie. Die moderne Philosophie habe zwar einige Verdienste erworben, weil sie radikal mit der aristotelisch-scholastischen Tradition gebrochen habe und das Erkennen nicht als das geistige Aufnehmen von Formen, sondern als das Bilden von Ideen erklärt habe. Aber mit diesem neuen Ansatz habe sich die moderne Philosophie auch unlösbare Probleme aufgebürdet und sei in eine Sackgasse geraten. Denn geistige Ideen, so meinte Reid, seien nichts anderes als innere Abbilder der äußeren Natur, und sie seien dem Geist wie in einem inneren Spiegel unmittelbar präsent. Wenn der Geist aber nur einen unmittelbaren Zugang zu diesen inneren Abbildern habe, nicht zu den materiellen Dingen, könne er keine sichere Erkenntnis von der Außenwelt gewinnen. Daher münde der „way of ideas" unweigerlich in den Skeptizismus. An den Anfang dieses verhängnisvollen Weges stellte Reid Descartes, und er nannte ihn deshalb ausdrücklich den „Vater der neuen Philosophie"

(*Inquiry into the Human Mind* VII; ed. Hamilton 1895, 202). Damit sprach er freilich kein Kompliment aus, sondern er stellte Descartes als den geistigen Urheber einer unheilvollen philosophischen Entwicklung dar. (Eine positive Umdeutung der Vaterschaft erfolgte erst im 19. Jahrhundert bei V. Cousin; vgl. Schütt 1997, Kap. 3.) Ob Reids Analyse zutrifft und ob der „way of ideas" tatsächlich in den Skeptizismus mündete, ist in der heutigen Forschung zwar umstritten (vgl. Kritik in Yolton 1984, 3 ff.; Perler 1996, 310 ff.). Aber es besteht kaum ein Zweifel, daß Reids Analyse im 18. und teilweise auch im 19. Jahrhundert äußerst einflußreich war und dazu führte, daß Descartes hauptsächlich als Begründer der Ideentheorie betrachtet wurde. Damit rückte natürlich seine Erkenntnistheorie in den Vordergrund, während seine Naturphilosophie und philosophische Anthropologie immer mehr in Vergessenheit gerieten.

Ein dritter Grund für die einseitige Betonung der rationalistischen Erkenntnistheorie liegt in der Abwertung der naturwissenschaftlichen und naturphilosophischen Leistungen Descartes'. Diese Abwertung setzte bereits im 18. Jahrhundert ein, vornehmlich unter dem Einfluß der physikalischen Innovationen von Newton und Leibniz. In d'Alemberts Einleitung („Discours préliminaire") zur *Encyclopédie* aus dem Jahr 1751 kommt dies deutlich zum Ausdruck. D'Alembert stellt fest: „Man kann Descartes als einen Geometer oder als einen Philosophen betrachten." (*Encyclopédie*, Bd. 1; ed. 1778, 44) Als Mathematiker habe er große, dauerhafte Verdienste erworben und werde deshalb immer noch geschätzt. Als Philosoph hingegen (unter Philosophie verstand d'Alembert in einem weiten Sinn auch die Naturwissenschaft) hingegen sei Descartes „vielleicht auch groß, aber nicht so glücklich gewesen" (ibid.). Denn seine Planetentheorie, seine Wirbeltheorie, seine Bewegungsgesetze und andere Teile der Astronomie oder Physik seien schon früh als unzureichend betrachtet und verworfen worden. Daher werde Descartes nur noch als Anfänger der modernen Naturwissenschaft betrachtet, der sich in vielem geirrt habe. Es ist nicht erstaunlich, daß angesichts einer solchen negativen Einschätzung der naturwissenschaftlichen Studien (immerhin jener Studien, die den größten Platz in Descartes' Schriften einnehmen) die erkenntnistheoretischen Arbeiten in den Vordergrund rückten.

Schließlich liegt ein vierter Grund für die Rezeption Descartes' als eines Erkenntnis- und Bewußtseinstheoretikers in der Entwicklung der deutschen Philosophie im späten 18. und frühen 19. Jahrhundert. Bei Kant spielt Descartes noch eine weitgehend untergeordnete Rolle. Er wird in der *Kritik der reinen Vernunft* (A 367 ff.) bloß als Vertreter des „problematischen" bzw. „empirischen" Idealismus eingeführt – eine Position, die von Kant freilich sogleich verworfen wird. Zwar rühmt Kant das Cartesische Kriterium der Klarheit und Evidenz (*Logik*; Akademie-Ausgabe IX, 32), aber er läßt keinen Zweifel daran, daß es nicht Descartes war, sondern Hume, der in ihm „zuerst den dogmatischen Schlummer unterbrach" (*Prolegomena*; Akademie-Ausgabe IV, 260). Die Würdigung Descartes' setzte erst bei Kants Nachfolgern ein. So stellte Jacobi fest, das kantische System sei „die bis aufs höchste getriebene Ausführung des Cartesianischen Satzes: *cogito ergo sum*" (Brief an G. Forster; *Werke* III, 518; dazu Schütt 1991, 14 f.) Diese Feststellung bezog sich vor allem auf die berühmte Aussage, ‚Ich denke' müsse alle Vorstellungen des Denkers begleiten können und sei somit eine formale Bedingung des Denkens (*Kritik der reinen Vernunft*, A 398). Mit der Betonung des „Cogito"-Satzes wurden entscheidende Weichen gestellt. Es war nun der methodische Ansatz beim denkenden Subjekt und bei der Gewißheit des Denkens, der als typisch Cartesischer Ansatz hervorgehoben wurde und im Deutschen Idealismus als besondere Errungenschaft betrachtet wurde (vgl. zur Rezeption des „Cogito" Brands 1982, 79 ff.). Dies verstärkte sich noch bei Hegel, der zwar den Mathematiker und Physiker Descartes nicht ignorierte, aber eindeutig den Schwerpunkt auf den Bewußtseinstheoretiker Descartes legte. Laut Hegel besteht das besondere Verdienst Descartes' darin, daß er das „Cogito" als das erste Prinzip der Philosophie einführte und dadurch die Einheit von Sein und Denken verdeutlichte – „die interessanteste Idee der neueren Zeit überhaupt" (*Vorlesungen über die Geschichte der Philosophie*; Werke Bd. 20, 136). Daher würdigte Hegel Descartes ausdrücklich als den „wahrhafte[n] Anfänger der modernen Philosophie" (ibid., 123). Erst mit Descartes habe die radikale Konzentration auf das denkende Subjekt begonnen. Diese Einschätzung wurde von hegelianischen, aber auch von neukantianischen Philosophiehistorikern im ausgehenden 19. Jahrhundert übernommen und entwickelte sich zur vorherrschenden Meinung (vgl. ausführlich Schütt 1991, 28 ff.).

Diese kurzen Bemerkungen zur Rezeptionsgeschichte zeigen, daß das Bild vom rationalistischen Erkenntnistheoretiker Descartes, das deutlich vom Descartes-Bild im 17. Jahrhundert abweicht, keineswegs ein zufälliges oder beliebiges Bild ist. Es ist durch ganz bestimmte Faktoren in der Philosophiegeschichte geprägt worden. Freilich ist es mit Vorsicht zu betrachten, denn es sagt wie die meisten historisch entstandenen Bilder mehr über jene aus, die es gemalt haben, als über die Person, die abgebildet wird.

2. Descartes heute – ein aktueller Philosoph?

In der gegenwärtigen philosophischen Debatte scheint Descartes kaum eine positive Rolle zu spielen. Er hat eher den Status eines berühmt-berüchtigten Klassikers, von dem sich viele Philosophen abgrenzen, wenn sie sich mit Problemen der Metaphysik, der Erkenntnistheorie oder der Philosophie des Geistes auseinandersetzen. So stellte etwa J. Searle fest, der Cartesische Dualismus habe „eine derart schmutzige Geschichte, daß wir nur mit Widerwillen irgend etwas einräumen, was nach Cartesianismus riecht." (Searle 1992, 13) Und A. Musgrave behauptete, in Descartes' Texten lasse sich aus heutiger Sicht nur noch eine „bankrotte Erkenntnistheorie" (Musgrave 1993, 214) finden. Für diese negative Einstellung können verschiedene Gründe angeführt werden.

Einerseits ist Descartes wegen seiner Grundthesen in Verruf geraten. Besonders seine Dualismus-These ist in der aktuellen

Debatte immer wieder zur Zielscheibe der Kritik geworden. Eine adäquate Erklärung des Geistes, so behaupten zahlreiche Philosophen (vornehmlich jene in der analytischen Tradition), darf nicht davon ausgehen, daß der Geist eine vom Körper real verschiedene Substanz ist. Wer den Geist erklären will, muß vielmehr untersuchen, wie geistige Zustände auf einer materiellen Grundlage realisiert sind, welche Funktion sie auf dieser Grundlage haben und wie sie gegebenenfalls auf materielle Zustände reduziert werden können. Dieser materialistische Ansatz wird freilich nicht einhellig vertreten. Einige Autoren (explizit Swinburne 1986 und Foster 1991) versuchen weiterhin, den Cartesischen Dualismus gegenüber materialistischen Theorien zu verteidigen. Aber sie befinden sich eindeutig in der Minderheit. Der Dualismus hat gegenüber dem reduktiven Materialismus und anderen Formen des Materialismus seine Bedeutung eingebüßt; er wird meistens nur noch als eine Theorie von historischem Interesse erwähnt. Gestützt und teilweise inspiriert wird die philosophische Kritik am Dualismus durch die empirische Hirnforschung, die Descartes' mechanistisches Modell des Gehirns widerlegt hat. Insbesondere seine These, die Zirbeldrüse diene als Schaltstelle zwischen Körper und Geist, hat sich als empirisch unhaltbar erwiesen.

Andererseits ist Descartes auch wegen einer bestimmten Wirkungsgeschichte in Verruf geraten. Als besonders verheerend stellte sich das negative Descartes-Bild heraus, das von G. Ryle in seinem einflußreichen Buch *The Concept of Mind* (1949 erschienen) geprägt wurde. Laut Ryle können wir erst dann einen korrekten Begriff des Geistes gewinnen, wenn wir uns vom „Cartesischen Mythos" befreien. Denn dieser Mythos verleitet uns angeblich dazu, den Geist als eine unsichtbare, mysteriöse Entität aufzufassen, zu der wir nur durch Introspektion einen Zugang haben. Der Mythos veranlaßt uns zur abwegigen Auffassung, der Geist sei so etwas wie ein „Gespenst in einer Maschine", das auf wundersame Weise wirkt und die Maschine – den menschlichen Körper – antreibt. Ryles Descartes-Bild ist in der neueren Forschung zwar mehrfach als eine Karikatur entlarvt worden; der angebliche

„Cartesische Mythos" stellt sich bei näherer Betrachtung als ein historiographischer Mythos heraus (vgl. zur neueren Diskussion Perler 1997). Trotzdem hat sich Ryles Interpretation als äußerst einflußreich erwiesen, und sie ist immer wieder als Ausgangspunkt für eine entschiedene Distanzierung von Descartes gewählt worden. Ein angemessener Begriff des Geistes, so wird gelegentlich behauptet (z.B. in Kenny 1989), kann nur ein anti-cartesischer Begriff sein.

Ebenso negativ ist in der neueren Rezeption die Cartesische Naturauffassung bewertet worden. Descartes, so behaupten einige ökologisch motivierte Kritiker (explizit Hösle 1991, 54ff.), habe maßgeblich den modernen technokratischen Naturbegriff geprägt, der uns heute immer mehr zum Verhängnis werde. Denn er habe die Natur als reine „res extensa" aufgefaßt – als ein für den Menschen verfügbares Stück Materie. Weder Tieren noch Pflanzen habe er irgendein Recht zugestanden, und Tiere habe er sogar zu bloßen Maschinen degradiert. Der Mensch sei in der Cartesischen Konzeption zum Herrscher über die Natur erkoren worden. Zudem habe Descartes durch seinen radikal subjektivistischen Ansatz (den Ausgangspunkt für die Wissenserneuerung bildet das denkende Ich und sonst nichts) jede intersubjektive Komponente ausgeblendet, die es ermöglicht hätte, den einzelnen Menschen in Beziehung zu anderen Menschen und zu anderen Lebewesen in der Natur zu setzen. Genau dieser Ansatz habe – natürlich neben anderen Faktoren – zur ökologischen Krise beigetragen.

Leider beruht eine solche Kritik, die Descartes als ökologischen Unhold darstellt, auf einigen gravierenden Mißverständnissen und Verzerrungen. Wenn Descartes die Menschen „maîtres de la nature" nennt (AT VI, 62; dazu Kap. VI.2), so kürt er sie nicht zu Herrschern, sondern er fordert sie auf, Meister der Natur zu werden – Meister, die wie Handwerksmeister durch gründliches Naturstudium ein bestimmtes Wissen und eine Fertigkeit erworben haben. Er setzt die Tiere auch nicht mit Maschinen gleich, sondern schreibt ihnen durchaus Schmerzen und damit auch Leidensfähigkeit zu. Und er blendet auch nicht jede intersubjektive Komponente aus. Der Ansatz beim denkenden Ich ist bloß ein *methodisches* Mittel zur Etablierung eines sicheren Wissensfundaments. Ist dieses Fundament einmal gelegt, werden Mitmenschen (vgl. Kap. VI.2) und andere Lebewesen in der Natur durchaus berücksichtigt.

Wenn die negative Rezeption teilweise auch unberechtigt ist und auf einer verzerrenden Lektüre beruht, hat sie doch das heutige Descartes-Bild maßgeblich geprägt. Es scheint, als könne man Descartes nur noch in historischer Perspektive sehen: als Denker einer vergangenen Epoche, der für die Entstehung und Entwicklung der modernen Philosophie zwar von großer Wichtigkeit war, heute jedoch seine Bedeutung eingebüßt hat oder gar ausdrücklich zu meiden ist. Eine solche Perspektive wäre allerdings verfehlt. In verschiedenen Kontexten wird Descartes als ein aktueller Philosoph wahrgenommen, der auch der gegenwärtigen Debatte wichtige Anstöße geben kann.

Ein erster derartiger Kontext läßt sich in der Sprachphilosophie und Linguistik ausfindig machen. Bereits 1966, als Descartes in philosophischen Kreisen noch weitgehend diskreditiert war (vornehmlich unter dem Einfluß Ryles), unternahm der Linguist N. Chomsky in seinem Buch *Cartesian Linguistics* den Versuch einer Rehabilitierung. Er argumentierte, die auf rationalistischen Grundlagen beruhende Cartesische Sprachtheorie weise einige zentrale, immer noch gültige Punkte auf, die in der empiristischen oder behaviouristischen Tradition einfach ausgeblendet worden seien. Dabei stellte er zwei Punkte in den Vordergrund.

Erstens ist es entscheidend, daß in einer Sprachtheorie nicht nur das aktuelle Sprachverhalten berücksichtigt wird, sondern auch das teils angeborene und teils erworbene Sprachvermögen. Genau durch dieses Vermögen zeichnet sich ein Sprecher nämlich als ein kreativer Sprachverwender aus. Er ist im Gegensatz zu einer Sprechmaschine ja nicht nur imstande, einprogrammierte Wörter und Sätze zu wiederholen, sondern er kann auch selbständig Wörter zu neuen Sätzen kombinieren und neue Wörter bilden. Wenn wir diese Sprachkreativität adäquat erfassen und analysieren wollen, reicht es nicht aus, einfach die sprachlichen „inputs" und „outputs" zu beschreiben und nach der sprachlichen Konditionierung zu fragen, wie die Behaviouristen vorschlagen. Ebensowenig reicht es aus, die empirische Grundlage eines Sprechers (z.B. dessen Wahrnehmungsreize) zu untersuchen. Wir müssen vielmehr fragen, über welche rationalen Dispositionen ein Sprecher verfügt und wie diese Dispositionen einen kreativen Sprachgebrauch ermöglichen. Genau diesen wichtigen Punkt, so behauptet Chomsky, erkannte bereits Descartes (und nach ihm die cartesianische Logik von Port Royal). Denn Descartes stellte bereits fest, daß jeder Sprecher über angeborene rationale Fähigkeiten verfügt, die es ihm ermöglichen, Ideen zu bilden und in vielfältiger Form sprachlich auszudrücken.

Zweitens weist Chomsky darauf hin, daß eine angemessene Sprachtheorie zwischen zwei sprachlichen Strukturen unterscheiden muß: Es gibt einerseits die Oberflächenstruktur, die in einem gesprochenen oder geschriebenen Satz zum Ausdruck kommt (so hat z.B. ,Ich sehe einen Hund, der rennt' eine andere Oberflächenstruktur als ,Ich sehe einen rennenden Hund'), und eine Tiefenstruktur, die erst durch eine genauere Analyse der gesprochenen oder geschriebenen Sätze deutlich wird. Das Ziel einer Sprachtheorie besteht darin, die Relation zwischen Oberflächen- und Tiefenstruktur aufzuzeigen und Regeln zur Analyse der Tiefenstruktur zu formulieren. Auch diesen Punkt, so behauptet Chomsky, erkannte bereits Descartes. Denn Descartes stellte fest, daß es eine „äußere" und eine „innere" Seite der Sprache gibt: Die äußere Seite zeigt sich in gesprochenen oder geschriebenen Sätzen, und ihre Struktur wird durch die Grammatik einer bestimmten natürlichen Sprache (z.B. des Französischen) bestimmt. Die innere Seite hingegen zeigt sich in der Verknüpfung der Ideen, die den gesprochenen oder geschriebenen Sätzen zugrundeliegen. Wenn wir die Relation zwischen der äußeren und der inneren Seite erklären wollen, müssen wir untersuchen, welche Struktur die Ideen haben und wie sie in unterschiedlichen Sätzen (teilweise in unterschiedlichen natürlichen Sprachen) ausgedrückt werden.

Die moderne Transformationsgrammatik ist nichts anderes als eine explizite Ausformulierung dieses Cartesischen Grundgedankens (Chomsky 1966, 38f.). Denn genau wie sich Descartes nicht mit einer Beschreibung der gesprochenen Sätze begnügte, sondern stets nach den zugrundeliegenden Ideen fragte, gibt sich auch ein Transformationsgrammatiker nicht mit einer Beschreibung der Oberflächenstruktur zufrieden, sondern fragt nach der zugrundeliegenden Tiefenstruktur.

Ein weiterer Kontext, in dem Descartes als aktueller Philosoph wahrgenommen wird, ist die Skeptizismus-Debatte in der analytischen Erkenntnistheorie und Philosophie des Geistes. Das Projekt einer „naturalistischen Erkenntnistheorie", das von Quine maßgeblich vorangetrieben wurde (vgl. Quine 1969), schien die Skeptizismus-Problematik zunächst aus den philosophischen Diskussionen zu verbannen. Denn im Rahmen dieses Projekts schien die Cartesische Frage „Wie kann ich angesichts des radikalen Zweifels *begründen*, daß ich über sicheres Wissen verfüge?" einfach durch die Frage „Wie kann ich physiologisch-psychologisch *erklären*, daß ich über sicheres (oder zumindest relativ zuverlässiges) Wissen verfüge?" ersetzt zu werden. Gegen diesen naturalistischen Ansatz regte sich jedoch Widerstand, teilweise unter expliziter Berufung auf Descartes. Besonders deutlich zeigen sich dieser Widerstand und das wiedererwachte Interesse am Skeptizismus bei H. Putnam, der 1981 in *Reason, Truth and History* die radikale Zweifelssituation neu inszenierte. Putnam schlug folgendes Gedankenexperiment vor (Putnam 1981, 5f.). Stellen wir uns vor, unser Gehirn sei von einem bösen Wissenschaftler von unserem Körper abgetrennt und in einen großen Behälter mit Nährflüssigkeit gegeben worden. Alle unsere Nervenenden sind vom Wissenschaftler an einen Supercomputer angeschlossen worden, der uns Wahrnehmungsreize gibt und uns die Illusion vermittelt, alles verlaufe ganz normal. Das heißt, wir haben Wahrnehmungseindrücke von Bäumen, Tischen usw. und glauben deshalb, daß wir Bäume, Tische usw. sehen. Und wenn wir die Wörter ‚Baum' und ‚Tisch' verwenden, glauben wir, daß wir uns mit diesen Wörtern auf entsprechende Dinge in der

Außenwelt beziehen. Aber in Tat und Wahrheit haben wir keine Wahrnehmungseindrücke von wirklichen Bäumen und Tischen, und wir beziehen uns auch nicht auf Bäume und Tische in der Außenwelt. Wir sind nur eine Marionette des bösen Wissenschaftlers, der uns nach seinem Belieben manipuliert.

Dies ist natürlich eine Neuauflage des „genius malignus"-Arguments aus der Ersten Meditation. Es wirft die skeptische Frage auf, wie wir denn *begründen* können, daß wir tatsächlich Bäume und Tische sehen und daß wir uns mit ‚Baum' und ‚Tisch' tatsächlich auf Dinge in der Außenwelt beziehen. Genau wie Descartes nimmt auch Putnam es nicht als selbstverständlich hin, daß wir uns immer schon auf Dinge der Außenwelt beziehen und daß wir nur noch mit Hilfe einer physiologisch-psychologischen Theorie erklären müssen, wie wir uns auf diese Dinge beziehen. Descartes und Putnam fragen einhellig: Können wir sicher sein, daß wir nicht Opfer eines bösen Dämons bzw. eines bösen Wissenschaftlers sind? Im Gegensatz zu Descartes beantwortet Putnam diese Frage aber nicht mit Rekurs auf eine unbezweifelbare Wissensgrundlage, nämlich die Existenz des eigenen Ichs und die Existenz Gottes. Putnam setzt vielmehr beim Gedankenexperiment an und untersucht dessen innere Konsistenz. Er fragt: Ist es überhaupt möglich (und zwar logisch möglich, nicht physikalisch möglich), daß wir bloß „Gehirne im Tank" sind? Er verneint diese Frage entschieden, indem er nachzuweisen versucht, daß das Gedankenexperiment eine selbst-widerlegende Hypothese ist. Es ist nämlich gar nicht möglich, daß wir an Bäume und Tische denken, wenn wir nicht in einer (direkten oder indirekten) kausalen Relation zu Bäumen und Tischen stehen. Denn das Merkmal der Intentionalität (d. h. das An-etwas-Denken), das unsere Gedanken auszeichnet, wird ihnen nicht durch irgendwelche magischen Kräfte verliehen. Selbst ein allmächtiger Wissenschaftler könnte unseren Gedanken nicht einfach „ex nihilo" ein derartiges Merkmal geben. Intentionalität setzt immer eine kausale Relation voraus. Und eine derartige Relation ist nur möglich, wenn es auch tatsächlich eine Außenwelt gibt, mit der wir interagieren.

Putnam knüpft mit seinem Gedankenexperiment nicht nur an die Erste Meditation an, in der ja ebenfalls die Existenz der Außenwelt und des eigenen Körpers bezweifelt wird. Indem Putnam fragt, wie unsere Gedanken überhaupt das Merkmal der Intentionalität haben können (oder sprachlich gewendet: wie wir mit Wörtern auf etwas referieren können), greift er auch die Problemstellung der Dritten Meditation auf. Denn dort wird ja gefragt, wie wir überhaupt Ideen, d.h. intentionale Denkakte mit einem repräsentativen Gehalt haben können (vgl. Kap. IV.3). Wie Putnam stellte bereits Descartes fest, daß Ideen nicht „ex nihilo" entstehen können und auch nicht „ex nihilo" einen bestimmten repräsentativen Gehalt haben können (AT VII, 40). Wir *müssen* in einer Kausalrelation zu bestimmten Dingen stehen, damit unsere Ideen eine bestimmte Art von repräsentativem Gehalt haben. Wenn wir den jeweiligen Gehalt (die „objektive Realität") untersuchen, können wir feststellen, welche Art von Ursache die Idee haben muß. Es ist ausgeschlossen, daß ein böser Dämon allen unseren Ideen einen repräsentativen Gehalt verleiht, ohne daß es eine Außenwelt gibt.

Ein dritter Kontext, in dem sich die Aktualität Descartes' zeigt, ist die subjektivitäts- und bewußtseinstheoretische Debatte. Noch vor zwanzig bis dreißig Jahren spielten Fragen nach einer Beschreibung und Erklärung des menschlichen Bewußtseins in philosophischen Debatten (vornehmlich in der analytischen Tradition) nur eine untergeordnete Rolle. Häufig wurde sogar versucht, derartige Fragen durch ein reduktionistisches Verfahren zu beseitigen. Fragen wie „Was heißt es, eine bewußte Rot- oder Schmerzempfindung zu haben?" wurden auf Fragen nach der materiellen Realisierung dieser Zustände reduziert. Dies hat sich in der neuesten Debatte jedoch geändert (Überblick in Metzinger 1995, 15ff.). Es hat sich immer deutlicher gezeigt, daß die Bewußtseinsproblematik nicht durch einen naiven Reduktionismus eliminiert werden kann. Besonders zwei Fragen sind immer mehr in den Mittelpunkt des Interesses gerückt. Erstens: Wie ist es zu erklären, daß es phänomenale Bewußtseinszustände gibt (z.B. Rot- oder

Schmerzempfindungen), die unmittelbar erlebt werden und daher auch nur aus der Perspektive des Erlebenden – aus der Perspektive der ersten Person – adäquat erfaßt werden? Was jeder von uns aus dieser Perspektive erlebt, kann nicht einfach auf das reduziert werden, was aus der Perspektive der dritten Person beschrieben wird (vgl. Nagel 1979, McGinn 1983). So ist es eine Sache, einen Zahnschmerz zu haben oder zu erleben; eine ganz andere Sache ist es, einen Zahnschmerz vom Standpunkt des Zahnarztes aus zu beschreiben. Zweitens: Wie ist es zu erklären, daß wir zu Selbstzuschreibungen von Bewußtseinszuständen fähig sind, ohne daß wir durch mysteriöse Introspektion irgendein Selbst betrachten und ohne daß wir über jeden einzelnen Bewußtseinszustand reflektieren?

Beide Fragestellungen gehen in ihrem Kern auf Descartes zurück. Indem er in den *Meditationes* den Standpunkt der ersten Person wählte und bei der Gewißheit der eigenen Bewußtseinszustände ansetzte, verdeutlichte er bereits, daß es für eine adäquate Beschreibung des Geistes nicht ausreicht, nur den Standpunkt der dritten Person einzunehmen. Und er machte auf ein zentrales Problem aufmerksam, das in den neuesten Debatten wieder aufgenommen wird (explizit in McGinn 1996, 6 ff.). Einerseits können und müssen wir unsere Bewußtseinszustände aus der Perspektive der ersten Person beschreiben. Nur wenn wir dies tun, können wir den phänomenalen Aspekt dieser Zustände erfassen, und nur dann sind wir auch zu einem Selbstbewußtsein fähig. Andererseits sind wir aber auch Teil einer physikalisch beschreibbaren Welt, und viele unserer Bewußtseinszustände (z.B. Schmerzempfindungen) werden durch körperliche Vorgänge verursacht, die aus der Perspektive der dritten Person beschrieben werden können. Der Zugang zu den Bewußtseinszuständen, den wir durch das unmittelbare Erleben haben, ist aber nicht mit jenem identisch, den wir durch eine physikalische Beschreibung haben. Daher muß eine umfassende Theorie von Bewußtseinszuständen stets die Perspektive der dritten Person *und* jene der ersten Person berücksichtigen. In seiner Begründung dieser zentralen These berief sich Descartes freilich auf die reale Verschiedenheit von Geist und Körper, die von den meisten Gegenwartsphilosophen abgelehnt wird. Aber auch wenn heutige Philosophen (z.B. Th. Nagel, C. McGinn) davon ausgehen, daß erlebte Bewußtseinszustände materiell realisiert sind, teilen sie doch den Cartesischen Grundgedanken, daß das Erleben nicht einfach auf das objektive Beschreiben reduziert werden darf. Und sie teilen ebenfalls den Grundgedanken, daß eine Theorie des Selbstbewußtseins bei der Selbstzuschreibung von unmittelbar erlebten Zuständen ansetzen muß.

Schließlich findet sich ein vierter Kontext, in dem Descartes als aktueller Philosoph wahrgenommen wird, in der Debatte über die Möglichkeiten und Grenzen der Erkenntnistheorie. Descartes formulierte nämlich ein erkenntnistheoretisches Modell, das auch heute noch kontrovers diskutiert wird. Besonders zwei Elemente dieses Modells stehen in der gegenwärtigen Debatte im Mittelpunkt des Interesses: erstens der „Fundamentalismus", d.h. die Annahme, daß Erkenntnis auf einem unbezweifelbaren Fundament beruhen muß, und zweitens der Repräsentationalismus, d.h. die Annahme, daß Erkenntnis nur mit Hilfe mentaler Repräsentationen – sogenannter Ideen – möglich ist. Besondere Bedeutung gewannen diese beiden Elemente in R. Rortys einflußreichem Buch *Philosophy and the Mirror of Nature*. Rorty argumentierte, die gesamte Erkenntnistheorie der Neuzeit sei von diesen beiden Elementen dominiert worden. Auch nach der Überwindung des Cartesischen Dualismus hätten Philosophen stets versucht, eine unbezweifelbare Erkenntnisgrundlage zu schaffen (z.B. durch den Rekurs auf unmittelbar zugängliche Sinnesdaten), und sie hätten daran festgehalten, daß eine erkenntnistheoretische Analyse immer bei den mentalen Repräsentationen ansetzen müsse. Das Cartesische Paradigma habe zahlreiche Philosophen bis zur Gegenwart dazu verleitet, Erkenntnis als einen Prozeß des mentalen Abbildens oder „Spiegelns der Natur" aufzufassen. Daher hätten sie der Erkenntnistheorie – der philosophischen Leitdisziplin – die Aufgabe zugeschrieben, diesen Prozeß des Abbildens zu untersuchen und Kriterien für korrektes Abbilden bzw. Repräsentieren zu formulieren. Philosophie sei nach

Descartes zu einem Unternehmen geworden, das vor allem das Ziel verfolgt, einen theoretischen Rahmen für den Prozeß des „Spiegelns der Natur" zu liefern. Ein solches Unternehmen, so kritisiert Rorty, übersehe allerdings die hermeneutische und die pragmatische Dimension des Erkennens und sei daher zu verwerfen.

Rortys Kritik ist in der neuesten Debatte rege rezipiert worden. Sie hat einerseits dazu beigetragen, daß Descartes' Beitrag zur Entstehung der modernen Erkenntnistheorie historisch genauer untersucht wird (z.B. Yolton 1984 und 1990). Andererseits hat sie aber auch das systematische Interesse an einigen zentralen Elementen der Cartesischen Theorie gestärkt, insbesondere an seinem Fundamentalismus und am Repräsentationalismus. Dieses Interesse ist freilich häufig mit einer kritischen Einstellung verbunden. So versuchen zahlreiche Autoren, in Abgrenzung vom Cartesischen Fundamentalismus andere erkenntnistheoretische Modelle (z.B. kohärentistische) zu entwickeln, und sie verfolgen teilweise das Ziel, gegenüber dem Cartesischen Repräsentationalismus den direkten Erkenntnisrealismus zu verteidigen (so explizit in Putnam 1994). Aber gerade in diesem Bedürfnis, sich von Descartes abzugrenzen, zeigt sich, daß er nach wie vor als ein philosophischer Diskussionspartner ernstgenommen und gewürdigt wird.

Anhang

1. Zeittafel

1596	am 31. März in La Haye (heute: Descartes) in der Nähe von Tours geboren
1606–14	Besuch des Jesuitenkollegiums in La Flèche; Ausbildung in scholastischer Philosophie
1615–16	Studium der Jurisprudenz und vielleicht auch der Medizin an der Universität Poitiers; „licence" in Zivil- und Kirchenrecht
1618	im Sommer Eintritt in die Armee des Prinzen von Nassau; *Compendium Musicae* als Geschenk für Isaac Beeckman verfaßt
1619	fragmentarische *Cogitationes Privatae* verfaßt; während einer Reise durch Deutschland Aufenthalt in Ulm; Entschluß, eine wissenschaftliche Laufbahn einzuschlagen; erste Pläne für eine allgemeine Methodenlehre
1619–20	Arbeit an den *Regulae ad directionem ingenii*, die unterbrochen und erst 1326–28 wieder aufgenommen wird
1622–28	Wohnsitz in Paris; enge Kontakte zu Marin Mersenne und seinem intellektuellen Zirkel; Beschäftigung mit Optik, Geometrie und Wahrnehmungstheorie
1628	Wohnsitz in den Niederlanden für die nächsten zwanzig Jahre, zunächst in Franeker
1630	Umzug nach Amsterdam; *Dioptrique* und *Météors* in erster Fassung vollendet; Lösung des Pappus-Problems; Abbruch der Beziehungen zu Beeckman
1632	Umzug nach Deventer in die Nähe des Schülers Henri Reneri; *Traité de la Lumière* in unvollendeter Form verfaßt
1633	*Le Monde* und *Traité de l'Homme* abgeschlossen, jedoch nicht publiziert (wahrscheinlich infolge der Verurteilung Galileos); Rückkehr nach Amsterdam
1637	Publikation des *Discours de la méthode*; Umzug zunächst nach Leiden, dann nach Haarlem
1640	Rückkehr nach Leiden; Tod der Tochter Francine; öffentliche Dispute mit Voetius
1641	Publikation der *Meditationes* (lat. Original) zusammen mit sechs Einwänden und Erwiderungen
1643	*Epistola ad Voetium*, eine Verteidigungsschrift gegen die Attakken des Utrechter Professors, publiziert; Verurteilung an der

<table>
<tr><td></td><td>Universität Utrecht; Beginn der Korrespondenz mit Prinzessin Elisabeth von Böhmen; Arbeit an einer Theorie der Emotionen</td></tr>
<tr><td>1644</td><td>*Pincipia philosophiae* in vier Teilen publiziert (sechs Teile geplant)</td></tr>
<tr><td>1647</td><td>französische Fassung der *Meditationes* und der *Principia philosophiae* veröffentlicht; Verurteilung an der Universität Leiden</td></tr>
<tr><td>1648</td><td>Kritik am ehemaligen Schüler Regius in den *Notae in Programma*; Gespräch mit dem jungen Studenten Burman; nach einer kurzen Reise nach Paris Rückkehr in die Niederlande</td></tr>
<tr><td>1649</td><td>Publikation der *Passions de l'âme*; Umzug nach Stockholm auf Einladung der Königin Christina von Schweden</td></tr>
<tr><td>1650</td><td>am 11. Februar Tod in Stockholm infolge einer Lungenentzündung</td></tr>
</table>

2. Literatur

Das Verzeichnis enthält sämtliche im Text zitierten Titel und Verweise auf weitere ausgewählte Literatur.

I. Descartes' Werke

1. Editionen

Oeuvres de Descartes, hrsg. Ch. Adam und P. Tannery, „nouvelle présentation", 11 Bde., Paris 1982–91 [Standardedition, auf die mit ‚AT' verwiesen wird].

Oeuvres philosophiques, hrsg. F. Alquié, 3 Bde., Paris 1963–73.

Oeuvres et lettres, hrsg. A. Bridoux (Reihe „Pléiade"), Paris 1953.

Correspondance, hrsg. Ch. Adam & G. Milhaud, 8 Bde., Paris 1936–63 [enthält Briefe, die in der Edition von Adam und Tannery nicht berücksichtigt sind].

Regulae ad directionem ingenii, hrsg. G. Crapulli, The Hague 1966.

2. Deutsche Übersetzungen

Briefe, übers. F. Baumgart und hrsg. M. Bense, Köln & Krefeld 1949.

Compendium Musicae – Leitfaden der Musik, übers. J. Brockt (lat.-dt.), Darmstadt [6]1992.

Die Leidenschaften der Seele, übers. K. Hammacher (fr.-dt.), Hamburg [2]1996.

Die Prinzipien der Philosophie, übers. H. Buchenau, Hamburg [8]1992.

Dioptrik, übers. G. Leisegang, Meisenheim a.G. 1954.

Gespräch mit Burman, übers. H.W. Arndt (lat.-dt.) Hamburg 1982.

La recherche de la vérité par la lumière naturelle, übers. G. Schmidt (lat./fr.-dt.), Würzburg 1989.

Le Monde ou Traité de la Lumière – Die Welt oder Abhandlung über das Licht, übers. G.M. Tripp (fr.-dt.), Weinheim 1989.

Meditationen über die Grundlagen der Philosophie mit sämtlichen Einwänden und Erwiderungen, übers. A. Buchenau, Hamburg 1915 (Nachdruck 1972).

Meditationen über die Erste Philosophie, übers. G. Schmidt (lat.-dt.), Stuttgart 1986.

Regeln zur Ausrichtung der Erkenntniskraft, übers. H. Springmeyer, L. Gäber, H. G. Zekl (lat.-dt.), Hamburg 1973.

Über den Menschen – Beschreibung des menschlichen Körpers, übers. K. E. Rothschuh, Heidelberg 1969.

Von der Methode des richtigen Vernunftgebrauchs und der wissenschaftlichen Forschung, übers. L. Gäbe (fr.-dt.), Hamburg 1969.

II. Hilfsmittel

1. Bibliographien und Literaturberichte

„Bulletin Cartésien", *Archives de philosophie* 35 (1972) ff. [laufende Bibliographie mit Kurzbesprechungen von Büchern und Aufsätzen].

Chappell, V. C. & Doney, W., *Twenty-five Years of Descartes Scholarship, 1960–1984. A Bibliography*, New York 1987.

Perler, D., „Descartes in der angelsächsischen Diskussion", *Philosophische Rundschau* 41 (1994), 193–203.

–, „Abkehr vom Mythos. Descartes in der gegenwärtigen Diskussion", *Zeitschrift für philosophische Forschung* 51 (1997), 285–308.

Schobinger, J.-P. (Hrsg.), *Die Philosophie des 17. Jahrhunderts. Bd. 2: Frankreich und Niederlande*, Basel 1993, 292–305 und 446–471.

Sebba, G. *Bibliographia Cartesiana. A Critical Guide to the Descartes-Literature 1800–1960*, The Hague 1964.

2. Wörterbücher und Kommentare

Cottingham, J., *A Descartes Dictionary*, Oxford 1993.

Gilson, E., *Index scolastico-cartésien*, Paris 1913 (erweiterte Aufl. Paris 1979).

–, *René Descartes. Discours de la méthode, texte et commentaire*, Paris [4]1967.

Murakami, K. u. a., *Concordance to Descartes' Meditationes de Prima Philosophia*, Hildesheim 1995.

Ritter, J. u. a. (Hrsg.), *Historisches Wörterbuch der Philosophie* [= HWPh], Basel 1971 ff.

III. Biographien

Adam, Ch., *Vie et oeuvres de Descartes*, Paris 1910 [als Bd. XII der Adam-Tannery Gesamtausgabe beigefügt].

Baillet, A., *La Vie de M. Des-Cartes*, 2 Bde., Paris 1691, Nachdruck Hildesheim 1972.

Cole, J., *The Olympian Dreams and Youthful Rebellion of René Descartes*, Urbana 1992.

Gaukroger, S., *Descartes. An Intellectual Biography*, Oxford 1995.

Rodis-Lewis, G., *L'œuvre de Descartes*, 2 Bde., Paris 1971.

–, *Descartes. Biographie*, Paris 1995.

Shea, W.R., *The Magic of Numbers and Motion. The Scientific Career of René Descartes*, Canton, Mass 1991.

Specht, R., *Descartes*, Hamburg ²1980.

Vrooman, J.R., *René Descartes. A Biography*, New York 1970.

IV. Einführungen

Cottingham, J., *Descartes*, Oxford 1986.

–, *The Rationalists*, Oxford 1988.

Di Bella, S., *Le Meditazioni metafisiche di Cartesio. Introduzione alla lettura*, Rom 1997.

Dicker, G., *Descartes. An Analytical and Historical Introduction*, Oxford & New York 1993.

Holz, H.H., *Descartes*, Frankfurt & New York 1994.

Rodis-Lewis, G., „René Descartes", in: Schobinger 1993, 273–348.

Röd, W., *Descartes. Die Genese des Cartesianischen Rationalismus*, München ²1982.

Sorell, T., *Descartes*, Oxford 1987.

V. Sekundärlitertur zu Descartes

Alquié, F., *La découverte métaphysique de l'homme chez Descartes*, Paris ²1966.

Ariew, R. „Descartes and Scholasticism: The Intellectual Background to Descartes' Thought", in: Cottingham 1992, 58–90.

Ariew, R. & Grene, M. (Hrsg.), *Descartes and His Contemporaries. Meditations, Objections, and Replies*, Chicago & London 1995.

Arthur, T.W., „Continuous Creation, Continuous Time: A Refutation of the Alleged Discontinuity of Cartesian Time", *Journal of the History of Philosophy* 26 (1988), 349–375.

Baker, G. & Morris, K.J., *Descartes' Dualism*, London & New York 1996.

Barnes, J., „Le Dieu de Descartes et les vérités éternelles", *Studia Philosophica* 55 (1996), 163–192.

Beckermann, A., *Descartes' metaphysischer Beweis für den Dualismus*, Freiburg & München 1986.

Beyssade, J.-M., *La philosophie première de Descartes. Le temps et la cohérence de la métaphysique*, Paris 1979.

Beyssade, J.-M., und Marion, J.-L. (Hrsg.), *Descartes. Objecter et répondre*, Paris 1994.

Bitbol-Hespériès, A., *Le principe de vie chez Descartes*, Paris 1990.

Burnyeat, M., „Idealism and Greek Philosophy: What Descartes Saw and Berkeley Missed", *Philosophical Review* 91 (1982), 3–40.

Cassirer, E., *Descartes. Lehre - Persönlichkeit - Wirkung*, hrsg. R.A. Bast, Hamburg 1995.

Caton, H., *The Origin of Subjectivity. An Essay on Descartes*, New Haven 1973.

Clarke, D.M., *Descartes' Philosophy of Science*, Manchester 1982.

Cottingham, J., „‚A Brute to the Brutes?': Descartes' Treatment of Animals", *Philosophy* 53 (1978), 551–559.

– (Hrsg.), *The Cambridge Companion to Descartes*, Cambridge & New York 1992.

– (Hrsg.), *Reason, Will, and Sensation. Studies in Descartes's Metaphysics*, Oxford 1994.

Curley, E.M., *Descartes Against the Skeptics*, Cambridge, Mass., 1978.

–, „Descartes on the Creation of the Eternal Truths", *Philosophical Review* 93 (1984), 569–597.

Danto, A., „The Representational Character of Ideas and the Problem of the External World", in: Hooker 1978, 287–297.

Denissoff, E., *Descartes, premier théoricien de la physique mathématique. Trois essais sur le „Discours de la méthode"*, Louvain 1970.

Des Chene, D., *Physiologia. Natural Philosophy in Late Aristotelian and Cartesian Thought*, Ithaca & London 1995.

Doney, W. (Hrsg.), *Descartes. A Collection of Critical Essays*, Notre Dame & London 1968.

Frankfurt, H.G., *Demons, Dreamers, and Madmen. The Defense of Reason in Descartes's Meditations*, Indianopolis & New York 1970.

–, „Descartes on the Creation of the Eternal Truths", *Philosophical Review* 86 (1977), 36–57.

Freudiger, J. & Petrus, K., „Empirisches bei Descartes", *Studia Philosophica* 55 (1996), 31–52.

Gabbey, A., „Force and Inertia in the Seventeenth Century: Descartes and Newton", in: Gaukroger 1980, 230–320.

Garber, D., „*Semel in vita*: The Scientific Background to Descartes' *Meditations*", in: Oksenberg Rorty 1986, 81–116.

–, *Descartes' Metaphysical Physics*, Chicago & London 1992.

–, „Descartes and Experiment in the *Discourse* and *Essays*", in: Voss 1993, 288–310 [= 1993 a].

–, „Descartes and Occasionalism", in: Nadler 1993, 9–26 [= 1993 b].

Gaukroger, S., *Cartesian Logic. An Essay on Descartes's Conception of Inference*, Oxford 1989.

Gaukroger, S. (Hrsg.), *Descartes: Philosophy, Mathematics, and Physics*, Sussex 1980.

Gilson, E., *Etudes sur le rôle de la pensée médiévale dans la formation du système cartésien*, Paris [5]1984.

Gouhier, H., *La pensée métaphysique de Descartes*, Paris [3]1978.

Gregory, T., „Dio ingannatore e genio maligno. Nota in margine alle *Meditationes* di Descartes", *Giornale critico della filosofia italiana* 5 (1974), 477–516.

Grene, M., *Descartes*, Minneapolis 1985.

Grimaldi, N. & Marion, J.-L. (Hrsg.), *Le Discours et sa méthode*, Paris 1987.

Grosholz, E., *Cartesian Method and the Problem of Reduction*, Oxford 1991.

Gueroult, M., *Descartes selon l'ordre des raisons*, 2 Bde., Paris [2]1968.

Hatfield, G., „Descartes' Physiology and its Relation to his Psychology", in: Cottingham 1992, 335–370.

Hintikka, J., „A Discourse on Descartes's Method", in: Hooker 1978, 74–88.

Hofmann-Riedinger, „Das Rätsel des ‚Cogito ergo sum'", *Studia Philosophica* 55 (1996), 115–135.

Hooker, M., *Descartes: Critical and Interpretive Essays*, Baltimore & London 1978.

Jolley, N., *The Light of the Soul. Theories of Ideas in Leibniz, Malebranche, and Descartes*, Oxford 1990.

Kambouchner, D., *L'homme des passions. Commentaires sur Descartes*, 2 Bde., Paris 1995.

Katz, J. J., *Cogitations. A Study of the Cogito in Relation to the Philosophy of Logic and Language and a Study of Them in Relation to the Cogito*, Oxford & New York 1988.

Kemmerling, A., *Ideen des Ichs. Studien zu Descartes' Philosophie*, Frankfurt a. M. 1996.

Kemmerling, A. & Schütt, H.-P. (Hrsg.), *Descartes nachgedacht*, Frankfurt a.M. 1996.

Kenny, A., *Descartes. A Study of His Philosophy*, New York 1968.

–, „Descartes on the Will", in: *Cartesian Studies*, hrsg. R.J. Butler, Oxford 1972, 1–31.

Klemmt, A., *Descartes und die Moral*, Meisenheim am Glan 1971.

Laporte, J., *Le rationalisme de Descartes*, Paris [3]1988.

Loeb, L., „The Cartesian Circle", in: Cottingham 1992, 200–235.

Loeck, G., *Der cartesische Materialismus: Maschine, Gesetz und Simulation*, Frankfurt a. M. 1986.

Marion, J.-L., *Sur l'ontologie grise de Descartes*, Paris [2]1981 [= 1981 a].

–, *Sur la théologie blanche de Descartes*, Paris 1981 [= 1981 b].

–, *Sur le prisme métaphysique de Descartes*, Paris 1986.

–, *Questions cartésiennes*, Paris 1991.

–, „Cartesian Metaphysics and the Role of the Simple Natures", in: Cottingham 1992, 115–139.

Markie, P.J., *Descartes's Gambit*, Ithaca & London 1986.

–, „Descartes's Concepts of Substance", in: Cottingham 1994, 63–87.

Matthews, G.B., „Descartes and the Problem of Other Minds", in: Oksenberg Rorty 1986, 141–151.

–, *Thought's Ego in Augustine and Descartes*, Ithaca & London 1992.

Menn, S., „The Greatest Stumbling Block: Descartes' Denial of Real Qualities", in: Ariew & Grene 1995, 182–207.

Nadler, S., „Descartes's Demon and the Madness of Don Quixote", *Journal of the History of Ideas* 58 (1997), 41–55.

Normore, C., „Meaning and Objective Being: Descartes and His Sources", in: Oksenberg Rorty 1986, 223–241.

Oksenberg Rorty, A. (Hrsg.), *Essays on Descartes' Meditations*, Berkeley & Los Angeles & London 1986.

–, „Cartesian Passions and the Union of Mind and Body", in: Oksenberg Rorty 1986, 513–534.

Osler, M.J., *Divine Will and the Mechanical Philosophy. Gassendi and Descartes on Contingence and Necessity in the Created World*, Cambridge 1994.

Perler, D., „Descartes über Fremdpsychisches", *Archiv für Geschichte der Philosophie* 77 (1995), 42–62.

–, *Repräsentation bei Descartes*, Frankfurt a. M. 1996.

–, „Sind die Gegenstände farbig? Zum Problem der Sinneseigenschaften bei Descartes", *Archiv für Geschichte der Philosophie* 80 (1998), im Druck.

Radner, D., „Is There a Problem of Cartesian Interaction?", *Journal of the History of Philosophy* 23 (1985), 35–49.

Rodis-Lewis, G., *L'anthropologie cartésienne*, Paris 1990.

Schmitt, F.F., „Why Was Descartes a Foundationalist?", in: Oksenberg Rorty 1986, 491–512.

Schneider, M., *Das mechanistische Denken in der Kontroverse. Descartes' Beitrag zum Geist-Maschine-Problem*, Stuttgart 1993.

Schütt, H.-P., *Substanzen, Subjekte und Personen. Eine Studie zum Cartesischen Dualismus*, Heidelberg 1990.

Schuster, J. A., „Descartes' *mathesis universalis*: 1619–28", in: Gaukroger 1980, 41–96.

–, „Whatever Should We Do with Cartesian Method? Reclaiming Descartes for the History of Science", in: Voss 1993, 195–223.

Sepper, D.L., *Descartes' Imagination. Proportion, Images, and the Activity of Thinking*, Berkeley & Los Angeles & London 1996.

Steinle, F., „The Amalgamation of a Concept – Laws of Nature in the New Sciences", in: F. Weinert (Hrsg.), *Laws of Nature. Essays on the Philosophical, Scientific and Historical Dimensions*, Berlin & New York 1995, 316–368.

Van Cleve, J., „Foundationalism, Epistemic Principles, and the Cartesian Circle", *Philosophical Review* 88 (1979), 55–91.

Van de Pitte, F., „Descartes' *Mathesis Universalis*", *Archiv für Geschichte der Philosophie* 61 (1979), 154–174.

Voss, S. (Hrsg.), *Essays on the Philosophy and Science of René Descartes*, Oxford & New York 1993.

–, „The End of Anthropology", in: Gaukroger 1994, 273–306.

Vuillemin, J., *Mathématiques et métaphysique chez Descartes*, Paris ²1987.

Weber, J.-P., *La constitution du texte des Regulae*, Paris 1964.

Williams, B., *Descartes. The Project of Pure Enquiry*, Harmondsworth 1978.

–, „Descartes's Use of Skepticism", in: Burnyeat 1983, 337–352.

Wilson, M. Dauler, *Descartes*, London & New York 1978.

–, „Can I Be the Cause of my Idea of the World? (Descartes on the Infinite and Indefinite)", in: Oksenberg Rorty 1986, 339–358.

Woolhouse, R. S., *Descartes, Spinoza, Leibniz. The Concept of Substance in Seventeenth-Century Metaphysics*, London & New York 1993.

VI. Literatur zum intellektuellen Kontext und zur Wirkungsgeschichte Descartes'

Abel, G., *Stoizismus und Frühe Neuzeit*, Berlin & New York 1978.

Armogathe, J.-R., *Theologia Cartesiana. L'explication physique de l'Eucharistie chez Descartes et Dom Desgabets*, The Hague 1977.

Belaval, Y., *Leibniz, critique de Descartes*, Paris 1960.

Biard, J. (Hrsg.), *Descartes et le Moyen Age*, Paris 1997.

Bouillier, F., *Histoire de la philosophie cartésienne*, Paris 1868 (Nachdruck Hildesheim 1972).

Brands, H., „*Cogito ergo sum*". *Interpretationen von Kant bis Nietzsche*, Freiburg & München 1982.

Burnyeat, M. (Hrsg.), *The Skeptical Tradition*, Berkeley & Los Angeles & London 1983.

Funkenstein, A., *Theology and the Scientific Imagination from the Middle Ages to the Seventeenth Century*, Princeton 1986.

Garber, D., „Leibniz: Physics and Philosophy", in: N. Jolley (Hrsg.), *The Cambridge Companion to Leibniz*, Cambridge 1995, 270–352.

Gouhier, H., *Cartésianisme et augustinisme au XVIIe siècle*, Paris 1978.

Grant, E., *Much Ado about Nothing. Theories of Space and Vacuum from the Middle Ages to the Scientific Revolution*, Cambridge & New York 1981.

Henrich, D., *Der ontologische Gottesbeweis. Sein Problem und seine Geschichte in der Neuzeit*, Tübingen 1960.

Hutchinson, K., „What Happened to Occult Qualities in the Scientific Revolution?", *Isis* 73 (1982), 233–253.

Jolley, N., „The Reception of Descartes' Philosophy", in: Cottingham 1992, 393–423.

Lennon, T.M., Nicholas, J.M., Davis, J.W. (Hrsg.), *Problems of Cartesianism*, Montreal 1982.

Lohr, Ch., „Metaphysics", in: C.B. Schmitt & Q. Skinner (Hrsg.), *The Cambridge History of Renaissance Philosophy*, Cambridge 1988, 537–638.

Meinel, Ch., „Early Seventeenth-Century Atomism: Theory, Epistemology, and the Insufficiency of Experiment", *Isis* 79 (1988), 68–103.

Mercer, Ch., „The Vitality and Importance of Early Modern Aristotelianism", in: T. Sorell (Hrsg.), *The Rise of Modern Philosophy*, Oxford 1993, 33–67.

Nadler, S. (Hrsg.), *Causation in Early Modern Philosophy. Cartesianism, Occasionalism, and Preestablished Harmony*, University Park, PA, 1993.

–, „Arnauld, Descartes, and Transubstantiation: Reconciling Cartesian Metaphysics and Real Presence", *Journal of the History of Ideas* 49 (1988), 229–246.

Popkin, R.H., *The History of Scepticism from Erasmus to Spinoza*, Berkeley & Los Angeles & London 1979.

Popkin, R.H. & Vanderjagt, A. (Hrsg.), *Scepticism and Irreligion in the Seventeenth and Eighteenth Centuries*, Leiden 1993.

Rosenfield, L.C., *From Beast-Machine to Man-Machine. The Theme of Animal Soul in French Letters from Descartes to La Mettrie*, New York ^{2}1968.

Ruler, J.A. van, *The Crisis of Causality. Voetius and Descartes on God, Nature and Change*, Leiden 1995.

Schmitt, C.B., „The Rediscovery of Ancient Skepticism in Modern Times", in: Burnyeat 1983, 225–251.

Schobinger, J.-P. (Hrsg.), *Die Philosophie des 17. Jahrhunderts*, Bd. 2: Frankreich und Niederlande, Basel 1993.

Schütt, H.-P., „Descartes und die moderne Philosophie. Notizen zu einer epochalen Vaterschaft", in: *Selbstverständnisse der Moderne*, hrsg. G. Figal & R.P. Sieferle, Stuttgart 1991, 11–41.

–, *Die Adoption des „Vaters der modernen Philosophie". Studien zur Entstehung eines Gemeinplatzes der Ideengeschichte*, Frankfurt a.M. 1997.

Specht, R., *Commercium mentis et corporis. Über Kausalvorstellungen im Cartesianismus*, Stuttgart-Bad Cannstatt 1966.

–, *John Locke*, München 1989.

Spruit, L, *Species Intelligibilis: From Perception to Knowledge*, Leiden 1994–95.

Verbeek, T., *René Descartes & Martin Schook. La querelle d'Utrecht*, Paris 1988.

– *Descartes and the Dutch: Early Reactions to Cartesianism*, (Journal of the History of Philosophy Monographs), Carbondale 1992.

Vickers, B. (Hrsg.), *Occult and Scientific Mentalities in the Renaissance*, Cambridge 1984.

Watson, R.A., *The Breakdown of Cartesian Metaphysics*, Atlantic Highlands, N.J., 1987.

Wolff, M., *Geschichte der Impetustheorie. Untersuchungen zum Ursprung der klassischen Mechanik*, Frankfurt a.M. 1978.

Yolton, J., *Perceptual Acquaintance from Descartes to Reid*, Minneapolis 1984.

VII. Zitierte Werke anderer klassischer Autoren

Aristoteles, *Opera,* hrsg. L. Minio-Paluello u.a., Oxford 1949 ff.

Diderot, D. & d'Alembert, J. le Rond, *Encyclopédie, ou Dictionnaire raisonné des sciences, des arts et des métiers, par une société de gens de lettres*, Lausanne & Berne 1778 (Erstausgabe 1751 ff.).

Hegel, G.W.F., *Vorlesungen über die Geschichte der Philosophie III*, in: *Werkausgabe*, Bd. XX, Frankfurt a.M. 1971.

Hume, D., *A Treatise of Human Nature*, hrsg. L.A. Selby Bigge, Oxford 1978.

Husserl, E., *Cartesianische Meditationen*, hrsg. E. Ströker, Hamburg 1977.

Jacobi, F.H., *Werke*, hrsg. F. Roth & F. Köppen, Leipzig 1812–1825.

Kant, I., *Gesammelte Schriften*, 1. Abt.: Werke, hrsg. Königlich Preußische Akademie der Wissenschaften, Berlin & Leipzig 1902–1923.

Leibniz, G.W., „Animadversiones in partem generalem Principiorum Cartesianorum" und „Discours de métaphysique" (ohne Überschrift), beide in: *Die philosophischen Schriften*, hrsg. C.I. Gerhardt, Bd. 4, Berlin 1880.

Locke, J., *An Essay concerning Human Understanding*, hrsg. P.H. Nidditch, Oxford 1975.

Pomponazzi, P., *Abhandlung über die Unsterblichkeit der Seele*, lat.-dt. hrsg. B. Mojsisch, Hamburg 1990.

Reid, Th., *An Inquiry into the Human Mind on the Principles of Common Sense*, in: *Philosophical Works*, hrsg. W. Hamilton, Edinburgh [8]1895.

Sextus Empiricus, *Grundriß der pyrrhonischen Skepsis*, übers. M. Hossenfelder, Frankfurt a.M. 1968.

Spinoza, B. de, *Ethica Ordine Geometrico Demonstrata*, in: *Opera*, Bd. 2, hrsg. C. Gebhardt, Heidelberg 1925.

Thomas von Aquin, *Summa theologiae*, hrsg. P. Caramello, Turin & Rom 1952.

–, *Summa contra Gentiles*, hrsg. C. Pera u.a., Turin & Rom 1961.

Voltaire, *Lettres philosophiques*, in: *Mélanges*, hrsg. J. van den Heuvel (Reihe „Pléiade"), Paris 1965.

Wittgenstein, L., *Philosophische Untersuchungen*, in: *Werkausgabe*, Bd. 1, Frankfurt a.M. 1984.

VIII. Weitere zitierte Literatur

Annas, J. & Barnes, J., *The Modes of Scepticism. Ancient Texts and Modern Interpretations*, Cambridge 1985.

Austin, J. L., *Sense and Sensibilia*, Oxford 1962.

Barnes, J., „Aristotle's Theory of Demonstration", *Phronesis* 14 (1969), 123–152.

–, „Proof Destroyed", in: M. Schofield u. a. (Hrsg.), *Doubt and Dogmatism. Studies in Hellenistic Epistemology*, Oxford 1980, 161–181.

Burge, T., „Cartesian Error and the Objectivity of Perception", in: P. Pettit & J. McDowell (Hrsg.), *Subject, Thought, and Context*, Oxford 1986, 117–136.

–, „Individualism and Self-Knowledge", *Journal of Philosophy* 85 (1988), 649–663.

Chomsky, N., *Cartesian Linguistics. A Chapter in the History of Rationalist Thought*, New York & London 1966.

Drake, S., *Cause, Experiment and Science*, Chicago 1981.

Foster, J., *The Immaterial Self. A Defence of the Cartesian Dualist Conception of the Mind*, London 1991.

Hintikka, J. & Remes, U., *The Method of Analysis*, Dordrecht 1974.

Höffe, O., *Moral als Preis der Moderne. Ein Versuch über Wissenschaft, Technik und Umwelt*, Frankfurt a. M. 1993.

–, *Aristoteles*, München 1996.

Hösle, V., *Philosophie der ökologischen Krise. Moskauer Vorträge*, München 1991.

Kenny, A., *The Metaphysics of Mind*, Oxford 1989.

Lanz, P., *Das phänomenale Bewußtsein. Eine Verteidigung*, Frankfurt a. M. 1996.

McGinn, C., *The Subjective View. Secondary Qualities and Indexical Thoughts*, Oxford 1983.

–, *The Character of Mind. An Introduction to the Philosophy of Mind*, Oxford [2]1996.

Metzinger, T. (Hrsg.), *Bewußtsein. Beiträge aus der Gegenwartsphilosophie*, Paderborn 1995.

Musgrave, A., *Alltagswissen, Wissenschaft und Skeptizismus*, Tübingen 1993.

Nagel, T., „What Is It Like to Be a Bat?", in ders., *Mortal Questions*, Cambridge & New York 1979, 165–180.

Pabst, B., *Atomtheorien des lateinischen Mittelalters*, Darmstadt 1994.

Pluta, O., *Kritiker der Unsterblichkeitsdoktrin in Mittelalter und Renaissance*, Amsterdam 1986.

Putnam, H., *Reason, Truth and History*, Cambridge 1981.

–, „Sense, Nonsense, and the Senses: An Inquiry in the Powers of the Human Mind (The Dewey Lectures)", *Journal of Philosophy* 91 (1994), 445–517.

Quine, W. V. O., „Epistemology Naturalized", in ders., *Ontological Relativity and Other Essays*, New York 1969, 69–90.

Rorty, R., *Philosophy and the Mirror of Nature*, Oxford 1980.

Ryle, G., *The Concept of Mind*, London 1949.

Searle, J., *The Rediscovery of the Mind*, Cambridge, Mass., 1992.

Smith, R., „Logic", in: J. Barnes (Hrsg.), *The Cambridge Companion to Aristotle*, Cambridge 1995, 27–65.

Striker, G., „Following Nature: A Study in Stoic Ethics", in dieselbe, *Essays on Hellenistic Epistemology and Ethics*, Cambridge 1996, 221–280.

Stump, E., *Dialectic and Its Place in the Development of Medieval Logic*, Ithaca & London 1989.

Swinburne, R., *The Evolution of the Soul*, Oxford 1986.

Yolton, J.W., „Mirrors and Veils, Thoughts and Things: The Epistemological Problematic", in: A.R. Malachowski (Hrsg.), *Reading Rorty*, Oxford 1990, 58–73.

3. Personenregister

4. Sachregister

Beck'sche Reihe „Denker"

Herausgegeben von Otfried Höffe

Verlag C.H. Beck München

Reihe „Denker" bei C.H. Beck
herausgegeben von Otfried Höffe

Klaus Fischer
Galileo Galilei
1983. 239 Seiten mit 6 Abbildungen. Paperback
Beck'sche Reihe Band 504

Volker Gerhardt
Friedrich Nietzsche
2. Auflage. 1995. 236 Seiten mit 9 Abbildungen. Paperback
Beck'sche Reihe Band 522

Otfried Höffe
Aristoteles
1996. 315 Seiten mit 7 Abbildungen. Paperback
Beck'sche Reihe Band 535

Otfried Höffe
Immanuel Kant
4., durchgesehene Auflage. 1996. 332 Seiten
mit 8 Abbildungen. Paperback
Beck'sche Reihe Band 506

Malte Hossenfelder
Epikur
1998. Etwa 180 Seiten. Paperback
Beck'sche Reihe Band 520

Urs Marti
Michel Foucault
1988. 183 Seiten mit 5 Abbildungen. Paperback
Beck'sche Reihe Band 513

Verlag C.H. Beck München

Philosophie bei C.H. Beck

Otfried Höffe (Hrsg.)
Lexikon der Ethik
In Zusammenarbeit mit Maximilian Forschner,
Alfred Schöpf und Wilhelm Vossenkuhl
5., neubearbeitete und erweiterte Auflage. 1997. 364 Seiten. Paperback
Beck'sche Reihe Band 152

Otfried Höffe (Hrsg.)
Klassiker der Philosophie
Band 1: Von den Vorsokratikern bis David Hume
3., überarbeitete Auflage. 1994.
571 Seiten mit 23 Porträtabbildungen. Leinen
Band 2: Von Immanuel Kant bis Jean Paul Sartre
3., überarbeitete Auflage. 1994.
565 Seiten mit 23 Porträtabbildungen. Leinen

Vittorio Hösle
Moral und Politik
Grundlagen einer politischen Ethik für das 21. Jahrhundert
1997. 1216 Seiten. Leinen

Klaus Michael Meyer-Abich
Praktische Naturphilosophie
Erinnerung an einen vergessenen Traum
1997. 520 Seiten mit 3 Abbildungen. Leinen
Kulturgeschichte der Natur in Einzeldarstellungen

Wolfgang Röd
Der Weg der Philosophie
Von den Anfängen bis ins 20. Jahrhundert
Band 1: Altertum, Mittelalter, Renaissance
1994. 525 Seiten. Leinen
Band 2: 17. bis 20. Jahrhundert
1996. 637 Seiten. Leinen

Hubert Schleichert
Wie man mit Fundamentalisten diskutiert, ohne den Verstand zu verlieren
Anleitung zum subversiven Denken
Nachdruck der 2., durchgesehenen Auflage 1997. 196 Seiten. Broschiert

Verlag C.H. Beck München